Liturgia

Coleção CELEBRAR E VIVER A FÉ

- *Inculturação litúrgica*: sacramentais, religiosidade e catequese –
Anscar J. Chupungco

- *Laboratório litúrgico*: pela inteireza do ser na vivência ritual –
Luiz Eduardo Pinheiro Baronto

- *Liturgia*: peregrinação ao coração do Mistério –
Valeriano Santos Costa (org.)

- *Viver a ritualidade litúrgica como momento histórico da salvação*:
participação litúrgica segundo a *Sacrosanctum Concilium* –
Valeriano Santos Costa

Valeriano Santos Costa
(org.)

LITURGIA

Peregrinação ao coração do Mistério

Livro comemorativo dos vinte anos da
Associação dos Liturgistas do Brasil – ASLI

Dados Internacionais de Catalogação na Publicação (CIP)
(Câmara Brasileira do Livro, SP, Brasil)

Litugia : peregrinação ao coração do Mistério / Valeriano Santos Costa (organizador) . – São Paulo : Paulinas, 2009. – (Coleção celebrar e viver a fé)

"Livro comemorativo dos vinte anos da Associação dos Liturgistas do Brasil" – ASLI
Bibliografia.
ISBN 978-85-356-2362-8

1. ASLI – Associação dos Liturgistas do Brasil – História 2. Celebrações litúrgicas 3. Liturgia I. Costa, Valeriano Santos. II. Série.

08-10296   CDD-264

Índice para catálogo sistemático:
1. Celebrações litúrgicas : Espiritualidade : Cristianismo   264

Direção-geral:	Flávia Reginatto
Editores responsáveis:	Vera Ivanise Bombonatto e Antonio Francisco Lelo
Copidesque:	Cirano Dias Pelin
Coordenação de revisão:	Marina Mendonça
Revisão:	Sandra Sinzato
Direção de arte:	Irma Cipriani
Gerente de produção:	Felício Calegaro Neto
Editoração eletrônica:	Telma Custódio

Este livro obedece à nova ortografia.

Nenhuma parte desta obra poderá ser reproduzida ou transmitida por qualquer forma e/ou quaisquer meios (eletrônico ou mecânico, incluindo fotocópia e gravação) ou arquivada em qualquer sistema ou banco de dados sem permissão escrita da Editora. Direitos reservados.

Paulinas
Rua Pedro de Toledo, 164
04039-000 – São Paulo – SP (Brasil)
Tel.: (11) 2125-3549 – Fax: (11) 2125-3548
http://www.paulinas.org.br – editora@paulinas.com.br
Telemarketing e SAC: 0800-7010081
© Pia Sociedade Filhas de São Paulo – São Paulo, 2009

A Associação dos Liturgistas do Brasil – ASLI dedica esta obra à **ADVENIAT**, que, por meio da generosidade dos católicos alemães, concedeu o auxílio que possibilitou boa parte dos vinte anos de caminhada que ora comemoramos.

Agradecemos a todos os colegas liturgistas que, na primeira hora ou mais tarde, aceitaram juntar-se à nossa Associação. Aos membros fundadores, nossa gratidão. Também aos que aceitaram cargos de diretoria, esse exigente trabalho voluntário que supõe grandeza de alma e espírito de partilha. Aos que assessoram nossos encontros, muito obrigado de coração.

Agradecemos a Eduardo Andrade pela ajuda na pesquisa dos documentos e do grande número de pais que registraram estes vinte anos de história.

Também agradecemos à Faculdade de Teologia Nossa Senhora da Assunção da Pontifícia Universidade Católica de São Paulo (PUC-SP), por ter sido desde o início um ponto de referência e apoio para a ASLI.

Por fim, nossa maior gratidão à CNBB, pelo apoio que sempre nos foi concedido, por meio da linha 4, e agora através da Comissão Episcopal para a Liturgia – CEPL.

Prefácio

O título desta obra — *Liturgia: peregrinação ao coração do Mistério* — proclama que a celebração do mistério pascal de Jesus Cristo, por meio dos nossos ritos sacramentais, é a mais fantástica peregrinação do ser humano ao coração do Mistério. O ponto de partida são os sinais sensíveis e belos da liturgia, e o ponto de chegada é Jesus Cristo que, depois da ressurreição, vive gloriosa e misteriosamente não só nos céus, mas também entre nós, espargindo o amor de Deus — *ágape* —, sobretudo por meio da liturgia da Igreja.

O caminho desta peregrinação é uma via ritual inseparavelmente unida à beleza que consola e salva. Quando o leitor estiver em contato com os textos que falam das romarias de Aparecida e de Bom Jesus da Lapa, irá se sentir junto com os peregrinos cantando os hinos e tocando em todos os sinais que eternizam esses momentos tão preciosos e sagrados da fé. Essas reflexões mostram que, na majestosa beleza do Santuário de Aparecida ou na magnífica simplicidade natural do Santuário do Bom Jesus da Lapa, no sertão baiano, Deus se faz presente em muitos sinais que infundem esperança e reconstroem vidas. Ademais, engana-se quem ainda acha que o romeiro é um cristão artificial e mal esclarecido e que, portanto, não coloca a liturgia do Santuário no coração da sua peregrinação.

Nesta perspectiva, pode-se enxergar a catedral diocesana, igreja-mãe e coração litúrgico de uma diocese, como um ponto de peregrinações que, organizadamente ou não, acontecem diariamente ou em ocasiões especiais. Por isso o espaço litúrgico e as celebrações nas catedrais devem ser modelares, vivos e belos. A catedral deve revelar também a disposição da Igreja de dialogar com a sociedade, pois "os cristãos precisam ser o templo do Deus vivo, colocado no cimo da montanha, onde todos os que sofrem, procuram ou se interrogam possam encontrar uma luz".

Para ser uma autêntica peregrinação ao coração do Mistério, a liturgia, que sempre se celebra numa cultura, deve sabiamente adquirir o rosto dos peregrinos que marcham para Deus, como é o caso marcante da cultura afro-descendente em nossa realidade.

Certamente, buscamos uma liturgia que mais expresse o mistério pascal. Por isso é de grande valia o texto que propõe o uso da aspersão no rito penitencial da missa no tempo litúrgico mais próprio, que é o Tempo Pascal e não o Tempo da Quaresma, como tem sido feito com frequência, conforme se constatou numa pesquisa realizada em 2008 em alguns folhetos litúrgicos de grande porte.

Não podia faltar uma reflexão sobre a liturgia no *Documento de Aparecida*, devido à sua atualidade e repercussão. Não é a liturgia a "fonte e o cume" da vida dos discípulos e missionários de Jesus Cristo? Além disso, considere-se que os liturgistas do Brasil deram sua contribuição à V Conferência do CELAM. Seria pertinente verificar o resultado.

O leitor também se deliciará com um estudo sobre o rito da comunhão. O texto enriqueceu esta obra na medida em que a missa dominical é a nossa peregrinação semanal ao coração do Mistério cristão celebrado em nossa liturgia e, ao mesmo tempo, a comunhão é o ponto mais alto desta peregrinação.

A teologia do Mistério cristão foi aprofundada em outro texto, dando mais consistência à obra. Ainda, um texto simples, mas contundente, de um liturgista de renome: *Liturgias frias ou quentes?* Certamente, são as liturgias "quentes" que garantem que as nossas celebrações sejam uma autêntica peregrinação ao coração do Mistério.

Por fim, há também um texto que conta em pinceladas a história da ASLI. Certamente, interessará mais aos que conhecem a nossa associação, mas também poderá atrair o interesse de quem queira conhecê-la.

A Associação dos Liturgistas do Brasil – ASLI, que celebra vinte anos de história na sua XX Assembleia, realizada na Arquidiocese de Mariana-MG, no Centro Dom Bosco, em Cachoeira do Campo, município de Ouro Preto, de 26 a 30 de janeiro de 2009, com o tema *Romarias, piedade popular e liturgia*, tem a alegria de oferecer esta obra, que, com certeza, é de grande proveito para quem se interessa pela liturgia da Igreja.

Em Campos do Jordão, onde foi realizada a XIX Assembleia, em 2008, foi aprovada a iniciativa deste livro comemorativo com textos preciosos de alguns dos nossos colegas liturgistas. A ideia vingou e contou com a significativa colaboração de Paulinas Editora, que vislumbrou a possibilidade de lançá-lo na XX Assembleia, no solo histórico mineiro que nos lembra o bom bispo dom Luciano Mendes. Seremos acolhidos por dom Geraldo Lyrio Rocha, liturgista de gabarito, atualmente arcebispo de Mariana. Dom Geraldo é membro fundador da ASLI e será nosso anfitrião em 2009.

PADRE VALERIANO SANTOS COSTA,
Presidente da ASLI.

Sumário

PREFÁCIO 7

SIGLAS E ABREVIATURAS 13

A CASA DA IGREJA: SIGNIFICADO DA CATEDRAL PARA A TEOLOGIA
LITÚRGICA E PARA A PASTORAL
Egídio Balbinot 15

ASPERSÃO NO TEMPO DA QUARESMA OU NO TEMPO DA PÁSCOA?
Jacques Trudel 35

CANTOS DA IGREJA DA LAPA: A ESPIRITUALIDADE DA ROMARIA
A PARTIR DOS BENDITOS POPULARES CANTADOS PELOS ROMEIROS
DO SANTUÁRIO DO BOM JESUS DA LAPA-BA
Giuliana Frozoni e Krzysztof Dworak 59

CULTURA NEGRA E LITURGIA INCULTURADA À LUZ
DO DOCUMENTO DE APARECIDA
Gabriel Gonzaga Bina 87

FÉ EM DEUS E PÉ NA ESTRADA. SONHOS E ESPERANÇAS DOS PEREGRINOS
DO SANTUÁRIO DE APARECIDA
José Luís Araújo e Antônio S. Bogaz 101

LITURGIA, CUME E FONTE DA VIDA DOS DISCÍPULOS
E MISSIONÁRIOS DE CRISTO
Alberto Beckhäuser 127

LITURGIA "FRIA" OU "QUENTE"
Gregório Lutz 161

A TEOLOGIA DO MISTÉRIO CRISTÃO NA PERSPECTIVA TRINITÁRIA
DA CELEBRAÇÃO LITÚRGICA DA IGREJA
Joaquim Cavalcante 171

COMUNHÃO: ÁPICE DA CELEBRAÇÃO E DA PARTICIPAÇÃO NA EUCARISTIA
Manoel João Francisco 193

ASLI: PINCELADAS DE UMA HISTÓRIA DE VINTE ANOS
Valeriano Santos Costa 217

Siglas e abreviaturas

APN	Agentes de Pastoral Negros
CCL	*Corpus Christianorum Latinorum*
CB	Cerimonial dos Bispos, restaurado pelo Concílio Vaticano II
CELAM	Comissão Episcopal Latino-Americana
CF	Campanha da Fraternidade
CIC	Catecismo da Igreja Católica
CNBB	Conferência dos Bispos do Brasil
DA	Documento de Aparecida
DGAE	Diretrizes Gerais da Ação Evangelizadora da Igreja no Brasil
DM	Documento de Medellín
DS	H. Denzinger – A. Schoenmetzer, *Enchiridion Symbolorum*
DV	*Dei Verbum*, constituição dogmática do Concílio Vaticano II
EDT	Escola Dominical de Teologia
EE	*Ecclesia de Eucharistia*, carta encíclica de João Paulo II, 2003
EN	*Evangelii Nuntiandi*, exortação apostólica de Paulo VI, de 1975
GCS	*Die Griechischen Christlichen Schriftsteller*
GRENI	Grupo de Articulação dos Religiosos e Religiosas Negros e Indígenas
IBGE	Instituto Brasileiro de Geografia e Estatística
IMA	Instituto Mariama
IGMR	Instrução Geral do Missal Romano
ITESP	Instituto Teológico de São Paulo
LG	*Lumen Gentium*, constituição dogmática do Concílio Vaticano II sobre a Igreja
MR	Missal Romano, restaurado por decreto do Concílio Vaticano II, segunda edição típica
ODEA	*Ordo Dedicationis Ecclesiae et Altaris*
PL	Patrologia Latina
PP	*Populorum Progressio*, carta encíclica de Paulo VI sobre o progresso dos povos, 1967
RB	Ritual de Bênçãos
RBC	Ritual de Batismo de Crianças
REB	Revista Eclesiástica Brasileira
RICA	Ritual da Iniciação Cristã de Adultos
SC	*Sacrosanctum Concilium*, constituição dogmática do Concílio Vaticano II

A casa da Igreja: significado da catedral para a teologia litúrgica e para a pastoral

Egídio Balbinot[*]

Introdução

Pretende-se, com este estudo, aprofundar o significado teológico, litúrgico, eclesiológico e pastoral da catedral diocesana, como sinal vivo do edifício de Deus que são os próprios fiéis. Enfocar-se-á a catedral como igreja-mãe de uma diocese. No entanto, estas reflexões são úteis e válidas também para o espaço litúrgico das demais igrejas.

Sabe-se que Deus não habita em templos feitos pela mão humana (At 17,24). No entanto, a comunidade cristã precisa de um espaço para celebrar a liturgia. Esse espaço não tem apenas uma dimensão funcional, mas sobretudo uma dimensão simbólica, como diz a Instrução Geral do Missal Romano: "Convém que a disposição geral do edifício sagrado seja tal que ofereça uma imagem da assembleia reunida, permita uma conveniente disposição de todas as coisas e favoreça a cada um exercer corretamente a sua função" (294).

O espaço litúrgico é o lugar da celebração da fé da Igreja e reproduz a vivência eclesial de uma comunidade. Por isso o Concílio Vaticano II propôs uma renovação eclesial e uma correspondente renovação litúrgica, incluindo o espaço da celebração.

---

[*] Padre Egídio Balbinot é associado da ASLI, mestre em Liturgia e pós-graduado em Espaço Litúrgico e Arte Sacra pela PUCRS.

Neste texto se tratará inicialmente do significado teológico e simbólico do edifício. Após, serão evidenciados os elementos teológicos do espaço interno da igreja, e, por fim, refletir-se-á sobre a originalidade da ação litúrgica da catedral enquanto *ecclesia mater* de uma diocese.

Que é uma catedral

O vocábulo "catedral" deriva do grego *káthedra*, que se traduz por "cadeira", assento, em nosso caso, cadeira do bispo. No latim, a expressão *ecclesia cathedralis* é utilizada para designar a igreja que contém a cátedra oficial de um bispo. Inicialmente, catedral era um adjetivo que se referia à cátedra. Ao longo dos tempos, foi assumindo o caráter de substantivo. Hoje, é o termo mais comumente utilizado para designar essas igrejas. A designação *ecclesia cathedralis* foi aparentemente utilizada pela primeira vez nos atos do Concílio de Tarragona, em 516. Outra designação que era utilizada para *ecclesia cathedralis* era *ecclesia mater*, ou "igreja-mãe", indicando-se assim que esta seria a igreja "mãe" da diocese.

Outro nome ainda era *ecclesia major*, ou "igreja-mor". Também por ser considerada a casa principal de Deus na região, a *ecclesia cathedralis* era designada como *domus Dei*, de onde deriva a palavra italiana *duomo* e o prefixo germânico *dom* para designar "igreja". Em português, utiliza-se o termo *sé catedral* — ou apenas "sé" — para designar uma catedral, sendo tal designação derivada da palavra "sede", como Santa Sé (Santa Sede).

Nos primeiros séculos do cristianismo, a cátedra foi objeto de muita veneração. No século II, Tertuliano aconselhava os cristãos a visitar as igrejas apostólicas nas quais estavam as cadeiras dos apóstolos. Santo Agostinho, no século V, destacava a importância das comunidades cristãs que mereceram possuir as sedes dos apóstolos e receber suas epístolas.

Essa veneração levou a dedicar festas especiais para honrar a cátedra de são Pedro em Roma e em Antioquia e, depois, se aplicou às cátedras dos bispos, sucessores dos apóstolos. Daí a importância que adquiriu a igreja onde estava a cátedra do bispo.

Em todas as dioceses do mundo, a catedral é lugar de referência da fé, e lugar sagrado onde os fiéis de uma igreja particular se reúnem especialmente para alguma significativa celebração, a fim de exprimir e proclamar a própria fé e a própria unidade em Cristo. A catedral é o centro eclesial e espiritual da diocese. É o símbolo visível da unidade de toda a comunidade cristã.

Em síntese, a catedral é o espaço simbólico onde a comunidade cristã se reúne para ouvir a Palavra de Deus, celebrar os mistérios da salvação, viver comunitariamente os conteúdos da fé e receber os dons de Deus.

Ela tem o nome de catedral porque nela está a cátedra do bispo, o sucessor dos apóstolos, garantia da vitalidade e da unidade da Igreja. É comum dizer que a catedral é a igreja do bispo. Melhor seria dizer que ela é a casa central de uma Igreja que tem consciência de si mesma e se reúne para manifestar sua unidade, especialmente através da celebração eucarística. Assim, a catedral é a expressão visível da continuidade apostólica e da universalidade católica. Ela é

> símbolo da Igreja Diocesana, que reúne todos os fiéis, sacerdotes, religiosos e religiosas de diferentes congregações, fiéis cristãos de todas as paróquias, de todas as comunidades, de todas as tendências, em uma só assembleia visível, presidida e unificada pelo bispo, que é garantia da comunhão e, por isso mesmo, garantia da autenticidade da fé e da vida cristã, a conexão real, histórica e mística com o Cristo histórico e com o Cristo ressuscitado e glorioso.[1]

Elementos do espaço litúrgico da catedral

As orientações do Concílio Vaticano II, expressas na constituição *Sacrosanctum concilium* (SC), são fundamentais para a estrutura e a

---

[1] SEBÁSTIAN, F. Significado teológico y pastoral de la catedral. *Revista Liturgia y Espiritualidad*, Barcelona, n. 10-11, p. 381, 1996.

teologia dos lugares da celebração. Elas falam de uma participação ativa dos fiéis; de uma liturgia hierárquica e comunitária, didática e pastoral, em que cada um desempenha a sua função. O Concílio recupera ainda o valor da Palavra na liturgia na própria língua dos que a escutam.[2]

A partir da nova visão do Concílio Vaticano II, o espaço sagrado começa a estruturar-se, tendo em vista a funcionalidade da ação litúrgica, a partir dos seus vetores essenciais, ou seja, o altar, o ambão, a cátedra e o lugar da assembleia.

A mesa da Eucaristia

Na catedral, o altar é o lugar mais venerável, que merece a suprema dignidade como espaço onde se realiza o mistério de Cristo e da Igreja. Ele é símbolo do verdadeiro e místico altar que é Cristo. É o coração de uma igreja. Pela sua importância, por ocasião da dedicação de uma igreja, a consagração do altar constitui a parte central.

Sendo a Eucaristia o sacramento principal da vida da Igreja, o altar resume em si o mistério do culto cristão de glorificação de Deus e santificação das pessoas. Nesse sentido o altar é o lugar especial de encontro de Deus com a comunidade, através do sacrifício pascal de Jesus Cristo.

Participar da mesa do Senhor implica estar em comunhão com ele (1Cor 10,16-21). Reunir-se em torno do altar significa reunir-se com Cristo. "A participação do corpo e sangue de Cristo nada mais é do que nós nos transformarmos no que tomamos."[3]

Na celebração da dedicação, temos quatro ritos de consagração do altar, os quais têm como finalidade expressar com sinais visíveis a ação que Deus realiza na Igreja, especialmente quando ela celebra a Eucaristia.

---

[2] Cf. SC, nn. 26, 33, 28, 51,54.
[3] LEÃO MAGNO. *Sermo* 63,7: PL 64, 357C. Citado por LG, n. 26.

O objetivo desses ritos é evidenciar que o altar é o símbolo central da igreja destinada a celebrar a Eucaristia.

O rito da unção com o óleo do Crisma enfatiza que o altar é sinal de Cristo, o Ungido do Pai. Por isso o altar é motivo de muitos sinais de veneração, como a inclinação, o beijo, a incensação. O incenso é queimado sobre o altar para significar que o sacrifício de Cristo sobe a Deus em odor de suavidade (ODEA, IV, 22b). Martimort destaca que, "antes de mais nada, o altar é uma mesa, a mesa da refeição, sobre a qual o sacerdote, representando o Cristo Senhor, realiza o que Jesus fez na Quinta-Feira Santa quando instituiu o seu memorial".[4] A comunidade que se reúne ao seu redor segue o mandato de Jesus: "Fazei isto em memória de mim". Oferecendo Cristo ao Pai, a comunidade também se oferece. O altar é, então, ao mesmo tempo, mesa do sacrifício e da ceia pascal do Senhor, sinal da presença de Cristo, sacerdote, altar e cordeiro.

O Missal Romano chama a atenção para a importância da centralidade do altar (299). Ele deve atrair a atenção de toda a assembleia. O altar é o centro das ações de graças oferecidas pela Eucaristia, para o qual de algum modo todos os outros ritos da Igreja convergem. "Por se realçarem que no altar se celebra o memorial do Senhor e se dá aos fiéis seu corpo e sangue, os escritores eclesiásticos foram levados a vê-lo como sinal do próprio Cristo. Por isso tornou-se comum a afirmação: 'O altar é Cristo'(ODEA, IV, 4)".

O altar pode ser fixo ou móvel. Contudo é aconselhável que seja fixo, o que melhor simboliza o Cristo, a rocha firme e forte (IGMR 298). Também, em vista do simbolismo e da dignidade que o altar representa e do caráter da assembleia litúrgica, é fundamental que ele seja único, seguindo assim o antigo princípio eclesial: um só Senhor, uma só mesa do Senhor, uma só comunidade.[5]

---

[4]   MARTIMORT, A. G. *A Igreja em oração*: introdução à liturgia. Petrópolis: Vozes, 1998. p. 182.

[5]   Cf. IGMR, n. 303. In: CNBB. *Instrução geral do missal romano e introdução ao lecionário. Texto oficial.* Brasília: Edições CNBB, 2008. Cf. também: CONFERÊNCIA EPISCOPAL ALEMÃ. *Linhas orientadoras para a construção e organização de espaços litúrgicos.* Coimbra: Gráfica de Coimbra, 2002. n. 5.2.

A mesa da Palavra

Além da mesa do altar, conjugada com ela há uma outra mesa, chamada oficialmente de ambão, do qual se faz a proclamação da Palavra de Deus. A origem grega de ambão é *anabainein* que significa "subir".

A Introdução ao Lecionário da Missa (ILM) assim recomenda: "No recinto da igreja deve existir um lugar elevado, fixo, adequadamente disposto e com a devida nobreza, que ao mesmo tempo corresponda à dignidade da Palavra de Deus e lembre que na missa se prepara a mesa da Palavra de Deus e do corpo de Cristo" (32). Por sua vez, a Instrução Geral do Missal Romano recomenda que "a dignidade da Palavra de Deus requer, na igreja, um lugar próprio para a sua proclamação. Durante a liturgia da palavra, é para lá que deve convergir espontaneamente a atenção dos fiéis" (309).

O Missal orienta, ainda, que "convém que este lugar seja uma estrutura estável e não uma simples estante móvel. O ambão seja disposto de tal modo em relação à forma da igreja que os ministros ordenados e os leitores possam ser vistos e ouvidos facilmente pelos fiéis" (309). O destaque que se deve dar ao lugar da Palavra decorre da convicção de que Cristo está verdadeiramente presente quando a Palavra da Escritura é proclamada (SC, n. 7).

A celebração da Eucaristia estrutura-se em dois polos-chave: a liturgia da Palavra e a liturgia eucarística, para os quais estão em correspondência a mesa da Palavra e a mesa eucarística. Daí se deduz que a confecção desses dois vértices deve estar em correspondência mútua, com a mesma configuração e importância.[6]

Quanto ao que deve ser proclamado no ambão, a Introdução ao Lecionário da Missa, diz que ele é reservado para as leituras, o salmo responsorial e o precônio pascal. A homilia e a oração dos fiéis também podem ser proferidas do ambão, porque estão em conexão com a liturgia da Palavra. Do ambão Deus nos fala. Dos outros lugares, especialmente da

---

[6] Cf. RICHTER, C. *Espaços de igrejas e imagens de Igreja*. Coimbra: Gráfica de Coimbra, 1998. p. 98.

assembleia, nós falamos para Deus com palavras, cantos e gestos. Assim, não é conveniente que o comentador, o cantor ou dirigente do coro ocupem o ambão (ILM, 33), pois não é lugar para discursos ou para a animação.

O ambão é peça fundamental do espaço litúrgico, é mesa da partilha-distribuição da mensagem salvífica de Deus, com dignidade semelhante à mesa eucarística. Sobre ele, na verdade, Cristo se faz realmente presente e atuante na assembleia, oferecendo-se como "pão da Palavra" para a vida dos cristãos. É, portanto, o lugar do diálogo e da renovação da aliança entre Deus e o seu povo reunido.

Na catedral, além do significado exposto acima, o ambão adquire uma importância maior, pois é dele que o bispo, como sucessor dos apóstolos, e os presbíteros que presidem sob sua autoridade atualizam a Palavra de Deus para a comunidade que está reunida, representando toda a diocese.

Assim como do altar da catedral brota toda a unidade da diocese ao redor do seu bispo, também do ambão da catedral brota o anúncio profético da realização do Reino de Deus inaugurado e realizado por Cristo numa Igreja particular concretamente situada.

O lugar da presidência

A sede é o lugar daquele que guia a assembleia cristã e a preside na pessoa de Cristo e em nome da Igreja. Toda a celebração litúrgica requer naturalmente o serviço da presidência exercida pelo bispo, por seus presbíteros e, em alguns casos, por leigos. Quem preside fala e age em nome de Cristo. O bispo preside como vigário de Cristo e sucessor dos apóstolos.

A igreja catedral é como que a "alma mater", o centro litúrgico e espiritual da comunidade diocesana. É, como lembra o Cerimonial dos bispos, "sinal do magistério e do poder do pastor da Igreja particular, bem como sinal de unidade dos crentes naquela fé que o bispo anuncia como pastor do rebanho" (42). Quando falamos de Igreja particular, referimo-nos à Igreja como tal: una, santa, católica e apostólica. Pois bem, a Igreja católica e apostólica não existe sem a sucessão apostólica que assegura a pregação autêntica do Evangelho. Por isso a cátedra episcopal é sinal sensível de que o Evangelho ali pregado é o mesmo que pregaram os apóstolos e os primeiros discípulos e discípulas de Cristo. O Cerimonial dos bispos deixa claro que

> excetuados os casos previstos no direito, na cátedra senta-se unicamente o bispo diocesano ou um bispo a quem este o autorize. Para os restantes bispos ou prelados, porventura presentes, preparem-se, em lugar conveniente, assentos especiais, mas não erigidos em forma de cátedra. O assento para o presbítero celebrante dispor-se-á em lugar diferente.[7]

A cátedra adquire seu sentido na fé da Igreja. Por sua vez, aquele que se senta na cátedra é o que garante a fé da Igreja. A sucessão apostólica não é só transmissão de poderes, mas especialmente testemunho da fé apostólica. Assim, a cátedra está no coração da compreensão de Igreja local. No entanto, ela não tem sentido em si, mas em relação àquele que a ocupa. Por isso, quando uma diocese está sem bispo, diz-se que ela está com a "sede vacante".

A fonte batismal

O Batismo é a porta de entrada na vida de Deus e da Igreja, na comunidade de fé que é o corpo de Cristo. Pela passagem da água participamos do mistério da morte e ressurreição de Cristo. Como diz são Paulo, "pelo Batismo fomos sepultados com ele em sua morte, para que, como Cristo foi ressuscitado dos mortos, pela ação gloriosa do Pai, assim também nós vivamos uma vida nova" (Rm 6,4). Para acolher os novos membros, o Ritual de Batismo de crianças, prescreve:

---

[7] CB, n. 47.

O batistério, ou lugar onde a fonte batismal jorra água ou está colocada, seja destinado exclusivamente para o rito do Batismo, um lugar digno, onde renascem os cristãos pela água e pelo Espírito Santo. Quer esteja situado em alguma capela dentro ou fora do recinto da igreja, quer em alguma outra parte da igreja, à vista dos fiéis, deve ter tal amplitude, que possa conter o maior número possível de pessoas presentes.[8]

Por sua vez, o Ritual de bênçãos diz que o mais importante é que se destaque a conexão do Batismo com a Palavra de Deus e com a Eucaristia.[9]

A fonte batismal, principalmente no batistério, deve ser fixa, sempre construída com arte e com material adequado, apresentando limpeza perfeita, e oferecendo, também, a possibilidade de servir no caso de imersão de catecúmenos. Para realçar o significado de sinal, pode-se também construir uma fonte de modo a fazer a água jorrar viva, como de uma verdadeira fonte. Deve-se, ainda, possibilitar, conforme as necessidades da região, a calefação da água.[10]

A catedral como igreja-mãe tem um significado especial para a recepção dos novos membros que pedem para tornar-se irmãos de Cristo, filhos do Pai, sinais pascais da nova aliança. O Batismo é o sacramento da entrada na Igreja, Povo de Deus presente na diocese. É a *ecclesia* diocesana que recebe e acolhe seus filhos e filhas.

O lugar da assembleia

A igreja é essencialmente o lugar da reunião da comunidade. Na Igreja primitiva, a palavra *ecclesia* se referia à comunidade local reunida. Só mais tarde é que esta palavra começou a significar também a construção como tal.

---

[8] *RBC*. Observações preliminares gerais, n. 25.

[9] Cf. *RB*, n. 835.

[10] *RB*, n. 837.

A Igreja é assembleia do Povo de Deus reunido para escutar a sua palavra e para celebrar a memória das suas maravilhas. Na reunião do povo, o Senhor está presente, porque os membros estão congregados no seu nome. A obra da salvação se atualiza no meio deles. Por essas razões, o lugar da reunião se torna lugar santo.[11]

A organização dos lugares deve ajudar a assembleia a celebrar ativa e frutuosamente o banquete do Cristo, a ceia do amor, a oferta de Cristo ao Pai. O espaço da igreja deve distinguir-se não pela suntuosidade, mas pela nobre simplicidade e dignidade, como símbolo e sinal das realidades celestes.[12]

O ODEA diz que o edifício deve manifestar a imagem da assembleia reunida, permitir a participação ordenada e orgânica de todos e favorecer o desempenho dos diversos ministérios.[13] Neste mesmo sentido, assim nos orienta a Instrução Geral do Missal Romano:

> Disponham-se os lugares dos fiéis com todo o cuidado, de sorte que possam participar devidamente das ações sagradas com os olhos e o espírito. Convém que haja habitualmente para eles bancos ou cadeiras. Mas reprova-se o costume de reservar lugares para determinadas pessoas. Sobretudo nas novas igrejas que são construídas, disponham-se os bancos ou as cadeiras de tal forma que os fiéis possam facilmente assumir as posições requeridas pelas diferentes partes da celebração e aproximar-se sem dificuldades da sagrada Comunhão (311).

O lugar da reconciliação

A Igreja é o sinal e o instrumento visível do Cristo invisível no meio dos seres humanos. Na comunidade eclesial, Jesus Cristo, no Espírito, continua a sua missão reconciliadora e libertadora. Por isso o

---

[11] CHENGALIKAVIL, L. Dedicação da igreja e do altar. In: SCICOLONE, H. et alii. *Os sacramentais e as bênçãos*. São Paulo: Paulus, 1993. p. 114.

[12] Cf. *ODEA*, II, n. 3, p. 21.

[13] Id.

grande desafio da Igreja é crescer na comunhão com Cristo, por meio da conversão, renovação e purificação, a fim de espelhar, sempre com mais fidelidade, a santidade do esposo e denunciar ao ser humano a presença do pecado em si e nas estruturas do mundo que se afasta do seu Deus. Pois, "o Espírito, com sua vinda, convencerá o mundo do pecado, da justiça e do juízo" (Jo 16,8s).[14]

O bispo em sua catedral é, por excelência, o ministro da reconciliação. Compete a ele dirigir a disciplina sacramental na sua diocese (*LG*, 26). A missão de perdoar pecados é uma das características do ministério apostólico confiado por Jesus aos apóstolos: "Recebei o Espírito Santo, a quem perdoardes os pecados ser-lhes-ão perdoados e a quem os retiverdes ser-lhes-ão retidos" (Jo 20,21-22). São Paulo, em suas cartas, destaca a intervenção apostólica com relação à ex-comunhão e à reconciliação (Cf. 1Cor 5,1ss; 2Cor 10, 1ss; 13,1ss).

Na Igreja primitiva, somente o bispo absolvia os pecados. Esta ação litúrgica era realizada na cátedra, sinal do poder do ministro ordenado. Posteriormente, com o crescimento do número de cristãos e

> para impedir a audição pelos outros presentes, são elevados braços laterais desta cadeira e providos de uma grade; os genuflexórios laterais para os penitentes foram ladeados com paredes e cobertos de tal forma que assim surgem três cubículos: no meio para o confessor e dos dois lados para os penitentes.[15]

A liturgia penitencial renovada pelo Concílio Vaticano II prevê não somente a confissão individual, mas até privilegia celebrações comunitárias da penitência, na qual a confissão individual está inserida. Prevê, ainda, como modo extraordinário, a celebração com confissão e absolvição geral. Nesses casos, não há necessidade de um lugar específico para a celebração, já que está inserida no contexto comunitário. Apenas para a confissão dos pecados é que se faz necessário o confessionário tradicional ou as salas da reconciliação.

---

[14] CNBB. *Pastoral da Penitência*, n. 222.

[15] Cf. RICHTER, C. *Espaços de igrejas e imagens de igreja*. Coimbra: Gráfica de Coimbra, 1998. p. 112.

Dada a sua condição de igreja diocesana, a catedral é o lugar especial de acolhida dos filhos que decidem voltar à casa do Pai. É o lugar onde os cristãos aceitam o convite de deixar-se reconciliar com o Pai e com irmãos e irmãs.

O lugar da reserva eucarística

Um lugar muito frequentado numa catedral é a capela do Santíssimo, espaço onde se coloca o tabernáculo ou sacrário — não é propriamente um lugar da ação litúrgica, mas um lugar devocional do espaço eclesial. O Ritual da sagrada comunhão fora da missa também explicita bem a distinção entre altar e tabernáculo e diz que a presença de Cristo nas espécies eucarísticas é fruto da celebração da missa. "O fim primário e primitivo da reserva eucarística fora da missa é a administração do viático; os fins secundários são a distribuição da comunhão e a adoração de nosso Senhor Jesus Cristo presente no Santíssimo Sacramento."[16]

A Instrução Geral do Missal Romano recomenda que

de acordo com a estrutura de cada igreja e os legítimos costumes locais, o Santíssimo Sacramento seja conservado num tabernáculo, colocado em lugar de honra da igreja, suficientemente amplo, visível, devidamente decorado, e que favoreça a oração. Normalmente o tabernáculo seja um único, inamovível, feito de material sólido e inviolável, não-transparente, e fechado de tal modo que se evite ao máximo o perigo de profanação. Convém, além disso, que seja abençoado antes de ser destinado ao uso litúrgico, segundo o rito descrito no Ritual Romano (314).

Assim, pelo que se pode concluir da orientação do Missal e das conclusões de diversas conferências episcopais, o lugar do tabernáculo deve ser uma capela especial, onde também poderá haver missas feriais e outras celebrações da Palavra. Tal lugar deve favorecer a oração pessoal

---

[16] *A sagrada comunhão e o culto do mistério eucarístico fora da missa.* cap. 3.

e propiciar à devoção eucarística um cunho pascal, reforçando o compromisso de se viver a comunhão no mundo.

O lugar do Círio Pascal

Apesar de não haver nenhuma indicação no ODEA, considera-se importante prever na catedral e em todas as igrejas um lugar para o Círio Pascal. Ele é importante pelo seu simbolismo cristológico e pela sua função na Vigília Pascal, em outras vigílias, na celebração dos sacramentos e nas celebrações da Palavra.

Colocado no candelabro, ele tem forma de coluna, que faz alusão ao povo que saiu do Egito, caminhando pelo deserto, com o próprio Deus à sua frente, de dia numa coluna de nuvem e de noite numa coluna de fogo (Ex 13,21).

O Círio Pascal é símbolo do Cristo ressuscitado que vence as trevas. Ele é aceso com o fogo novo na Vigília Pascal e indica a vida nova que começa a partir da ressurreição. Assim, as demais luzes ou velas acesas no espaço litúrgico têm como ponto de partida a luz do Círio Pascal, memória da Páscoa de Cristo. Quanto ao lugar da colocação do Círio Pascal, os bispos da Itália sugerem que o lugar próprio do Círio Pascal é junto à estante da Palavra, permanecendo aí durante o Tempo Pascal.[17]

A originalidade da ação litúrgica na catedral

Aqui, a reflexão centralizar-se-á na especificidade da ação litúrgica na catedral como igreja diocesana.

Na liturgia da dedicação de uma igreja ou mesmo na liturgia do seu aniversário, aparece, nas leituras e orações, uma linguagem pessoal

---

[17] Cf. CONFERÊNCIA EPISCOPAL ITALIANA. *Adaptação das igrejas segundo a reforma litúrgica*. Publicado em *Notiziario della conferenza episcopale italiana*, maio/1996, n. 18.

e esponsal. O livro do Apocalipse descreve a visão da cidade santa de Jerusalém, que desce do céu como uma noiva enfeitada para o seu esposo (Ap 21,1-3). É a imagem da filha de Sião vista em perspectiva neotestamentária. Ora, a nova Jerusalém é o Povo de Deus, a Igreja. Assim, a igreja-edifício se diversifica conforme a comunidade-Igreja para o qual é destinada. O ponto de referência, no entanto, é sempre a presença do Povo de Deus, reunido em nome do Pai, do Filho e do Espírito Santo. Nesse sentido a igreja-catedral é destinada para acolher não uma comunidade específica, mas a unidade da própria Igreja diocesana.

O papa Paulo VI, na constituição apostólica *Mirificus eventus*, destaca a importância da celebração presidida pelo bispo na sua catedral diocesana:

> Quando o bispo, na sua catedral, preside, na plenitude de sua autoridade, as reuniões da sua família diocesana, compartilha com seus fiéis as normas e as explica para o bom desenvolvimento do apostolado, estimulando todos ao exercício da caridade e da piedade. Então, naquela assembleia, enquanto se celebram os ritos externos de piedade, acontece a mais clara manifestação da interna concórdia de mente e de vontade que reina entre a grei e o seu pastor.[18]

Na exortação apostólica *Pastores gregis*, João Paulo II destaca que o bispo, além de exercer o seu ministério de santificação em toda a diocese, tem como ponto focal a igreja catedral, enquanto lugar onde ele preside as principais celebrações do ano litúrgico e dos sacramentos.[19]

Nesse sentido, também, o Concílio Vaticano II destaca a importância que todos devem dar à vida litúrgica da diocese, que gravita ao redor do bispo, sobretudo na igreja catedral, convencidos de que a principal manifestação da Igreja se faz numa participação perfeita e ativa de todo o Povo santo de Deus na mesma celebração litúrgica, especialmente na Eucaristia, numa única oração, ao redor do único altar, a que preside o bispo, rodeado pelo presbitério e pelos ministros (SC, 35).

---

[18] PAULO VI. Constituição apostólica *Mirificus eventus*, de 7 de dezembro de 1965. *AAS* 57 (1965) 948-949.
[19] Cf. JOÃO PAULO II. *Pastores gregis*, n. 34.

A oração

A catedral como igreja-mãe é o lugar por excelência não só da oração pessoal, mas especialmente da oração comunitária, pois ela manifesta visivelmente a Igreja de Cristo. A Liturgia das Horas é a oração da Igreja e, portanto, em primeiro lugar oração do bispo, que com os presbíteros e diáconos convoca a comunidade para a oração. Na catedral, os fiéis deveriam sempre encontrar a possibilidade de rezar como Igreja a Liturgia das Horas, especialmente as laudes e vésperas.[20]

Assim, a Liturgia das Horas celebrada na catedral prolonga no tempo e no espaço geográfico da diocese a santificação do tempo e das pessoas. A Liturgia das Horas torna-se, então, fonte de santificação, de espiritualidade comprometida e de um novo dinamismo pastoral.

A Eucaristia

A Eucaristia é o sacramento primordial da fé cristã e ápice da iniciação cristã. Nenhuma comunidade cristã pode viver se não tiver como raiz e centro a celebração da Eucaristia.

A Eucaristia é sinal e causa de comunhão. A comunhão eclesial é comunhão eucarística. Em cada comunidade que participa do altar, sob a sagrada presidência do bispo, é oferecido o símbolo da caridade e unidade do corpo místico, sem a qual não pode haver salvação. O bispo não celebra a Eucaristia como mera devoção pessoal. Presidindo a ceia do Senhor, circundado pelo presbitério e pelos fiéis, ele realiza perfeitamente tudo o que faz nas múltiplas atividades de sua função de governo e oferece o símbolo daquela caridade e unidade do corpo místico, que a torna instrumento de salvação (*LG*, 26). A vida da diocese chega a seu cume e atinge sua fonte cada vez que o bispo preside a liturgia.

---

[20] Cf. TENA, P. La catedral en la iglesia local. *Phase* 188 (1992) 106.

Mesmo tendo algumas vantagens em relação às demais comunidades, como horários diferenciados e participação de fiéis de toda a cidade, permanece, para o bispo, o pároco ou responsável pela catedral e as equipes de liturgia, o desafio de realizar a verdadeira liturgia que vislumbre a verdadeira Igreja de Deus.

O Batismo e a Confirmação

Toda igreja catedral ou paroquial deve ter a fonte batismal para a celebração do Batismo, o primeiro sacramento da nova aliança, lugar onde os cristãos renascem pela água e pelo Espírito Santo para uma vida nova. Seguindo a Cristo na fé e recebendo o Espírito de adoção de filhos, são chamados e são de fato filhos de Deus. Assemelhados à morte e ressurreição de Cristo, são inseridos em seu corpo. Recebendo a unção do Espírito, transformam-se em templo santo de Deus, em membros da Igreja, raça eleita, sacerdócio régio, nação santa, o povo de sua propriedade.[21]

Por meio dos sacramentos da iniciação cristã, a igreja catedral se converte de fato em "igreja-mãe". Sua fonte batismal é "útero da Igreja", seu seio materno, pelo qual viemos à luz pela ação do Espírito Santo. O batistério, na catedral, tem seu lugar e sua importância independente de ela ser ou não uma paróquia. A presença do batistério se justifica pelo fato de a catedral ser a igreja de toda a comunidade diocesana. Na catedral, a fonte batismal, além de ser o lugar do Batismo, tem uma função de ser memória permanente deste sacramento.

Por isso os sacramentos da iniciação cristã requerem, sobretudo na catedral, uma pastoral sacramental adequada, seguindo sempre as orientações estabelecidas pela diocese. Sendo a catedral a igreja referência para o ministério episcopal, seria significativo que houvesse aí, com certa frequência, a celebração do sacramento da Confirmação, especialmente no Tempo Pascal.

---

[21] Cf. *RB*, n. 832.

A Reconciliação

Os sacramentos da Reconciliação e do Batismo estão muito relacionados por serem sacramentos para o perdão dos pecados. A Igreja, como continuadora da missão de Jesus Cristo, tem uma missão reconciliadora. Ela exerce o ministério do sacramento da Penitência por meio dos bispos e presbíteros, que, pela pregação da Palavra de Deus, chamam os fiéis à conversão, anunciando-lhes e concedendo-lhes o perdão dos pecados em nome de Cristo e pelo poder do Espírito Santo. No exercício desse ministério, os presbíteros agem em comunhão com o bispo, de cujo poder e ofício participam, pois o bispo é o moderador da disciplina penitencial (*LG*, 26). Isso aumenta a responsabilidade de estabelecer, sobretudo na catedral, momentos para a celebração da Reconciliação, com horários visivelmente afixados.

Como sugere o documento da CNBB *Pastoral da Penitência*,[22] é importante valorizar os tempos litúrgicos mais propícios, como Advento e Quaresma. É bom também realizar celebrações comunitárias da penitência e dedicar dias especiais para a penitência na novena ou tríduo do padroeiro. Também é importante dar um caráter de prática penitencial à caridade organizada. Exemplos: Natal dos pobres, socorro de emergência a flagelados, como tentativa de despertar em todos a fraternidade, como sinal de conversão a Deus e ao próximo.

Em síntese: como lugar de confluência de toda a comunidade diocesana e sede da atuação pastoral do bispo, a catedral deve ser modelo de vida litúrgica e também símbolo de fé e da unidade de toda a diocese.

A presença na cidade

A catedral é sempre uma referência para uma cidade, não só do ponto de vista da fé, mas também da história, da cultura. Cada pedra e

---

[22] Cf. CNBB. *Pastoral da Penitência*, n. 4.2.1 a 4.2.4.

cada coluna, cada imagem ou ícone são como um arquivo sólido de memória religiosa e civil. De fato, nos países de tradição cristã, a edificação das catedrais está normalmente ligada ao desenvolvimento da própria cidade. Nesse sentido a catedral é um sinal da presença da Igreja na cidade. Ela evangeliza por si mesma.

Essa abertura da Igreja à cidade não pode ser apenas uma estratégia, mas deve primar pela qualidade do acolhimento. O diálogo sincero com homens e mulheres de cultura, com os geradores de opinião, com os políticos, com os organismos da sociedade civil, não se faz por uma estratégia de conquista ou de poder. Os cristãos precisam ser o templo do Deus vivo, colocado no cimo da montanha, onde todos os que sofrem procuram ou, se interrogam, possam encontrar uma luz.

A catedral, como também todas as igrejas, deve ser lugar de encontro das pessoas com Deus e das pessoas entre si. O espaço deve propiciar e realçar a dignidade humana e, ao mesmo tempo, a glória e santidade de Deus.

Por isso, também, uma das características fortes da catedral é a de que deve sempre estar com as portas abertas, para que as pessoas entrem, rezem, contemplem ou simplesmente fiquem em silêncio. O espaço sagrado deve levar os fiéis a penetrar no mistério de Deus e convidá-los a celebrar conscientemente os sacramentos.

Além de aberta, a catedral deve ser acolhedora. No Ritual da dedicação, essa característica está assim expressa: "Aqui os pobres encontrem misericórdia, e todos os seres humanos se revistam da dignidade de vossos filhos" (ODEA, II, 62). Naturalmente, o texto não se refere ao edifício como tal, mas à comunidade, que deve ser acolhedora e promotora da vida, buscando assim que todos os seus filhos tenham seus direitos respeitados.

Finalmente, pode-se dizer também que a catedral deve ser o lugar da festa e da alegria. A festa do padroeiro e outras festas ligadas à vida da comunidade ajudam a retomar a vitalidade da comunidade, a trazer de volta a unidade perdida pelo corre-corre do dia-a-dia e a festejar os momentos importantes e decisivos da vida.

O testemunho da beleza

Após a última reforma, no ano de 2006, as pessoas que todos os dias entram na catedral de Chapecó e as que participam das celebrações dominicais testemunham: *Ela ficou muito bonita, ela está linda!* Certamente, foram tocadas pela manifestação da suprema beleza que é Deus e da sua imagem mais perfeita, que é Jesus Cristo.

Essa beleza que nos torna peregrinos do Mistério não se identifica com o luxo. Na sua raiz, a palavra beleza (*bet el za*) quer dizer: "lugar em que Deus brilha".[23] A teologia judaica expressa bem essa imagem através da *shekináh*, ou seja, a glória de Deus manifestada em todo o seu esplendor. Lembra a presença constante de Deus junto de seu povo peregrinando pelo deserto. É o lugar da morada de Deus junto do seu povo.

Os gregos expressam o belo através da palavra *kalos*, termo usada por Platão, para dizer que a beleza é o esplendor da verdade. A palavra *kalos*, no entanto, expressa bem mais do que somente o *belo*. Inclui, além do belo, também *o bom*, e *o verdadeiro*. São conceitos interdependentes.

O papa João Paulo II, na sua Carta aos Artistas, de 1999, lembra o que já os padres haviam dito no final do Concílio: "O mundo em que vivemos tem necessidade de beleza para não cair no desespero. A beleza, como a verdade, é que traz alegria ao coração dos seres humanos, é este fruto precioso que resiste ao passar do tempo, que une as gerações e as faz comungar na admiração".[24]

---

[23] Sobre o tema "teologia da beleza", conferir: DOSTOIEVSKI. *I Demoni*. Milano, 1963. c. 3. EVDOKIMOV, P. N. *Teologia della bellezza: l'arte dell'icona*. Roma: Edizioni Paoline, 1981. NAVONE, J. *Em busca de uma teologia da beleza*. São Paulo: Paulus, 1999. PASTRO, C. *o Deus da beleza*: educação através da beleza. São Paulo: Paulinas, 2008.

[24] Carta de João Paulo II aos artistas. Disponível em: <http://www.vatican.va/holy_father/john_paul_ii/letters/documents/hf_jp-ii_let_23041999_artists_po.html> Acesso em: 14 maio 2007.

De fato, a beleza é a razão de nossa existência. Não teria sentido viver sem beleza. Ela se coloca como uma das exigências básicas do ser humano. "O amor, a amizade, o compromisso e a comunidade verdadeiros estão relacionados com a beleza."[25] A beleza de uma catedral alimenta o sonho de construir, por meio da justiça e da fraternidade, um mundo bom, belo e verdadeiro.

---

[25] NAVONE, J. *Em busca de uma teologia da beleza*. São Paulo, Paulus, 1999. p. 41.

Aspersão no Tempo da Quaresma ou no Tempo da Páscoa?

*Jacques Trudel**

Introdução

No Brasil, há uma tendência, segundo constatei em alguns folhetos litúrgicos, para usar, durante a Quaresma, o rito da bênção e aspersão de água como alternativa ao rito penitencial da missa. Mesmo admitindo o limite da minha pesquisa, considero oportuno refletir sobre a conveniência desta prática, especialmente no Ano litúrgico "A", como foi a Quaresma de 2008. No Lecionário dominical do ano "A", os Evangelhos do 3º, 4º e 5º domingos da Quaresma, respectivamente: da samaritana, do cego de nascença e da ressurreição de Lázaro, constituem uma referência fundamental no processo da iniciação cristã dos catecúmenos que serão batizados na Vigília Pascal, pois servem de fundamento para o rito dos escrutínios/exorcismos previstos nesses três domingos.

Sem querer dogmatizar nem desrespeitar ninguém, gostaria de oferecer outra perspectiva, sugerindo que o rito da bênção e aspersão da água, dentro do Ciclo Pascal, seja preferencialmente reservado para os domingos do Tempo Pascal.

Num primeiro momento, olho a realidade litúrgica com a pergunta: que orientação se deu quanto ao uso da bênção-aspersão de água na

---

* Padre Jacques Trudel é jesuíta. Nascido no Canadá (1934), veio para o Brasil em 1960. Estudou Teologia em São Leopoldo, Rio Grande do Sul, onde se ordenou em 1965. Fez estudos de pós-graduação em Catequese (*Lumen Vitae*, Bruxelas, 1968), mestrado e doutorado em Teologia Litúrgica (Santo Anselmo, Roma, 1968-1973). Regressando ao Brasil em 1973, estabeleceu-se na Universidade Católica de Pernambuco, Recife, onde está até hoje. É membro fundador da ASLI, tendo sido seu presidente, e da Sociedade Internacional Jungmann de Jesuítas e Liturgia. Colaborou com a CNBB na elaboração do Ritual do Batismo de Crianças e na redação do Documento 43, segunda parte.

Quaresma do ano "A" 2008? Segue uma reflexão de teologia litúrgica que nos levará a abordar do mesmo modo o Tempo Pascal para chegar a alguma conclusão para o nosso agir de pastoral litúrgica?

Olhando a realidade: alguns fatos sobre a aspersão na Quaresma 2008

A observação da realidade levou a distinguir dois pontos: a) orientações gerais que sugerem a aspersão na Quaresma; b) a aplicação de alguns subsídios litúrgicos em alguns domingos da Quaresma do ano "A" 2008.

Orientações gerais

Em 2008, a CNBB promoveu mais uma Campanha da Fraternidade. O disco do "Hino da CF 2008 – Cantos da Quaresma – Ano A" oferecia, na faixa 3, o bonito hino *Lavai-me, Senhor, lavai-me*, com a menção *Rito de aspersão*, o que certamente encorajava o uso da Aspersão na Quaresma.[1] A faixa 17 trazia, por sua vez, o belo hino *Banhados em Cristo*, com a menção no livreto sob o título: *Aspersão/Tempo Pascal*.[2] Desta vez, um incentivo para aspersão no Tempo Pascal!

O setor de Liturgia da CNBB presta um grande serviço ao oferecer semanalmente as "Fichas de Formação Litúrgica em Mutirão II" *on-line*.[3] A Ficha 28, de 11.2.2008, intitulada "A liturgia no Tempo da Quaresma (II). Lembretes práticos para as equipes de celebração",[4] sugeria valorizar o rito da bênção da água na Quaresma: "Alguns gestos e ações simbólicas

---

[1] *Campanha da Fraternidade 2008 – Fraternidade e Defesa da Vida. Hino da CF 2008 – Cantos da Quaresma – Ano A*. São Paulo, Paulus Música, 2008. Faixa 3: *Lavai-me, Senhor, lavai-me*: rito de aspersão. Letra e música de R. Veloso e G. Leite Bastos. Livreto do CD, p. 5. 1 CD.

[2] Ibid. Faixa 17. Ver livreto do CD, versão de Ione Buyst, *Banhados em Cristo*, p. 21, com a menção Aspersão/Tempo Pascal.

[3] CNBB. *Liturgia em mutirão*. Disponível em: <http://www.cnbb.org.br/index.php?op=pagina&subop=155>. Acesso em: 14 maio 2008.

[4] FERNANDES, V. *A Liturgia no tempo da Quaresma (II). Lembretes práticos para as equipes de celebração*. Ficha 28. Disponível em: <http://www.cnbb.org.br/index.php?op=pagina&subop=155>. Acesso em: 7 maio 2008.

podem ser mais valorizados neste tempo, por exemplo: o ajoelhar-se, o rito de bênção e a aspersão da água durante o ato penitencial".

Na prestigiada *Revista de Liturgia* de jan./fev. 2008, em "Dicas e sugestões para o 3º domingo da Quaresma"[5] (evangelho da samaritana), pode-se ler: "No lugar do ato penitencial, pode ser feito o rito de bênção e aspersão da água". As dicas remetem a outras sugestões, ao "Dia do Senhor. Guia para as celebrações das comunidades, Ciclo Pascal ABC". Neste guia, lemos nos "Lembretes gerais para celebrar a Quaresma": "O ato penitencial pode receber um destaque maior como anúncio da misericórdia de Deus, sendo enriquecido com o rito de aspersão".[6]

A seguir, o roteiro da "Celebração da Palavra para os domingos da Quaresma"[7] traz o texto de uma bênção da água que, embora diverso do Missal Romano, tem a qualidade de ser curto e aludir à Páscoa: "Ó Deus, fonte da vida, abençoa esta água que criaste para fecundar a terra e para manter viva a tua criação. Que ela seja sinal da tua compaixão e do teu amor que se derrama sobre nós para chegarmos renovados à festa da Páscoa. Por Cristo, nosso Senhor. Amém".

Na *Revista de Liturgia* 199, de 2007, Penha Carpanedo, no artigo interessante e profundo "Para Viver a Quaresma", descreve uma celebração de 1º domingo da Quaresma, quando ocorre o evangelho da tentação: "No lugar do ato penitencial, o rito da aspersão da água 'recordando o Batismo' e pedindo a Deus que 'nos livre de todos os males'".[8]

Da mesma forma, encontrei no *site* oficial da Diocese de Paranavaí as "Orientações litúrgico-pastorais para o Ciclo Pascal da Quaresma e da Páscoa", n. 6: "Durante a Quaresma, valorizar o ato penitencial, usando a criatividade (ajoelhar-se, inclinar-se, aspersão do povo)".[9] Também na

---

[5] FERNANDES, V.; GHIGGI, H. Preparando o Dia do Senhor, 3º Domingo da Quaresma. *Revista de Liturgia*, São Paulo, ano 35, n. 205, p. 33, jan./fev. 2008.

[6] GUIMARÃES, M.; CARPANEDO, P. *Dia do Senhor. Guia para as celebrações da comunidade.* vol. 2. Ciclo Pascal ABC. São Paulo: Apostolado Litúrgico-Paulinas, 2002. p. 39.

[7] Ibid. pp. 41-42.

[8] CARPANEDO, P. Para viver a Quaresma. *Revista de Liturgia*, São Paulo, n. 199, pp. 4-5, jan./fev. 2007. Disponível em: <http://www.revistadeliturgia.com.br/materiacapa199.asp>. Acesso em: 14 fev. 2008.

[9] DIOCESE DE PARANAVAÍ. *Orientações litúrgico-pastorais para o Ciclo Pascal da Quaresma e Páscoa.* Disponível em: <http://www.maedaigreja.org.br/?system=news&eid=383>. Acesso em: 1º fev. 2008.

página da Paróquia Santo Antônio, da Barra Funda:[10] "Alguns gestos e ações simbólicas podem ser mais valorizados neste Tempo, por exemplo: o ajoelhar-se, o rito de benção e a aspersão da água durante o ato penitencial". Suponho que tenha havido outras.

Alguns subsídios litúrgicos da Quaresma 2008

Procurei observar a referência à bênção/aspersão nos domingos da Quaresma de 2008 em alguns subsídios litúrgicos (folhetos, jornais), sem querer abranger todos. A Quaresma tem cinco domingos e, como no domingo de Ramos se omitem os ritos iniciais, só poderíamos ter o máximo de cinco indicações, se um subsídio sugerisse o rito da bênção para todos os domingos. Indico o subsídio, a frequência dos domingos em que se faz menção da aspersão, com o Evangelho do dia. Acrescento eventualmente algum comentário.

O DOMINGO. Semanário litúrgico-catequético,[11] sugeriu o rito duas vezes: no 1º domingo (tentação de Jesus) e no 3º (samaritana). Em ambos, durante a aspersão propôs o hino *Lavai-me, Senhor*, do CD CF 2008. O texto da bênção não é o oficial do Missal Romano, mas recorda a oração do "Guia para as celebrações das comunidades" citado anteriormente,[12] que faz a ligação com a Páscoa: "Ó Deus, fonte e origem de toda a vida, abençoai esta água que criastes para fecundar a terra e dar vida à vossa criação e que será aspergida sobre nós. Que ela seja sinal da vossa misericórdia e do vosso perdão e nos ajude a chegar à Páscoa renovados. Por Cristo, nosso Senhor. Amém!"[13]

O folheto litúrgico semanal *POVO DE DEUS em São Paulo*,[14] na versão *on-line* que consultei, ofereceu o rito duas vezes: no 3º domingo

---

[10] PARÓQUIA Santo Antônio da Barra Funda. Disponível em: <http://www.santoantoniobf.com.br/mesadapalavra.html>. Acesso em: 14 fev.2008.

[11] O DOMINGO. Semanário litúrgico-catequético. São Paulo: Paulus, 2008. Remessas II e III, nn. 8-12.

[12] GUIMARÃES, M.; CARPANEDO, P. Op. cit. p. 42.

[13] O DOMINGO. Semanário litúrgico-catequético, cit. Remessa II, folhetos 8 e 10 sob 2.

[14] POVO DE DEUS em São Paulo. Folheto litúrgico semanal. Disponível em: <http://www.arquidiocese-desaopaulo.org.br/index.htm>. Acesso em: 8 maio 2008.

(samaritana) e no 5º (ressurreição de Lázaro). O canto durante a aspersão foi o mesmo *Lavai-me, Senhor*. O texto da bênção é o oficial do Missal Romano, com a referência à página 1001:

> Senhor Deus todo-poderoso, fonte e origem de toda a vida, abençoai † esta água que vamos usar confiantes para implorar o perdão dos nossos pecados e alcançar a proteção da vossa graça contra toda doença e cilada do inimigo. Concedei, ó Deus, que, por vossa misericórdia, jorrem sempre para nós as águas da salvação para que possamos aproximar-nos de vós com o coração puro e evitar todo perigo do corpo e da alma. Por Cristo, nosso Senhor. Amém.[15]

O REGIONAL OESTE 2[16] oferece, em "homilia e animação litúrgica", um roteiro completo da missa do domingo, tipo folheto *on-line*. Usou a aspersão no 3º (samaritana) e 5º domingos (ressurreição de Lázaro) com o hino *Lavai-me* e a bênção do Missal Romano. Observei que os ritos penitenciais do Ciclo Pascal sempre coincidiram com o folheto *Povo de Deus em São Paulo*, citado entre as fontes.

O DIA DO SENHOR, da Diocese de Colatina,[17] para celebração da Palavra onde não há ministro ordenado, sugeriu a aspersão apenas no 3º domingo (samaritana) e a colocou após a "partilha da Palavra". A bênção foi do Missal Romano e o canto sugerido foi *Água santa, ó água pura! Vem, purifica este povo*, à diferença dos subsídios anteriores.

DEUS CONOSCO DIA A DIA,[18] folheto de grande alcance, não fez referência à bênção e aspersão da água em nenhum domingo da Quaresma, tampouco nos domingos do Tempo Pascal.

---

[15] *MISSAL ROMANO*. Tradução portuguesa da 2ª edição típica para o Brasil, realizada e publicada pela CNBB. São Paulo: Paulus, 2006. p. 1002.

[16] *REGIONAL OESTE 2*. Disponível em: <http://www.cnbbo2.org.br/?system=news&eid=326>. Acesso em: 8 maio 2008. O *site* do Regional Oeste 2 oferece a cada semana uma seção, *Homilia e animação litúrgica*, com a liturgia do domingo. No final da liturgia do domingo, encontramos referência a domingos anteriores. Pentecostes guardava ainda referência até o 1º domingo da Quaresma. Não encontrei arquivos em banco de dados de todos os domingos.

[17] DIOCESE DE COLATINA-ES. *Dia do Senhor*. 3º domingo da Quaresma, ano XVIII, n. 1065, 24 fev. 2008. Disponível em: <http://www.diocesedecolatina.org.br/menu_senhor.htm>.

[18] *DEUS CONOSCO DIA A DIA*. Aparecida: Santuário-Aparecida e outras, ano 7, 2008. Foram verificados os nn. 74 (fev.), 75 (mar.), 76 (abr.) e 77 (maio).

Em suma: o total de subsídios não é grande e seria interessante verificar se a tendência se mantém em outros subsídios aos quais não tive acesso. Dos cinco subsídios consultados, quatro sugeriram o rito da aspersão na Quaresma por um total de sete vezes e em três domingos distintos, 1º, 3º e 5º. Quatro subsídios o fizeram no 3º domingo da samaritana, provavelmente por causa do tema. Não aconteceu o mesmo, no entanto, seguindo esta lógica, no 4º domingo com o evangelho do cego de nascença, que mencionava também a água: "Foi lavar-se na piscina de Siloé, que significa enviado, e enxergou".

Diante desses testemunhos a favor da aspersão na Quaresma, podemos perguntar se faria sentido sugerir outra postura? Respondo que sim, sem querer dogmatizar, evidentemente. Creio, de fato, que seria respeitar melhor a dinâmica do Ciclo Pascal nos seus dois tempos intrinsecamente unidos, Quaresma e Tempo Pascal, se não se fizesse a bênção e aspersão da água na Quaresma, mas se se reservasse a mesma para os domingos do Tempo Pascal como memória do Batismo celebrado na grande Vigília Pascal.

Para fundamentar esta posição, convido a refletir novamente sobre a dinâmica do Ciclo Pascal e suas características. Antes, convém voltar à realidade e perguntar: que referência fizeram à bênção-aspersão da água nos domingos do Tempo Pascal os subsídios litúrgicos que estudamos na Quaresma?

A aspersão nos subsídios litúrgicos do Tempo Pascal 2008

Na Quaresma, a aspersão foi mencionada em três dos cinco domingos nos quais seria possível, e em quatro dos cinco subsídios estudados. No Tempo Pascal, não considerando agora a Vigília Pascal onde é obrigatória, a bênção e aspersão da água poderiam teoricamente ser sugeridas em cada um dos sete domingos da Páscoa, além de Pentecostes, e que constituem o Tempo Pascal dos cinquenta dias.

Qual foi a realidade? Uma surpresa! No Tempo Pascal 2008, apenas o semanário litúrgico-catequético *O DOMINGO*[19] sugeriu o rito da bênção-aspersão, mas o sugeriu de maneira significativa: foram quatro vezes, nos domingos 1º, 2º ,4º , e 6º da Páscoa, com o hino *Banhados em Cristo*.[20] O texto da bênção no 2º e 4º domingos foi a bênção do Missal Romano prevista para o Tempo Pascal. No 1º e 6º domingos da Páscoa, o folheto inovou, usando uma adaptação mais curta. Voltarei a discorrer sobre os textos mais adiante. Os outros quatro subsídios pesquisados, *O POVO DE DEUS*, o folheto do *REGIONAL OESTE 2*, *O DIA DO SENHOR* e *DEUS CONOSCO DIA A DIA*, não mencionaram a aspersão nos domingos da Páscoa.

O fato chama a atenção, pois o Tempo Pascal, como se verá a seguir, é o Tempo privilegiado para a bênção/aspersão da água. Convém ser prudente, pois foi estudada apenas uma pequena amostra dos subsídios litúrgicos em uso no Brasil.

Reflexão sobre o Ciclo Pascal da Quaresma e do Tempo Pascal

Assim como Advento e Tempo de Natal formam a unidade do Ciclo de Natal no Ano litúrgico, do mesmo modo os quarenta dias da Quaresma e os cinquenta dias do Tempo Pascal formam a unidade dinâmica do Ciclo Pascal em dois momentos articulados em redor do Tríduo Pascal com o ápice da Vigília Pascal.

É a partir desta unidade do Ciclo Pascal, com seus dois tempos distintos, mas interligados, que podemos situar melhor a questão da aspersão no ritmo progressivo das celebrações dominicais, para que o percurso simbólico da liturgia possa manifestar toda a sua plenitude.

---

[19] O DOMINGO. Semanário litúrgico-catequético, cit., nn. 16, 18, 20, 22.

[20] CD HINO DA CF 2008, cit. Faixa 17, *Banhados em Cristo*. A referência de O DOMINGO foi para o CD *Tríduo Pascal II*, Vigília Pascal, São Paulo: Paulus, 2006. Música. Faixa 11. (Coleção Cantos do Hinário Litúrgico da CNBB.)

Com a reforma litúrgica do Concílio Vaticano II, e dentro da unidade do Ciclo Pascal, a Quaresma dos quarenta dias como os quarenta dias de Jesus (1º domingo) e os quarenta anos do êxodo nos conduz ao deserto, enquanto lugar e tempo em que podemos experimentar Deus, por meio de uma longa preparação para a celebração anual do Mistério Pascal, no Tríduo Santo, culminando com a "mãe de todas as santas vigílias" "na noite em que o Senhor ressuscitou",[21] à noite da Páscoa.

O Concílio Vaticano II pediu a restauração da iniciação cristã de adultos e seu catecumenato,[22] o que nos valeu o Ritual da Iniciação Cristã de Adultos (RICA).[23] Em 2007, a Conferência de Aparecida destacou a importância da iniciação cristã, dedicando-lhe em particular os números 286-294, chegando a afirmar: "Propomos que o processo catequético de formação adotado pela Igreja para a iniciação cristã seja assumido em todo o continente como a maneira ordinária e indispensável de introdução na vida cristã e como a catequese básica e fundamental"[24] (n. 294).

No processo da iniciação cristã de adultos, o Ciclo Pascal recebe um destaque fundamental, que é a Quaresma como última preparação para a celebração dos sacramentos pascais e o Tempo Pascal que lhe segue como tempo da "mistagogia", o último tempo da iniciação.[25] Graças a Deus, assistimos no Brasil a uma progressiva redescoberta e valorização da celebração dos sacramentos de iniciação cristã na Vigília Pascal.

A Quaresma tem, fundamentalmente, uma índole batismal e por isso mesmo, ousaria dizer, também uma índole penitencial de conversão para Deus e para o irmão. "Um só Batismo para o perdão dos pecados."[26]

"O Tempo da Quaresma visa a preparar a celebração da Páscoa; a liturgia quaresmal. Com efeito, dispõe para a celebração do Mistério

---

[21] Normas universais sobre o Ano litúrgico e o calendário n. 21. In: *MR*, p. 104.

[22] *SC*, n. 64.

[23] Cf. *RICA*.

[24] *DA*, nn. 286-294.

[25] *RICA*, n. 37.

[26] *CIC*, nn. 977 e 1263.

Pascal tanto os catecúmenos, pelos diversos graus de iniciação cristã, como os fiéis, pela comemoração do Batismo e pela Penitência."[27]

A Quaresma é o Tempo da última preparação dos "catecúmenos" que vão receber os sacramentos da iniciação cristã na profissão de fé. É o tempo progressivo da purificação e da iluminação[28] dos catecúmenos, os quais progridem no meio da comunidade de fé que os ajuda na sua iniciação ao mistério cristão e com eles aprofunda a sua própria conversão,[29] rumo à celebração dos "sacramentos pascais",[30] na noite da Páscoa.

O percurso simbólico dos catecúmenos na liturgia quaresmal

Dentro do processo da iniciação cristã, as celebrações dominicais da Quaresma com os "escrutínios" e "exorcismos" constituem para os que se preparam para o Batismo um percurso simbólico importantíssimo (liturgia), pelo qual se aprofunda a comunhão ao mistério e o encontro com Deus em Jesus Cristo. O percurso litúrgico é diferente e complementar do percurso da catequese (anúncio), que é mais um conhecimento do mistério, e do percurso da aprendizagem a viver eticamente em Cristo e no Espírito no dia-a-dia da vida, na transformação do comportamento e da mentalidade (vida a serviço).[31]

Nesse tempo, a intensa preparação espiritual, mais relacionada à vida interior que à catequese, procura purificar os corações e espíritos pelo exame de consciência e a penitência e iluminá-los por um conhecimento mais profundo

---

[27] *Normas universais sobre o Ano litúrgico e o calendário romano geral* n. 27. In: MR, p. 105.

[28] RICA, nn. 133 a 207.

[29] RICA, n. 21. "A Quaresma renova a comunidade dos fiéis juntamente com os catecúmenos e os dispõe para a celebração do mistério pascal, ao qual os sacramentos de iniciação associam cada um."

[30] RICA, nn. 208-239.

[31] Inspirado em: GUENELEY, P. Devenir chrétien. In: GELINEAU, J. *Dans vos Assemblées 1*. Manuel de pastorale liturgique sous la direction de J. Gélineau. Tournai: Desclée, 1989. Cap. 14, pp. 192-199.

de Cristo, nosso Salvador. Serve-se para isso de vários ritos, sobretudo dos escrutínios e das entregas.[32]

"Os 'escrutínios', solenemente celebrados [...] estão, portanto, orientados para libertarem do pecado e do demônio e confirmam no Cristo, que é o caminho, a verdade e a vida dos eleitos."[33]

Neste percurso simbólico quaresmal a meta almejada pelos catecúmenos é "a iniciação nos sacramentos": após a renúncia-profissão de fé, o encontro com Cristo redentor no "banho batismal", nas águas da salvação que, naquela noite memorial, irão jorrar em abundância, pois "convém que a água seja abundante, de modo que o Batismo apareça como uma verdadeira passagem pela água ou banho".[34].

O 3º, 4º e 5º domingos da Quaresma constituem ritualmente uns passos a mais na progressiva inserção no mistério de Cristo, que é "água viva que sacia a sede" (evangelho da samaritana), luz que faz enxergar (evangelho do cego de nascença), ressurreição e vida (evangelho da ressurreição de Lázaro).

O percurso ritual simbólico quaresmal visa precisamente a trabalhar e aprofundar o *desejo* nos catecúmenos:

> Para incentivar o seu desejo de serem purificados e redimidos pelo Cristo, realizam-se três escrutínios que visam a instruir gradativamente os catecúmenos sobre o mistério do pecado, do qual todo o mundo e todo ser humano desejam ser redimidos, para libertarem-se de suas consequências presentes e futuras, impregnando suas almas do senso da redenção de Cristo, que é água viva (cf. o evangelho da samaritana), luz (cf. o evangelho do cego de nascença), ressurreição e vida (cf. o evangelho da ressurreição de Lázaro). "É necessário progredirem do primeiro ao último escrutínio, na consciência do pecado e no desejo de salvação."[35]

---

[32] *RICA*, n. 25.

[33] *RICA*, n. 25,1.

[34] *RICA*, n. 220.

[35] *RICA*, n. 57.

O desejo já é uma dimensão muito presente nos Evangelhos proclamados, nos diálogos entre Jesus e a samaritana, entre Jesus e o cego de nascença e entre Jesus e Marta.

Trabalhar pastoralmente as liturgias dominicais da Quaresma significa celebrar levando em conta o elemento água, como desejo da água almejada como meta, no final de um longo percurso, agora na sua última etapa. Significa celebrar de modo a aprofundar sempre mais o desejo de chegar às águas vivas da Páscoa, às águas de memória de toda uma história de salvação na piscina batismal, onde os catecúmenos irão descer com Cristo na sepultura para subir/ressurgir das águas, passar para a vida nova em Cristo.

Para os membros da comunidade dos fiéis já batizados, a água é também meta da caminhada quaresmal para aprofundar a sua conversão e, na noite da Páscoa, professar novamente a sua fé batismal e participar da aspersão solene com a água do Batismo que foi abençoada nessa noite para acolher novos membros de Cristo.

Aos poucos, vemos comunidades do Brasil programar o Batismo de adultos/jovens para a noite da Vigília Pascal. Significa que são chamadas a trabalhar a Quaresma levando em conta essa situação ainda nova.

Por isso imaginemos agora uma comunidade que, com os seus catecúmenos jovens/adultos que estão aspirando ao Batismo na noite da Páscoa, celebre o rito do "primeiro escrutínio" no 3º domingo da Quaresma, quando é proclamado o evangelho da samaritana. Nas preces específicas pelos eleitos, rezar-se-á: "Para que, à espera do dom de Deus, cresça neles o desejo da água viva que jorra para a vida eterna, roguemos ao Senhor".[36] Nessa situação concreta, surge a pergunta: será que faz sentido, ritualmente, oferecer nos ritos iniciais da missa, em lugar do ato penitencial, uma aspersão com água? O mesmo se pode dizer dos demais domingos: o cego de nascença ou a ressurreição de Lázaro; ou mesmo nos dois primeiros domingos da Quaresma, como vem sendo sugerido.

---

[36] *RICA*, n. 163.

Pessoalmente, creio que não, quando me situo no nível antropológico ritual da experiência espiritual almejada pelo percurso quaresmal com seus escrutínios. Oferecendo a aspersão, em vez de aprofundar o desejo, o abafamos, caindo na tentação do imediatismo, o que levaria a satisfazer logo o desejo em vez de aprofundá-lo.

Mesmo no caso das comunidades que não acolherão novos membros nascidos do Mistério Pascal na Vigília da Ressurreição, creio que devemos trabalhar o desejo para realçar na Vigília Pascal o rito da bênção e a aspersão da água depois da profissão de fé, no final da caminhada dos quarenta dias. Se não houver Batismo na Vigília, que destaque ou mesmo que "novidade" terá a bênção da água e a aspersão do povo na Vigília Pascal para a experiência espiritual da comunidade, se nos domingos anteriores — 1º (tentação), 3º (samaritana) e 5º (Lázaro) — da Quaresma já houve rito de bênção com abundante aspersão de água?

Esta posição aparece bem numa carta da Ordem dos Cistercienses:

> Em nossas igrejas monásticas, onde somente em raríssimas ocasiões há celebração do Batismo, o ato mais importante dessa terceira parte (da Vigília Pascal) é *a renovação das promessas batismais, que é uma das finalidades da preparação dos quarenta dias da Quaresma.* A aspersão da água benta recorda o nosso Batismo.[37] (grifos meus)

O que se diz da Quaresma do Ano A vale também para os anos B e C, com outros Evangelhos, pois permanece a característica da Quaresma como Tempo de preparação para a Páscoa para a comunidade e os catecúmenos. Aliás, nos anos B e C é permitido usar as leituras dos Evangelhos do ano A.[38]

---

[37] ALTERMATT, A. M. Quinta carta-circular do secretário do Secretariado O. Cist. de Liturgia aos mosteiros da Ordem para a Quaresma e Páscoa de 2006. Disponível em: <http://www.ocist.org/Anexo%203.htm>. Acesso em: 25 maio 2008.

[38] Cf. GUIMARÃES, M.; CARPANEDO, P. *Dia do Senhor*, cit., p. 39. "É bom lembrar que, no Ano A, as leituras enfatizam a dimensão batismal da Igreja. É o esquema de leituras mais antigo, ligado ao caminho catecumenal. Foi somente após o Concílio Vaticano II que se apresentou a opção de outras leituras, tais como se estruturam nos anos B e C. [...] O Ano A tem precedência sobre os demais sempre que a comunidade desejar, mesmo não havendo catecumenato".

Os domingos do Tempo Pascal, os mais convenientes para a bênção/aspersão

Resta ver qual dos dois tempos do Ciclo Pascal, isto é, a Quaresma e a Páscoa dos cinquenta dias inaugurados na Vigília Pascal e encerrados no Pentecostes, do ponto de vista litúrgico, é o mais conveniente para a bênção e a aspersão da água.

A reflexão abordará três pontos: o sentido do Tempo Pascal no Ciclo Pascal, as orientações litúrgicas referentes à aspersão neste Tempo e, finalmente, a reforma do sentido do rito da aspersão no Missal Romano oriundo do Concílio.

A dinâmica do Tempo Pascal no Ciclo Pascal: tempo de mistagogia

Os catecúmenos foram batizados na Vigília da noite do 1º domingo de Páscoa. Seguem os domingos 2º ao 7º, chamados todos domingos da Páscoa. Pentecostes, o domingo do quinquagésimo dia, encerra com o selo do Espírito este Tempo festivo de cinquenta dias.[39] Para os que foram batizados na noite da Páscoa, os cinquenta dias significam o último tempo da iniciação,[40] o tempo da mistagogia.

Dentro da dinâmica do Ciclo Pascal da Quaresma e Tempo Pascal articulados em redor do Tríduo Santo, os cinquenta dias do Tempo Pascal formam com a Quaresma uma unidade. Os quarenta dias da Quaresma foram marcados pelo aprofundamento do desejo, de olhos no futuro em vista dos sacramentos da iniciação na noite de Páscoa. Agora, os cinquenta dias do Tempo Pascal, vividos como *um só dia de festa,* ou melhor, *como um grande domingo,* têm como característica o aprofundamento, não mais do desejo, mas da experiência vivida em âmbito pessoal e comunitário.[41]

---

[39] Ibid., p. 23.

[40] *RICA*, n. 37.

[41] Não separo, aqui, o Batismo da Unção do Espírito e da Eucaristia: os sacramentos pascais.

Como a índole e a eficácia próprias deste Tempo provêm dessa experiência nova e pessoal dos sacramentos e da comunidade, o lugar primordial da "mistagogia" são as [...] missas dos domingos de Páscoa. [...] Toda a comunidade local, com os neófitos e seus padrinhos, deve, pois, ser convidada para essas missas [...].[42]

O rito da aspersão da água nos domingos deste tempo de mistagogia visa a contribuir precisamente para a eficácia própria do aprofundamento da "experiência" pascal, "experiência nova e pessoal dos sacramentos e da comunidade", no Batismo recebido na noite da Páscoa.

No nível da antropologia, da ritualidade e da simbologia, é muito importante que cada tempo do Ano litúrgico tenha alguns símbolos característicos próprios que reforcem, assim, a sua identidade, dando-lhe um rosto particular distinto dos demais tempos.[43] Nos cinquenta dias de Pentecostes,[44] como se chamava outrora o Tempo Pascal, temos como símbolo característico, antes de tudo, o Círio Pascal, novo a cada ano e colocado ao lado do ambão. Em vários lugares do Brasil, há sugestões felizes para realçar ainda mais o Círio, como trazê-lo com destaque em procissão no início da celebração, enfeitar o lugar onde é colocado etc.

Seria conveniente, como em outros lugares,[45] fazer do rito da bênção e aspersão da água, no lugar do ato penitencial, um marco pascal distintivo. Se a aspersão não foi usada na Quaresma, esse rito mais alegre

---

[42] *RICA*, n. 40.

[43] Alguns exemplos: não parece apropriada a sugestão lida em folheto litúrgico de acender algumas velas dos fiéis no domingo do cego de nascença à maneira da Vigília Pascal porque Cristo é luz. Do mesmo modo não parece apropriado entrar com o Círio Pascal na noite de Natal, já que a temática de Natal é semelhante à da Páscoa. Verdade, mas o tema da luz que vence as trevas na tradição foi desenvolvido no Natal através de outro tratamento da luz.

[44] Pentecostes significa quinquagésimo dia, indicando uma sucessão. Cf. MARTÍN-MORENO, J. M. *El ciclo de Pascua.* b) La cincuentena pascual: "En la liturgia más primitiva, Pentecostés designa más un tiempo que un día concreto. Así por ejemplo Tertuliano, hablando de que en Pentecostés no se ayunaba y no se oraba de rodillas, se refiere al '*día* de la resurrección' y al '*período* de Pentecostés', y dice que ambos gozan de la misma solemnidad y alegría. En otro texto llama Pentecostés *spatium laetissimum*, refiriéndose a él también no como un día, sino como un espacio de tiempo. E Eusebio de Cesarea dice 'durante *los días* de Pentecostés, representando la imagen del reposo futuro, nos mantenemos alegres y concedemos descanso al cuerpo como si ya estuviésemos gozando de la presencia del esposo'. Una vez más vemos que Eusebio no se refiere al 'día de Pentecostés', sino a 'los días de Pentecostés'". Disponível em: <http://www.upcomillas.es/personal/jmmoreno/cursos/Liturgia/anyo_liturgico.htm>. Acesso em: 25 maio 2008.

[45] Alguns testemunhos mais adiante, no final.

Aspersão no Tempo da Quaresma ou no Tempo da Páscoa?

poderá contribuir para que a comunidade experimente os cinquenta dias da Páscoa, inaugurados na Vigília com a celebração dos sacramentos pascais dos novos batizados e a aspersão solene dos já batizados, como um só dia de festa para a Igreja nascida da Páscoa: "Os cinquenta dias entre o domingo da Ressurreição e o domingo de Pentecostes sejam celebrados com alegria e exultação, como se fossem um só dia de festa, ou melhor, 'como um grande domingo'".[46]

Orientações litúrgicas referentes à aspersão no Tempo Pascal

No Missal Romano, o rito para a bênção e aspersão[47] oferece três formulários de bênção da água, sendo que o terceiro vem com a indicação *no Tempo Pascal*. Os dois primeiros não trazem menção particular. A rubrica número 1 diz que o rito pode ser realizado em todas as missas dominicais.[48]

O texto de introdução às três orações de bênção n. 2, pelo qual o sacerdote convida o povo a rezar, com estas palavras ou outras semelhantes, dá o sentido da bênção como recordação do Batismo: "[...] Para que se digne abençoar esta água que vai ser aspergida sobre nós, recordando o nosso Batismo. Que ele se digne ajudar-nos para permanecermos fiéis ao Espírito que recebemos...".[49]

É muito interessante notar, e isso reforça ainda mais o nexo com a Páscoa, que esta introdução é a mesma usada na Vigília Pascal, "se não houver Batismo nem bênção de água batismal quando o sacerdote benze a água para a aspersão do povo".[50] Também a bênção no Tempo Pascal

---

[46] *MR.* Normas universais sobre o Ano litúrgico e o calendário romano geral, 22.

[47] *MR.* Rito para bênção e aspersão da água, pp. 1001-1004.

[48] Ibid., p. 1001.

[49] Ibid. Notar o final: o *Espírito que recebemos*.

[50] *MR.* Vigília Pascal. n. 45, p. 287. Uma pequena diferença, mas importante: enquanto na Vigília se usa a palavra *renovar-nos*, o rito da bênção dominical a substitui por *ajudar-nos*. Diferença que já consta no original em latim nos respectivos lugares, pp. 284 e 899.

● ● ● 49 ● ● ●

do rito dominical é a mesma da Vigília Pascal, sendo que esta última menciona no início: "Nesta noite santa".[51]

Das três orações de bênção, a do Tempo Pascal é a única a mencionar o Batismo, numa memória da história da salvação segundo o modelo das bênçãos de água no sacramento do Batismo: "Renovastes, pelo banho do novo nascimento, a nossa natureza de pecadores. Que esta água seja para nós uma recordação do nosso Batismo e nos faça participar da alegria dos que foram batizados na Páscoa".[52]

As antífonas sugeridas para o Tempo Pascal acentuam a referência batismal: "Vi a água saindo do lado direito do templo" (Ez 47), "Do vosso lado, ó Cristo, jorra a fonte de água", ou "Vós sois raça escolhida, sacerdócio régio, nação santa que vos chamou das trevas à sua luz admirável" (1Pd 2,9).

A nova Instrução Geral sobre o Missal Romano, 3ª edição, n. 51, quando aborda o ato penitencial, traz um acréscimo significativo que não constava na Introdução da 2ª edição do Missal Romano: "[...] Aos domingos, *particularmente, no Tempo Pascal*, em lugar do ato penitencial de costume, pode-se fazer, por vezes, a bênção e aspersão da água em recordação do Batismo".[53]

No Brasil, o Guia litúrgico-pastoral da CNBB reproduz a rubrica n. 1 do Rito da bênção do Missal Romano e acrescenta: "especialmente dos domingos da Páscoa", que não consta no texto original do Missal da 2ª edição, atualmente em uso.

> O rito da bênção e aspersão de água benta pode ser feito, em todas as igrejas e oratórios, em todas as missas de domingo, especialmente dos domingos da Páscoa, mesmo nas que se antecipam em horas vespertinas do sábado. Este rito substitui o ato penitencial que se realiza no início da missa.[54]

---

[51] MR. Vigília Pascal, pp. 287-288.
[52] MR. Rito para bênção e aspersão da água, pp.1001-1004.
[53] IGMR, n. 51. Comparar com MR, n. 29, p. 38.
[54] CNBB. *Guia litúrgico-pastoral*. 2. ed. rev. e ampl. Brasília, [n.d.]. pp. 45 e 35.

Em uma outra passagem sublinha que é por causa da Páscoa que o rito é dominical, e não da semana: "A aspersão com água é um rito próprio do domingo, Dia do Senhor, páscoa semanal. [...] Recorda o nosso Batismo, que nos inseriu no Mistério Pascal e que nos fez morrer para o pecado e renascer para uma vida nova. Acentua nossa identidade de povo sacerdotal".[55]

A *Revista de Liturgia* mar./abr. 2008, na sua seção "Preparando a liturgia", nos domingos de Páscoa sugeriu a aspersão apenas para o 5º domingo da Páscoa com a motivação bonita de povo sacerdotal: "Fazer a aspersão com água no lugar do ato penitencial ajuda a retomar a nossa vocação de povo sacerdotal, assumida no Batismo, como mergulho na Páscoa do Senhor".[56]

A *Revista* remete sempre, no entanto, para o *Dia do Senhor*, Ciclo Pascal ABC, que recomenda a aspersão para todas as celebrações (dominicais) da Páscoa nos Lembretes gerais: "É importante também que seja elemento de todas as celebrações da Páscoa. O rito da água, no Tempo Pascal, mais do que um sentido penitencial, faz memória do Batismo e pode, às vezes, tomar lugar na profissão de fé".[57]

No *Rito da celebração dominical da Palavra* que segue, o Guia introduz, após a partilha da Palavra, a Renovação do Batismo (termo que não parece adequado). A bênção, adaptação mais breve do Missal Romano no Tempo Pascal, conserva felizmente o final: "Que esta água seja para nós uma recordação do nosso Batismo e nos faça participar da alegria dos que foram batizados na Páscoa".[58] O texto da bênção no Missal Romano e suas adaptações serão analisados mais adiante.

Em suma: se as orientações litúrgicas não proíbem a aspersão na Quaresma, com certeza a privilegiam no Tempo Pascal, o que, segundo os subsídios estudados, não pareceu realizar-se no Brasil em 2008.

---

[55] Ibid., p. 35.

[56] FERNANDES, V.; GHIGGI, H. Preparando o Dia do Senhor, 5º domingo da Páscoa. *Revista de Liturgia*, São Paulo, Ano 35, n. 206, p. 33, mar./abr. 2008.

[57] GUIMARÃES, M.; CARPANEDO, P. Op. cit., p. 240.

[58] MR, p. 1002.

Com o parecer de que seria melhor reservar a aspersão para os domingos do Tempo Pascal, quis saber a opinião de um amigo jesuíta liturgista, que escreveu um artigo sobre a aspersão num livro ao qual não tinha acesso no momento.[59] Enviou-me o original inglês por correio eletrônico. O artigo respondia à pergunta: "Quando se deveria fazer a aspersão de água benta no início da missa?". O trecho seguinte do autor, em tradução minha, expressa bem a opinião que procuro partilhar neste artigo:

> Como este rito é uma recordação do Batismo, o mais apropriado seria usá-lo todos os domingos do Tempo Pascal e Pentecostes — o grande tempo batismal. Por outro lado, durante a Quaresma, como a comunidade se prepara com os seus catecúmenos para o Batismo, seria apropriado usar um rito penitencial comum. Durante o resto do ano, a aspersão da água pode ser regularmente usada para enfatizar que o Domingo é sempre uma "pequena Páscoa", o dia do Batismo e da vida nova.[60]

Paul Turner, liturgista norte-americano formado no Santo Anselmo, em artigo que recorda a história do rito da aspersão, escrevia em 2007: "A aspersão da água benta no início da missa se tornou um marco do Tempo Pascal".[61] Embora não seja tão claro quanto Smolarski para não recomendar o rito na Quaresma, creio que se possa deduzir, pois não poderia ser um marco do Tempo Pascal de outra maneira. Falando dos "domingos de Páscoa", Turner recorda que, nos Estados Unidos, foi aprovado que nas missas do domingo de Páscoa pela manhã, a assembleia pudesse renovar as suas promessas do Batismo no momento do credo, seguindo-se a aspersão, como na Vigília, já que muita gente não participa da Vigília Pascal. Desse modo, ajuda a fazer a ligação entre Páscoa e Batismo. O autor, então, continua:

---

[59] SMOLARSKI, D. C. *Preguntas y respuestas sobre la celebración liturgica*. Barcelona: Centre de Pastoral Liturgica de Barcelona, 2004. pp. 11-13. (Dossiers CPL, n. 101.)

[60] SMOLARSKI, D. C. When Should the Sprinkling of Blessed Water Take Place at the Beginning of Mass? *Liturgy 90* "Question and Answer", Chicago, v. 24, n. 1, p. 3, Jan 1993.

[61] TURNER, P. The Sprinkling of Holy Water at the Start of Mass has Become a Hallmark of the Easter Season. *Water and Promises*, year 38, n. 2, pp. 8-12, Mar/Apr 2007. Disponível em: <http://www.paul-turner.org./water_promises.htm>. Acesso em: 18 mar. 2008.

Nos demais domingos do Tempo Pascal, o rito da bênção e aspersão da água benta tem lugar com propriedade. É colocado no início da missa como memória do Batismo. Como o Batismo é o início de nossa participação na vida do Cristo ressuscitado, é especialmente apropriado celebrar o Batismo na Páscoa e recordá-lo nos domingos deste Tempo, quando celebramos de maneira especial o dia da semana em que Cristo levantou-se dos mortos![62]

Não faltam os testemunhos de outros lugares que recomendam a aspersão em todos os domingos do tempo Pascal. Por exemplo: o Secretariado Diocesano da Pastoral Litúrgica de Viseu, Portugal : "Esta forma de começar a missa (com aspersão) é especialmente recomendada durante os oito domingos da Páscoa";[63] o subsídio *Magnificat*, da França, para liturgias diárias das Horas e da missa: "Manter-se-á evidentemente o rito da aspersão em cada domingo da Páscoa, com um canto apropriado";[64] o professor de Liturgia da Universidade de Comillas, Espanha, Juan Manuel Martín-Moreno González, sj: "A aspersão está especialmente indicada para os domingos, sobretudo para os sete domingos do Tempo da Páscoa. Convém usar água em abundância e que as pessoas realmente se molhem".[65]

O rito da aspersão: do Missal de 1962 ao Missal de Paulo VI

O Missal Romano, fruto da reforma litúrgica do Concílio Vaticano II, modificou bastante o sentido do rito do "Asperges", como era conhecido. No missal de 1962, a bênção e aspersão de água era um rito que se

---

[62] Ibid.

[63] SEIXAS, J. *O rito da aspersão da assembleia*. Disponível em: <http://www.sdplviseu.web.pt/TEMAS/RitodaAspersaoAssembleia.doc>. Acesso em: 22 maio 2008.

[64] Des idées pour célébrer, l'ouverture de la célébration. *MAGNIFICAT*, Paris: Sotiaf/Magnificat, n. 184, p. 190, Mars 2008. A recomendação para usar a água benta foi renovada a cada domingo da Páscoa, inclusive o domingo de Páscoa.

[65] MARTÍN-MORENO, G. J. M. *La Eucaristía, d) Orientaciones concretas* n. 11. Disponível em: <http://www.upcomillas.es/personal/jmmoreno/cursos/Liturgia/sacramentos/Eucaristia.htm>. Acesso em: 22 maio 2008.

podia fazer na missa principal (cantada/solene) em todos os domingos do ano, inclusive da Quaresma,[66] e acontecia antes da missa.

Segundo o *Ordo ad faciendam et aspergendam aquam benedictam*,[67] há dois momentos distintos: 1) a bênção na sacristia, em privado, portanto, e 2) a aspersão na igreja, ao chegar ao altar antes do início da missa, com as orações ao pé do altar.

1) Na sacristia, a bênção tem duas orações sobre o sal: um exorcismo e uma bênção; o mesmo sobre a água; e, finalmente, uma última oração sobre a água misturada com sal.[68]

2) Terminada a bênção, o sacerdote, até então de alva e estola, reveste o pluvial e se dirige ao altar para a aspersão. Ao chegar ao altar, de joelhos, recebe o aspersório das mãos do diácono e procede a aspersão do altar, de si, dos ministros e do povo, podendo mesmo percorrer a igreja. O celebrante tinha iniciado a antífona *Asperges-me;* o coral prossegue cantando o salmo 50 durante a aspersão. Na Páscoa, canta-se o *Vidi Aquam* com o salmo 117. Regressando ao altar, o sacerdote pronuncia uma oração conclusiva, o único texto rezado em público. Terminado o rito, dirige-se à sede, onde, tirando a capa pluvial, coloca o manípulo e a casula para iniciar a missa.

A análise dos textos mostra, com clareza, que se trata de um rito de proteção e salvação contra os perigos. Trata-se de uma água "lustral".[69]

O novo missal pós-Concílio Vaticano II integrou o rito da bênção e aspersão dominical na missa nos ritos iniciais como alternativa ao rito penitencial, e deu-lhe um sentido novo, como *recordação do nosso Batis-*

---

[66] Nos domingos de Páscoa e Pentecostes, usava-se a água benta na Vigília.

[67] CHURCH MUSIC ASSOCIATION OF AMERICA. Missale Romanum ex Decreto Concilii Tridentini restitutum summorum pontificum cura recognitum, editio typica, Romae, ex aedibus Sacrae Rituum Congregationis, die 23 iunii 1962, 4 out. 2007. Disponível em: <http://www.musicasacra.com/2007/10/04/missale-romanum-1962/>. Acesso em: 18 maio 2008.

[68] Ibid. nn. 5919-5924.

[69] MARTIMORT, A. G. A *Igreja em oração. Introdução à liturgia.* Tournai: Desclée e Cie, Ora et Labora Mosteiro de Singeverga, 1965. p 193. "Até a aspersão dominical parece ter sido originariamente uma lustração dos diversos lugares regulares monásticos."

mo, o que aparece na introdução aos três textos de bênção e na bênção no Tempo Pascal, como já vimos. Os textos deixam de lado a dimensão explícita de exorcismo característica da bênção no Missal de 1962, mas conservam nas duas primeiras bênçãos sobre a água e na bênção do sal, onde a situação do lugar ou a tradição popular aconselharem.[70] Vemos aí algo do sentido da água como *proteção* contra os males, doença, cilada/ataque do inimigo, perigos, do rito anterior ao Concílio Vaticano II. É uma dimensão muito popular e que vem de tradição antiga.[71]

Abençoai esta água
- para que nos proteja neste dia que vos é consagrado, e renovai em nós a fonte viva de vossa graça, a fim de que nos livre de todos os males (1ª bênção)
- que vamos usar confiantes para implorar o perdão dos nossos pecados e alcançar a proteção da vossa graça contra toda doença e cilada do inimigo... (2ª bênção)
- onde esta mistura de água e sal for aspergida, seja afastado todo ataque do inimigo, e guarde-nos constantemente a presença do Espírito Santo (benção do sal)

Este breve olhar sobre a história recente permite concluir que o rito atual da aspersão é mais novo do que parece não só pelo seu sentido de memória do Batismo, mas como alternativa ao rito penitencial e com textos proclamados diante do povo.

Não é de surpreender, portanto, que o rito ainda não seja um marco do Tempo Pascal. A aspersão em todos os domingos de Páscoa pode deparar-se com certas dificuldades. Menciono duas. A primeira é: se a bênção para o Tempo Pascal com a aspersão, como vimos, retoma a bênção da Vigília Pascal quando não há Batismo,[72] por que acrescentar que, "voltando à cadeira", o sacerdote pronuncie uma versão de "absolvição sacerdotal",[73] que não existe na Vigília? Poder-se-ia

---

[70] *MR*, n. 3, p. 1003.

[71] LECLERCQ, H. Holy Water Bucket and Sprinkle. *The Catholic Encyclopedia*. New York: Robert Appleton Company, 1910. v. VII. Disponível em: <http://www.sanctamissa.org/en/sacristy/sacristy-sanctuary-and-altar/holy-water-bucket-and-sprinkler.html>. Acesso em: 14 maio 2008.

[72] *MR*, p. 287.

[73] *MR*. Rito para a bênção e aspersão de água, p. 1002. "Que Deus todo-poderoso nos purifique dos nossos pecados e, pela celebração desta Eucaristia, nos torne dignos da mesa do seu Reino." O texto, embora diverso, conserva a estrutura e o sentido do que se chama *absolvição sacerdotal* nos formulários ordinários 1, 2, 3 do *MR*, pp. 391-393. Cf. Ibid. n. 29, p. 38.

acrescentar: considerando também que o rito se faz "em lugar do ato penitencial".[74]

A segunda dificuldade se apresenta assim: a versão oficial da bênção para o Tempo Pascal, na prática, parece muito longa e repetitiva para ser usada a cada domingo do Tempo Pascal. Seria um motivo para não sugerir a bênção no Tempo Pascal nos subsídios? Ou a razão pela qual O DOMINGO adotou para o 1º e 6º domingos da Páscoa um texto mais curto de bênção, enquanto sugeria a versão integral do Missal Romano no 2º e 4º domingos do Tempo Pascal? O DIA DO SENHOR sugeriu uma versão breve. Valeria a pena termos uma versão mais curta? Como seria?

A seguir, apresento algumas bênçãos breves que aparecem em nossos textos litúrgicos para ver como poderiam ser as bênçãos de tal natureza, enquanto não são aprovados textos desejáveis. Realço as palavras para mostrar melhor as concordâncias e faço um breve comentário sobre cada um.

Missal Romano, bênção para o Tempo Pascal

a)   Senhor nosso Deus, velai sobre vosso povo e, ao celebrarmos a *maravilha* da nossa *criação* e a maravilha ainda maior de nossa redenção, dignai-vos abençoar † esta água.

b)   Fostes vós que a criastes para *fecundar a terra*, para lavar nossos corpos e *refazer nossas forças*.

c)   Também a fizestes instrumento da vossa misericórdia: por ela libertastes o vosso povo do cativeiro e aplacastes no deserto a sua sede; por ela os profetas anunciaram a nova *aliança*, que era vosso desejo concluir com os seres humanos; por ela finalmente, consagrada por Cristo no Jordão, *renovastes*, pelo banho do *novo* nascimento, a nossa natureza pecadora.

d)   Que esta água seja para nós uma recordação do nosso Batismo e nos faça participar da alegria dos que foram batizados na Páscoa. Por Cristo, nosso Senhor. Amém!

---

[74]   *IGMR*, n. 51.

Nesse texto do Missal Romano, podemos distinguir quatro partes: a) o pedido de bênção da água na celebração; b) a anamnese da água na criação; c) a anamnese da água na história da salvação; e d) o pedido final com sentido pascal. A 1ª e a 4ª partes se correspondem na expressão do pedido. A 2ª e a 3ª, na anamnese.

Dia do Senhor, adaptação do Missal Romano sugerida para cada domingo da Páscoa ABC

a) Ó Deus de bondade, cuida dos teus filhos e de tuas filhas que celebram as maravilhas da salvação. *Abençoa esta água*

b) que *criaste para fecundar a terra, lavar nossos corpos e refazer nossas forças.*

c) Por ela, *libertaste o teu povo do cativeiro e aplacaste no deserto a sua sede; por ela os profetas anunciaram uma nova aliança* e, *consagrada pelo Cristo no Jordão,* criaste uma nova humanidade.

d) *Que esta água seja para nós uma recordação do nosso Batismo e nos faça participar da alegria dos que foram batizados na Páscoa. Por Cristo, nosso Senhor. Amém.*

A versão breve do DIA DO SENHOR conserva bastante bem todos os elementos da anamnese do Missal Romano, sobretudo o seu final, que dá o sentido do rito. Com pequenas correções estilísticas, seria uma boa sugestão, a meu ver.

O DOMINGO, *texto sugerido nos domingos* 1º *e* 6º *da Páscoa 2008*

a) Ó Deus, bendito sejais pela água

b) que *fecunda a terra* e dá vida a toda a vossa *criação.* Ela não apenas *refaz as nossas forças,*

c) mas é sinal de que nos *renovais* interiormente em vossa *aliança.*

d) Por esta água, venha sobre nós o vosso Espírito, para fazer-nos criaturas *novas,* agora e sempre.

Essa versão, de proveniência desconhecida, retoma alguns elementos do Missal Romano. Foge ao estilo tradicional da bênção e torna-se mais *bendito* pela água. A menção do Espírito recorda a bênção da água batismal na Vigília Pascal: "Que o Espírito Santo dê, por esta água, a graça de Cristo", mas terá o mesmo sentido?[75] Sobretudo, deve-se lamentar a ausência do final: "Que esta água seja para nós uma recordação do nosso Batismo...", perdendo, assim, a característica de bênção para o Tempo Pascal.

Uma versão mais breve do Missal Romano poderia ser conseguida omitindo, de vez em quando, o elemento c). Perde-se a anamnese detalhada da água na história da salvação, que parece repetitivo a cada domingo, mas conserva-se a referência batismal e à Páscoa:

a) Senhor nosso Deus, velai sobre vosso povo e, ao celebrarmos a *maravilha* da nossa *criação* e a maravilha ainda maior de nossa redenção, dignai-vos abençoar † esta água.

b) Fostes vós que a criastes para *fecundar a terra*, para lavar nossos corpos e *refazer nossas forças*.

d) Que esta água seja para nós uma recordação do nosso Batismo e nos faça participar da alegria dos que foram batizados na Páscoa. Por Cristo, nosso Senhor. Amém!

---

[75] MR, Vigília Pascal, n. 42, p. 286.

Cantos da Igreja da Lapa: a espiritualidade da romaria a partir dos benditos populares cantados pelos romeiros do Santuário do Bom Jesus da Lapa-BA

Giuliana Frozoni*
Krzysztof Dworak**

Introdução

Apesar das transformações ocasionadas pelo tempo, os traços e características essenciais da peregrinação, e que determinam a sua espiritualidade, se mantêm.

Segundo o *Diretório sobre piedade popular e liturgia*, esta espiritualidade está delineada pelas dimensões *escatológica, penitencial, festiva, apostólica e comunitária*.

Ao nos depararmos com a romaria ao Santuário do Bom Jesus da Lapa, Bahia, que completou 317 anos de existência em 2008, algumas perguntas se fazem necessárias. Até que ponto as dimensões *escatológica, penitencial, festiva, apostólica* e *comunitária*, apresentadas pelo Diretório

---

* Giuliana Frozoni é musicista formada pela UNESP e especializada em Liturgia pela Pontifícia Faculdade de Teologia Nossa Senhora da Assunção, de São Paulo. Tem dado uma grande contribuição à formação litúrgico-musical em Bom Jesus da Lapa, Bahia, e à pesquisa dos hinos cantados nas peregrinações ao Santuário da Lapa.

** Krzysztof Dworak é presbítero redentorista, mestre em Teologia, com concentração em Liturgia pela Pontifícia Faculdade de Teologia Nossa Senhora da Assunção, de São Paulo. Sua atuação na Pastoral Litúrgica do Santuário e da Diocese de Bom Jesus da Lapa está configurando uma profícua integração entre romaria, piedade e liturgia.

sobre Piedade Popular e Liturgia, estão presentes na espiritualidade dos romeiros do Bom Jesus da Lapa? Podemos falar da espiritualidade do romeiro enquanto discípulo e missionário do Bom Jesus, assim como foram delineados nos últimos documentos do Magistério, especialmente no *Documento de Aparecida* e nas mais recentes *Diretrizes gerais da ação evangelizadora da Igreja no Brasil?* Esses são apenas alguns dos questionamentos pertinentes ao analisarmos a romaria do Bom Jesus da Lapa.

O estudo de tal assunto poderia ser feito sob vários ângulos. Aqui nos propomos a analisar a espiritualidade da romaria do Bom Jesus da Lapa a partir de alguns benditos[1] populares cantados pelos romeiros na saída da romaria, durante o caminho, na chegada ao Santuário, na despedida, entre outros, e compará-la com a visão apresentada pelo *Documento de Aparecida* (DA) e pelas *Diretrizes gerais da ação evangelizadora da Igreja no Brasil* (DGAE).

A espiritualidade missionária delineada pelo *Documento de Aparecida* e pelas *Diretrizes gerais da ação evangelizadora da Igreja no Brasil*

Percebemos nos dias de hoje uma crescente busca da espiritualidade como reação ao pensamento materialista presente na sociedade contemporânea.[2] Entretanto, ao mesmo tempo, no âmbito eclesial, surgem algumas tentativas de retorno a uma eclesiologia e uma espiri-

---

[1] Benditos são cantos populares da tradição oral e que constituem um dos gêneros mais significativos da música sacra popular, executados em procissões, romarias, cerimônias fúnebres, ladainhas, entre outros. Seu contexto cultural é o catolicismo popular, rural e urbano, na tradição religiosa onde os santos desempenham um papel central como mediadores entre os seres humanos e Deus. Por isso costumam começar pela fórmula poética "bendito e louvado seja", dirigida a um santo, que é, logo em seguida, nomeado. Também é comum a terminação "ofereço este bendito", dirigida a Jesus Cristo. São orações coletivas, cantadas para louvar os santos, narrar seus martírios e pedir proteção.

[2] Cf. *DA*, n. 99g.

tualidade contrárias à renovação proposta pelo Concílio Vaticano II. É também uma preocupação para nós, hoje, certo tipo de espiritualidade individualista.[3]

Diante das realidades sociocultural, econômica, sociopolítica, ecológica e religiosa que desafiam e interpelam os discípulos e missionários, surge a exigência de uma Igreja em estado permanente de missão.[4] Tal realidade, antiga e sempre nova (cf. Hb 13,8), pede de cada um dos discípulos missionários uma espiritualidade de comunhão e participação baseada na fé nascida da experiência pessoal do encontro com Jesus Cristo e do seguimento do Senhor. Este seguimento, que passa pela *conversão pessoal*, exigindo também a *conversão pastoral*, impele os discípulos à missão na Igreja e no mundo.[5]

A missão evangelizadora nascida da consagração batismal exige uma espiritualidade missionária conforme a própria vocação, os dons, os carismas e os ministérios recebidos do Espírito para a realização do Reino. No encontro com o Deus vivo, esta espiritualidade é constantemente alimentada pela escuta da Palavra, pela participação na Eucaristia e demais celebrações, pela oração generosa aberta a Deus e à sua presença na realidade humana, pelo abandono ao Espírito e pela doação de si mesmo no serviço aos demais, para que todos tenham vida em abundância (cf. Jo 10,10).[6]

É importante, para a nossa reflexão, sublinhar mais um elemento que contribui com a espiritualidade missionária: a religiosidade popular. Ela é vista pelo *Documento de Aparecida* como lugar de encontro com Jesus Cristo. Trazendo presente a exortação apostólica *Evangelii nuntiandi*, n. 48, o *Documento de Aparecida* recorda que a piedade reflete uma sede de Deus que somente os pobres e simples podem conhecer. Ela também

---

[3] *DA*, nn. 100b, c.
[4] *DA*, nn. 33-100. Cf. *DGAE*, nn. 12-46.
[5] Cf. *DGAE 2008-2010*, nn. 8, 50. Cf. *DA*, nn. 203, 368.
[6] Cf. *DGAE 2008-2010*, nn. 87, 100-101.

é a expressão da fé católica dos povos latino-americanos. O catolicismo popular, profundamente inculturado, contém uma das dimensões mais valiosas da cultura latino-americana.[7]

Entre as expressões da piedade popular, a V Conferência destaca a importância das peregrinações.[8] Nelas é possível reconhecer o Povo de Deus a caminho, que celebra a alegria de sentir-se imerso no meio de tantos irmãos e irmãs, caminhando juntos para o Pai, que os espera. Mas enquanto caminham para a Jerusalém celeste (cf. Ap 21), seus pés se detêm nos santuários que a providência de Deus lhes preparou como lugares e sinais especiais da memória, da presença divina e da profecia.[9]

A decisão de caminhar em direção ao Santuário já é uma confissão de fé. O caminhar é um verdadeiro canto de esperança e a chegada é um encontro de amor. Esse encontro permite sentir a ternura e a proximidade de Deus (cf. 1Rs 8,22-53). Nesse encontro os peregrinos contemplam o mistério, desfrutam dele seja no silêncio ou nas rezas, cantos e benditos. Também se comovem, derramando todo o peso de sua dor e de seus sonhos. A partir desse encontro, muitos peregrinos tomam decisões que marcam suas vidas. A súplica sincera, que flui confiante, é a melhor expressão de um coração que reconhece a grandeza de Deus e de seu poder sobre todas as realidades.[10] Um breve instante, um dia passado nesse lugar santo condensa uma viva experiência espiritual:

"Iahweh, eu amo a beleza de tua casa e o lugar onde a tua glória habita" (Sl 26,8).

"Felizes os homens cuja força está em ti, e guardam as peregrinações no coração: sim, vale mais um dia em teus átrios que milhares a meu modo, ficar no umbral da casa de meu Deus do que habitar nas tendas do ímpio" (Sl 84,10-11).

---

[7] Cf. *DA*, nn. 258-265.

[8] *DA*, n. 259.

[9] Cf. PONTIFÍCIO Conselho para a Pastoral dos Migrantes e Itinerantes. *O santuário. Memória, presença e profecia do Deus vivo*. São Paulo: Paulinas, 1999.

[10] Cf. *DA*, n. 259.

Portanto, a espiritualidade dos discípulos missionários é marcada profundamente pelo encontro pessoal e comunitário com o Senhor. Ela reflete a sede de Deus, que os faz caminhar em direção à sua casa cheios de júbilo e alegria (cf. Sl 42,3.5).

O *Documento de Aparecida* valoriza a espiritualidade popular e considera-a como valor que contém e expressa um intenso sentido de transcendência, uma capacidade espontânea de apoiar-se em Deus e uma verdadeira experiência do amor teologal, nascido do encontro pessoal com o Senhor. É uma espiritualidade encarnada na cultura e na vida dos pequeninos e simples.

É possível descobrir elementos desta espiritualidade também entre os romeiros do tradicional Santuário do Bom Jesus da Lapa? Peregrinar hoje ao Santuário do Bom Jesus da Lapa pode constituir-se uma experiência de fé que alimente a espiritualidade evangelizadora dos romeiros-discípulos-missionários?

Como foi proposto, procuraremos analisar a seguir alguns benditos cantados pelos romeiros, procurando respostas para tais questionamentos.

O Santuário do Bom Jesus da Lapa-BA e os romeiros do Bom Jesus

O Santuário do Bom Jesus da Lapa, localizado na cidade de Bom Jesus da Lapa, Bahia, é um dos mais antigos do Brasil. Conhecida como "a capital baiana da fé", a cidade encontra-se na margem direita do rio São Francisco, no oeste baiano, a 796 km da capital, Salvador.

Em 1691, após vários meses de incessante caminhada pelo sertão baiano, o leigo português Francisco de Mendonça Mar descobriu uma gruta, que ficaria denominada até hoje como "Gruta do Bom Jesus". Nesse lugar, o "Monge da Lapa", como Francisco passou a ser conhecido, iniciou um verdadeiro apostolado e missão junto aos índios, habitantes das terras, e junto aos bandeirantes que por ali passavam nas suas idas às Minas Gerais.

Tendo como ponto de partida a peregrinação ao Santuário do Bom Jesus da Lapa, procuramos analisar, mesmo que brevemente, a espiritualidade popular presente em todo o processo da romaria, levando em conta apenas alguns das centenas de benditos cantados pelos romeiros.

A história de Francisco da Soledade e da descoberta da gruta, por exemplo, foi descrita em um bendito composto por Minelvino Francisco Silva:[11]

Bendito de Francisco da Soledade

Vin - do lá de Por - tu - gal____ pa-raes ta lo - ca - li - da - de.__ __ sen-doo pri - mei - ro ro - mei - ro, Frei Fran - cis - co da So - le - da - de.__ __ sen-doo pri - mei - ro ro - mei - ro, Frei Fran - cis - co da So - le - da - de.

Vindo lá de Portugal
Para esta localidade
Sendo o primeiro romeiro
Frei Francisco da Soledade

Passando pelo deserto
A maior necessidade
Até chegar nesta gruta
Frei Francisco da Soledade

---

[11] Poeta popular e cordelista nascido em Morro do Chapéu-BA. Mudou-se para Itabuna-BA ainda jovem, lá residindo por muitos anos. Em 1951, foi para Bom Jesus da Lapa, onde trabalhou, durante as romarias, compondo seus versos e benditos e vendendo seus livros e cordéis. Na Lapa, ficou conhecido como o "Trovador Apóstolo".

Trouxe a imagem de Jesus
E da mãe de Piedade
Por isso que chamamos
Frei Francisco da Soledade

Fazendo a sua penitência
Com toda amabilidade
E cuidava dos doentes
Frei Francisco da Soledade

Dom Sebastião Monteiro
Soube da realidade
Ordenou para ser padre
Frei Francisco da Soledade

Morreu depois de velhinho
Amando a Deus e a verdade
Foi sepultado na gruta
Frei Francisco da Soledade

Dia quatro de outubro
Festejam nesta cidade
São Francisco de Assis
Frei Francisco da Soledade

Ofereço este bendito
A Santíssima Trindade
A Virgem Nossa Senhora
E Frei Francisco da Soledade

Hoje, o Santuário do Bom Jesus da Lapa é um dos lugares sagrados, na terra da Santa Cruz, ao qual se dirigem, em número cada vez maior, grandes massas de fiéis vindos da Bahia, Minas Gerais, Espírito Santo,

Goiás, São Paulo, Distrito Federal e outros estados do Nordeste e do Brasil.[12]

Nesse Santuário e nessa "Igreja da Lapa feita de pedra e luz", como é aclamada nos versos de um dos benditos mais populares, os romeiros fazem sua experiência de convocação, de encontro com o Deus Vivo e de construção da comunidade eclesial. Isso acontece através da prática vivificante do *Mistério* proclamado, celebrado e vivido[13] ao longo do Ano litúrgico e celebrado com fervor especialmente nas festas do Bom Jesus (6 de agosto), Nossa Senhora da Soledade (15 de setembro) e na Romaria da Terra e das Águas (primeiro final de semana de julho), bem como por ocasião do Natal e da Semana Santa.

Os benditos: um dos elementos essenciais da romaria

A atividade peregrina está marcada pelo canto. O *homo religiosus* expressa e revela o agir de Deus e o seu relacionamento com o mistério através dos versos poéticos de um salmo, de um hino, cântico ou bendito, entre outros elementos da linguagem religiosa. Assim, o canto coloca-se no campo simbólico da experiência religiosa e manifesta o agir e o amor divino.[14]

"Então, Moisés e os israelitas entoaram este canto a Iahweh: Cantarei a Iahweh, porque se vestiu de glória; ele lançou ao mar o cavalo e o cavaleiro. Iahweh é minha força e meu canto, a ele devo a salvação. Ele é meu Deus, e o glorifico, o Deus do meu pai, e o exalto" (Ex 15,1-2).

"Que alegria quando me disseram: Vamos à casa de Iahweh! Por fim nossos passos se detêm às tuas portas, Jerusalém!" (Sl 122,1-2).

---

[12] Estima-se que ao longo do ano passa pelo Santuário aproximadamente um milhão de romeiros e peregrinos.

[13] Cf. PONTIFÍCIO Conselho para a Pastoral dos Migrantes e Itinerantes. *O santuário...*, cit., p. 53.

[14] Cf. CROATTO, J. S. *As linguagens da experiência religiosa*: uma introdução à fenomelogia da religião. São Paulo: Paulinas, 2001. pp. 110-131.

O canto sacro e a música litúrgica estão a serviço do louvor e do encontro dos fiéis entre si e com Deus.[15]

Dentro da linguagem da piedade popular, o *canto* e a *música* constituem elementos indispensáveis e de grande importância. Através deles os romeiros expressam sua fé, a sintonia com a sua própria cultura, sua ligação com a vida e sua compreensão dos mistérios cristãos.[16]

"Não há dúvida que a música contém uma função simbólica nas culturas humanas no nível dos significados afetivos ou culturais. Homens de todos os lugares atribuem certos papéis simbólicos à música que a conectam com outros elementos de suas cultura" (Merrian, 1964, p. 246).[17]

Percebemos, ao observar a romaria e os romeiros do Senhor Bom Jesus, que todos trazem os seus cantos de louvor, de agradecimento pela viagem, por uma graça alcançada, entre outros. É como se não se pudesse peregrinar sem cantar. Ao conversar com os romeiros, percebemos que muitos deles já chegam à Lapa com a voz cansada, rouca, visto que vêm cantando durante toda a viagem, que pode durar, muitas vezes, mais do que um dia inteiro.

Para os romeiros, o canto dos benditos adquire uma função simbólica. Essa música é, ao mesmo tempo, uma forma de ligação com o divino, o transcendente, e também uma maneira de reafirmar o vínculo com a sua própria história, sua cultura e a de seus antepassados. Estes, na maioria das vezes, foram os que primeiro cultivaram e incentivaram a devoção ao Bom Jesus da Lapa dentro da família ou da comunidade.

---

[15] Cf. CNBB. *A música litúrgica no Brasil*: um subsídio para quantos se ocupam da música litúrgica na Igreja de Deus que está no Brasil. São Paulo: Paulus, 1999. Estudos 79, n. 196.

[16] CONGREGAÇÃO para o Culto Divino e a Disciplina dos Sacramentos. *Diretório sobre piedade popular e liturgia*: princípios e orientações: São Paulo: Paulinas, 2003. pp. 23-25.

[17] Tradução livre de: "There is no question but that music serves a symbolic function in human cultures on the level of affective or cultural meaning. Men everywhere assign certain symbolic roles to music connect it with other elements in their cultures". MERRIAN, Alan. *The Anthropology of Music*. Evanston: Northwestern Univesity Press, 1964. p. 246.

Os benditos e as etapas da peregrinação

Todas as etapas de uma romaria são acompanhadas pelo canto. A saída, a viagem, a chegada ao Santuário, a permanência, a despedida e o retorno — em todos esses momentos há música.

Os benditos coletados em Bom Jesus da Lapa [...] apresentam, alguns, os traços antes assinalados, e outros, a peculiaridade de serem cantos de romaria. Sempre invocando proteção divina para os romeiros, seja do Bom Jesus, seja de Nossa Senhora ou de outros santos, eles fazem alusão à viagem [...], à estrada [...], ao caminhão e ao motorista [...], elementos que comparecem em uma viagem típica de romeiros do Bom Jesus, no interior da Bahia.

Todos estes cantos são chamados benditos pelos romeiros, e é digno de nota que a expressão mais usada por eles seja "rezar" benditos, o que atesta nitidamente o caráter religioso deste gênero musical popular.[18]

Bendito do Bom Jesus da Lapa e a pedra do sino

Romeiros que vão pra Lapa
De ônibus e caminhão
Pra visitar Bom Jesus
Filho de Deus de Abraão.

---

[18] TRAVASSOS, E. Introdução do encarte do disco de vinil. In: FUNDAÇÃO NACIONAL DE ARTE. *Benditos/BA*. Rio de Janeiro: Instituto Nacional do Folclore, 1984. Documentário sonoro do folclore brasileiro, n. 41.

Assim que chegam na gruta
Vão Bom Jesus visitar
Entram logo de joelhos
Para as promessas pagar.

Depois que pagam as promessas
Com toda satisfação
Sobem o morro e no cruzeiro
Cada um faz oração.

Os romeiros de joelhos
Quando acabam de rezar
Batem na pedra do sino
Para ouvir ela trincar.

Se bate naquela pedra
E a pedra não tinir
Dizem que aquele romeiro
Na Lapa não torna a ir.

Outros vão bater na pedra
E o pó da pedra parar
Pra curar toda doença
Que ao seu corpo atacar.

Outros vão bater na pedra
Por pai, mãe ou irmão
Se em casa deixou doente,
Quando volta encontra são.

Cada um com sua fé
Ninguém vai contrariar
Que o Bom Jesus faz até
Os mortos ressuscitar.

Este bendito, também composto por Minelvino Francisco Silva, descreve em linhas gerais o itinerário do romeiro do Bom Jesus da Lapa, desde a partida até a chegada e peregrinação aos diversos pontos que, necessariamente, devem ser visitados no Morro da Lapa. Ele é uma espécie de resumo do *modus vivendi* do romeiro ao visitar o Santuário.

A peregrinação é composta por várias etapas, as quais são marcadas pela oração e pelo cantar dos benditos.

A partida

Esta primeira etapa, que supõe uma situação anterior de preparação, normalmente conta com um claro momento de envio, marcado pela oração na igreja ou numa capela. Muitas romarias realizam, na noite anterior, ou imediatamente antes de sair, uma celebração especial de envio com a bênção dos romeiros. Em alguns casos, essa oração resume-se em passar diante da igreja ou capela daquela comunidade.

A saída da romaria e especialmente as orações em favor do motorista são descritas em detalhes no bendito *Romaria de paz:*[19]

---

[19] Este bendito é bastante conhecido dos romeiros do Bom Jesus. A sua autoria é desconhecida. O que se sabe é que foi ampliado por Minelvino Francisco Silva. O texto original possui duas estrofes: "É vai saindo a romaria em paz/É vai saindo a romaria de amor/A romaria que é vai saindo/É do nosso Salvador./Avistei a Santa Igreja /Avistei a Santa Cruz/A romaria que é vai saindo/É do Senhor Bom Jesus". Cf. FUNDAÇÃO NACIONAL DE ARTE. *Benditos/BA*, cit., face B, faixa 3.

Já vai saindo a romaria de paz,
Já vai saindo a romaria do amor.
Senhor Bom Jesus da Lapa,
Ele é nosso Salvador.

Senhor Bom Jesus da Lapa,
Filho da Virgem Maria.
Defendei a todos romeiros,
Dos ladrões na romaria.

Senhor Bom Jesus da Lapa,
Dai um bom golpe de vista,
Saúde e muita atenção
Para o nosso motorista.

Senhor Bom Jesus da Lapa,
Queira nos abençoar.
Ajudai o nosso motorista,
Para o carro não virar.

Senhor Bom Jesus da Lapa
Com a vossa proteção
Ajudai o nosso motorista
Entre o freio e a direção.

O início da viagem é envolvido pela oração de proteção sobre todos os romeiros e pela invocação da benção especial sobre o motorista. Assim, o bendito torna-se uma forma popular daquilo que os antigos peregrinos expressavam nos salmos de subida (cf. por exemplo: Sl 121) e o que a Igreja propõe-nos hoje na bênção para o início de uma romaria: "Ó Deus... ficai ao lado destes vossos filhos, peregrinos, e guiai-os no seu caminho, para que de dia a vossa sombra os envolva e de noite a luz da vossa graça os ilumine e eles possam, assim, chegar felizes ao seu destino".[20]

O trabalho do motorista que conduz a romaria ao Santuário é valorizado também pela liturgia do Santuário. Todos os anos se celebra, na véspera da Festa do Bom Jesus, a "missa dos motoristas". Tal celebração conta com uma numerosa participação de motoristas de ônibus, caminhões e carros particulares acompanhados de seus romeiros.

A viagem

Também esta etapa é marcada pela oração e pelo canto. Muitos são os benditos entoados durante a viagem. Cada romaria tem os seus benditos "preferidos", que falam de algum santo de devoção daquela comunidade, de alguma situação especial pela qual se deve interceder ou agradecer, entre outros. Como já dissemos anteriormente, não há romaria ou romeiro que não cante. Mesmo aqueles que se dizem desafinados, "sem voz para cantar", ou mesmo que afirmam não conhecer os benditos populares, acompanham com precisão os versos "A Igreja da Lapa foi feita de pedra e luz. Vamos todos visitar meu Senhor Bom Jesus", refrão do bendito mais cantado pelos romeiros e peregrinos do Senhor Bom Jesus.[21]

---

[20] RITUAL DE BÊNÇÃOS. *Oração da bênção de peregrinos*, p. 97.

[21] Segundo relato de Antônio Rufino, em entrevista concedida no dia 23 de março de 2008, este bendito é fruto de uma parceria de Minelvino Francisco Silva e frei Chico na década de 1980, quando frei Chico visitou Bom Jesus da Lapa em companhia dos romeiros de uma comunidade do Vale do Jequitinhonha (MG).

A igreja da Lapa
Foi feita de pedra e luz
Vamos todos visitar
Meu Senhor Bom Jesus

Senhor Bom Jesus da Lapa
Protege os necessitados
Ele dá esmola aos cegos
E aos pobres aleijados

Somos romeiros de longe
É a fé que nos conduz
Vamos todos para a Lapa
Visitar o Bom Jesus.

Senhor Bom Jesus da Lapa
Aceitai essa romaria
Sou romeiro de longe
Não posso vir todo dia.

Senhor Bom Jesus da Lapa
Deus eterno verdadeiro
Jesus Cristo Rei da Glória
Salvador do mundo inteiro

*Quando eu saí da Lapa
Avistei a Santa Cruz
Da Lapa saí chorando
Com saudade do Bom Jesus.*

*Ofereço esse bendito
Para o senhor daquela cruz
Na intenção desses romeiros
Do meu Senhor Bom Jesus.*

Mesmo sendo o canto um traço característico da peregrinação, alguns romeiros afirmam que nas viagens de ônibus este elemento já não se faz tão presente como nas viagens feitas nos tão conhecidos paus-de-arara.[22]

A força e a importância do canto ligado à romaria se fazem presentes também no bendito intitulado *Eu sou cantor e sou romeiro*. Nesse bendito o autor considera-se não apenas um cantor qualquer, mas sim um cantor romeiro:

*Pra visitar o Bom Jesus
Eu já forrei o meu chapéu
Eu sou cantor e sou romeiro,
Viva Jesus Cristo lá no céu.*

---

[22] Apesar da proibição deste meio de transporte nas estradas, muitos romeiros ainda se dirigem à Lapa nas carrocerias de caminhões, em situação extremamente precária.

Romeiro do Bom Jesus,
Não temas dormir ao léu.
Eu sou cantor e sou romeiro,
Viva Jesus Cristo lá no céu.

Um anjo me acompanha
Todo coberto de véu.
Eu sou cantor e sou romeiro,
Viva Jesus Cristo lá no céu.

Rompendo toda poeira
Ouço o cantar do tetéu.
Eu sou cantor e sou romeiro,
Viva Jesus Cristo lá no céu.

Com fé no meu Bom Jesus
Não me tornei um réu.
Eu sou cantor e sou romeiro,
Viva Jesus Cristo lá no céu.

E enfrento o sofrimento
Sem fazer mesmo escarcéu.
Eu sou cantor e sou romeiro,
Viva Jesus Cristo lá no céu.

Romeiro que vai à Lapa
Na terra ganha um troféu.
Eu sou cantor e sou romeiro,
Viva Jesus Cristo lá no céu.

Sou pequenino na fé
Sou pobre tabaréu.
Mas sou cantor e sou romeiro,
Viva Jesus Cristo lá no céu.

Outro bendito típico da viagem:

> *Esse carro é vai andando,*
> *Chega e vai 'cendendo a luz,*
> *É vai cheio de romeiros,*
> *Pra Lapa do Bom Jesus.*

O último trecho

Normalmente, toda a viagem é marcada pela oração. Entretanto, o último trecho, quando os romeiros já se aproximam da Lapa e do Santuário, é animado por uma oração mais intensa. Em Bom Jesus da Lapa muitos romeiros passam diante da esplanada do Santuário antes de dirigirem-se aos lugares de hospedagem.

> *Meu Bom Jesus, olha eu,*
> *Graças a Deus que eu cheguei,*
> *Graças a Deus que eu cheguei.*
>
> *Eu vim aqui visitar,*
> *Uma promessa pagar,*
> *Com os irmãos celebrar.*

Esses versos revelam a espiritualidade e o coração do romeiro que chega à Lapa. Neste primeiro momento do encontro, tão íntimo e filial, ele se coloca confiante na presença do Bom Jesus, agradece por ter chegado àquele lugar e mostra as suas intenções para os dias da romaria. A visita é acompanhada da promessa a ser cumprida e da perspectiva de celebrar a fé com os irmãos da viagem e com outros romeiros. Há uma preocupação de estar em comunidade, fazer comunhão.

A *acolhida*

O Santuário é o lugar de acolhida. Ao ultrapassar o limiar do Santuário, o peregrino sente-se acolhido, antes de tudo, pelo próprio Senhor. O romeiro passa pela experiência de entrar num outro espaço, outra realidade. Entra numa nova Jerusalém, onde habita a glória do Senhor, que transcende a realidade terrena.

"Iahweh, eu amo a beleza de tua casa e o lugar onde a tua glória habita" (Sl 26,8).

"Feliz quem escolhes e aproximas, para habitar em teus átrios. Nós nos saciamos com os bens da tua casa, com as coisas sagradas do teu templo" (Sl 65,5).

"Entrai por suas portas dando graças, com cantos de louvor pelos seus átrios, celebrai-o, bendizei o seu nome" (Sl 100,4).

A *permanência*

Este é o momento mais intenso da peregrinação, marcado pela espiritualidade alimentada pelo encontro pessoal com o Senhor Bom Jesus e pelos encontros celebrativos junto aos irmãos.

O bendito *Despedida dos romeiros do Bom Jesus da Lapa* descreve com bastantes detalhes a permanência no Santuário, o cumprimento da promessa, a visita às imagens e grutas e a participação na liturgia:[23]

---

[23] Conforme nossas pesquisas realizadas em 2006 e 2007 entre os romeiros, pudemos constatar que estes participam, em média, de três celebrações no Santuário: missa da manhã, celebração do Ofício com bênçãos e missa da noite.

Senhor Bom Jesus da Lapa
Dai-me calma, paz e luz
Que agora vou embora
Adeus, adeus, Bom Jesus.

Pra cumprir minha promessa
De joelho me dispus
E entrei na santa igreja
Adeus, adeus, Bom Jesus.

Visitei Senhor dos Passos
De joelhos com a cruz.
E agora vou embora
Adeus, adeus, Bom Jesus.

Visitei Nossa Senhora
Que pra o céu nos conduz
E agora vou embora
Adeus, adeus, Bom Jesus.

Já confessei meus pecados
Jamais ninguém me conduz
Já tomei a Santa Hóstia
Adeus, adeus, Bom Jesus.

Já subi o lindo morro
Onde tem a Santa Cruz.
Já rezei na capelinha
Adeus, adeus, Bom Jesus.

Bati na pedra do sino
Bem pertinho da Santa Cruz
Visitei meu São Francisco
Adeus, adeus, Bom Jesus.

Senhor Bom Jesus da Lapa
Mandai um anjo de luz
Pra acompanhar os romeiros
Para sempre amém, Jesus.

Os versos retratam a riqueza da experiência vivida pelo romeiro durante toda a sua estadia no Santuário. Fortalecido por tal experiência, o romeiro pode retornar para sua casa, para os seus afazeres do dia-a-dia e, sobretudo, para sua missão na comunidade e na sociedade.

Mesmo sendo pessoal a decisão de fazê-la,[24] a romaria possui um forte caráter comunitário, tendendo a expressar-se na grande assembleia dos romeiros. Essa dimensão aparece com maior clareza a partir das celebrações realizadas no Santuário. Os benditos testemunham a realidade de que esses encontros sacramentais, especialmente a Eucaristia, fazem parte central da participação da romaria,[25] reforçam a consciência de pertença à família do Bom Jesus, proporcionam uma experiência da transfiguração, renovam o romeiro e o animam para a missão apostólica.

---

[24] Cf. STEIL, C. A. *O sertão das romarias*. Um estudo antropológico sobre o Santuário de Bom Jesus da Lapa-BA. Petrópolis: Vozes, 1996. p. 97.

[25] Cf. Ibid., pp. 122-124.

O encerramento

O encerramento é marcado por um momento de oração de despedida no próprio Santuário e pelo momento orante na comunidade após a chegada. Faz parte deste momento a procissão, a celebração do encerramento e a partida dos romeiros logo após a celebração.

Há diversos benditos próprios para esses momentos. Anteriormente, apresentamos o bendito *Despedida dos romeiros do Bom Jesus da Lapa*, que retrata todo o itinerário da romaria e o "adeus" ao Senhor Bom Jesus. Esses momentos de despedida também foram registrados nos versos do bendito *A despedida dos romeiros da Soledade*:

Mãe da Soledade
Vim vos visitar
Até para o ano
Quando eu voltar

Já me confessei
Recebi Jesus
Na sagrada hóstia
Que é meu guia e luz

Já me ajoelhei
Junto ao vosso altar
Até para o ano
Quando eu voltar

Nossa procissão
Fui acompanhar
Até para o ano
Quando eu voltar

Ouvi os conselhos
Que o padre dá
Até para o ano
Quando eu voltar

Os vossos romeiros
Queira abençoar
Até para o ano
Quando eu voltar

Já me despedi
Já vou viajar
Até para o ano
Quando eu voltar

Ladainha do Bom Jesus da Lapa: uma tentativa de inculturação

Um dos importantes momentos da romaria é a celebração da Novena do Bom Jesus. Depois de anos de experimentação chegou-se a uma estrutura celebrativa desenvolvida a partir do Ofício Divino das Comunidades.

Toda a celebração foi pensada de modo a expressar, de maneira inovadora, a espiritualidade da romaria e do próprio Santuário nas suas dimensões: escatológica, penitencial, festiva, apostólica e comunitária.

Deter-nos-emos, aqui, a um dos elementos da celebração do novenário: a *Ladainha do Bom Jesus da Lapa*.

Essa ladainha, composta recentemente, é uma forma de insistente louvor-súplica, através da qual todo o povo invoca o Bom Jesus. As invocações foram compostas e organizadas de modo a favorecer a oração e a contemplação dos mistérios da encarnação, missão, gloriosa transfiguração, paixão, morte e ressurreição do Senhor Bom Jesus. Além disso, invocam o seu mistério e a sua presença na vida do Monge, na missão do Santuário, na história e na vida dos romeiros.

A fonte de inspiração das invocações da ladainha, além das Sagradas Escrituras e a própria liturgia da Igreja, é o vasto material poético e musical fornecido pelos benditos e pelas rezas dos romeiros.

A música da ladainha foi baseada no *kyrie* da *Missa nordestina*, de Lindembergue Cardoso.[26] Nessa melodia, os modos lídio e mixolídio são fundidos, explicitando, assim, as peculiaridades melódicas da música nordestina.

Ladainha do Bom Jesus da Lapa

Letra: Pe. Cristóvão Dworak, CSsR.
Música: Giuliana Frozoni

---

[26] Compositor, regente e educador (Livramento de Nossa Senhora-BA, 30.6.1939 – Salvador-BA, 23.5.1989). Sua carreira profissional foi integralmente desenvolvida na Escola de Música da Universidade Federal da Bahia (UFBA), onde também realizou a formação acadêmica em Composição e Regência, tendo-se graduado em 1974, sob a orientação de Ernest Widmer.

CANTOS DA IGREJA DA LAPA

Senhor, tende piedade de nós.
Senhor, tende piedade de nós.

Cristo, tende piedade de nós.
Cristo, tende piedade de nós.

Senhor, tende piedade de nós.
Senhor, tende piedade de nós.

Deus, Pai do Céu, tende piedade de nós.
Deus, Filho Redentor do mundo, tende piedade de nós.
Deus, Espírito Santo, tende piedade de nós.
Santíssima Trindade, que sois um só Deus, tende piedade de nós.

Ó Bom Jesus, Verbo encarnado do Pai; tende piedade de nós.
Ó Bom Jesus, Imagem do Deus invisível;
Ó Bom Jesus, Primogênito de toda criatura;
Ó Bom Jesus, nascido da Virgem Maria;

Ó Bom Jesus, Caminho, Verdade e Vida;
Ó Bom Jesus, Luz do mundo;
Ó Bom Jesus, manso e humilde de coração;
Ó Bom Jesus, remanso de paz e de amor;

Ó Bom Jesus, transfigurado e glorioso;
Ó Bom Jesus, do Pai, Filho amado;
Ó Bom Jesus, imolado por nós numa cruz;
Ó Bom Jesus, Cordeiro Pascal dos remidos;

Ó Bom Jesus, Deus Santo de caridade;
Ó Bom Jesus, fonte da redenção copiosa;
Ó Bom Jesus, rico em misericórdia;
Ó Bom Jesus, esperança dos pobres;

Ó Bom Jesus, Pedra formosa e resplandecente da Igreja;
Ó Bom Jesus, verdadeira joia do sertão baiano;
Ó Bom Jesus, integrador da nação brasileira;
Ó Bom Jesus, glorioso paraninfo do sertão.

Ó Bom Jesus, inspirador do Monge;
Ó Bom Jesus, companheiro inseparável dos peregrinos;
Ó Bom Jesus, rio de águas vivas;
Ó Bom Jesus, manancial de todas as graças;

Ó Bom Jesus, Redentor do mundo;
Ó Bom Jesus, maior bênção do Pai Eterno;
Ó Bom Jesus, digno de honra, glória e poder;
Ó Bom Jesus, o mesmo ontem, hoje, sempre.

Cordeiro de Deus, que tirais o pecado do mundo, perdoai-nos, Senhor.
Cordeiro de Deus, que tirais o pecado do mundo, ouvi-nos, Senhor.
Cordeiro de Deus, que tirais o pecado do mundo, tende piedade de nós.

Conclusão

Como percebemos, as romarias, de modo geral, e especialmente aquelas realizadas ao Santuário do Bom Jesus da Lapa, constituem um tempo privilegiado de evangelização. Assim como no passado, ainda hoje expressam e consolidam a espiritualidade dos peregrinos; espiritualidade que, durante anos, foi capaz de sustentar a fé e a piedade de milhares de romeiros, privados, muitas vezes, da presença efetiva da Igreja e dos seus ministros ordenados, bem como de uma pastoral organizada.

Esperamos que esta breve reflexão traga contribuições e possa incitar novas iniciativas e novas pesquisas neste tão vasto campo da piedade popular, com seus cantos, benditos e rezas. Eles carregam em si a beleza de uma fé viva, a simplicidade na captação do Mistério. São também a tradução dos ensinamentos em versos, e uma grata memória de tantos momentos que marcaram a romaria: a saída, a viagem, as promessas pagas, as visitas aos santos, a subida ao morro, o toque da pedra do sino, a contemplação do mundo e do rio São Francisco do alto da montanha, a saudosa despedida do Bom Jesus e a esperança da volta "para o ano".

Assim, esse tempo favorável de encontro com o Senhor Bom Jesus contribuirá para que os romeiros, descendo da montanha sagrada, possam, com mais ânimo e coragem, assumir a missão evangelizadora junto às suas famílias e comunidades como verdadeiras testemunhas, para que todos tenham a vida, e a tenham em abundância.[27]

---

[27] Cf. DGAE, doc. 87, objetivo geral.

Cultura negra e liturgia inculturada à luz do Documento de Aparecida

Gabriel Gonzaga Bina*

Um pouco de nossa história

Pertencendo a diversas nações africanas, fomos trazidos ao Brasil como gente escravizada, misturados e dispersados, confundindo assim nossos costumes, religiões, crenças, línguas, dificultando nossa organização e a preservação de nossa cultura.[1] Hoje somos mais de 45% da população brasileira[2] e mesmo assim a sociedade e a Igreja tendem a menosprezar-nos, desconhecendo o porquê de nossas diferenças.[3] Nossa história tem sido pautada por uma exclusão social, econômica, política, sobretudo racial, onde a identidade étnica tornou-se fator de subordinação social. Somos discriminados no mercado de trabalho, na qualidade e no conteúdo da formação escolar, nas relações cotidianas.

Além disso, existe todo um processo de ocultar sistematicamente nossos valores, história, cultura e expressões religiosas. [4] No entanto, temos de reconhecer que, nos últimos anos, esforços têm sido feitos para inculturar a liturgia em meios afro-brasileiros.[5] Podemos até citar alguns:

---

* Pároco da Paróquia Nossa Senhora Aparecida, Santa Izabel-SP. Mestre em Teologia Dogmática com especialização em Liturgia e professor da Faculdade Paulo VI, na Diocese de Mogi. E-mail: gabrielbina@ig.com.br.

[1] Cf. *DA*, n. 88. O atabaque na Igreja: a caminho da inculturação litúrgica em meios afro-brasileiros. p. 39.

[2] Disponível em: IBGE. <http://www.ibge.gov.br/ibge/estatistica/população/condiçãodevida/indicadores.../tabela.sht>. Acesso em: 17 abr. 2001.

[3] Cf. *DA*, n. 89.

[4] Cf. *DA*, n. 96.

[5] Cf. *DA*, n. 99b.

1. A organização dos Agentes de Pastoral Negros (APNs), dos padres e bispos negros (Instituto Mariama – IMA) e do Grupo de Articulação dos Religiosos e Religiosas Negros e Indígenas (GRENI).
2. A Campanha da Fraternidade de 1988, por ocasião da comemoração dos cem anos da dita abolição da escravatura, que teve como tema "A fraternidade e o negro" e o lema "Ouvi o clamor deste povo".
3. A criação de um espaço para a Pastoral Afro na sede da CNBB, em Brasília, com assessor e bispo de referência.
4. O aumento de padres afro-brasileiros e a nomeação de alguns bispos negros.
5. A realização, pela CNBB, de seminários de inculturação litúrgica afro, o Encontro de Pastoral Afro-Americana (EPA) no Brasil, os Encontros Nacionais de Entidades Negras Católicas (CONENC), romarias ao Santuário Nacional da Mãe Negra Aparecida.
6. Em nível social, mas com forte influência no religioso, não podemos esquecer o reconhecimento oficial de Zumbi dos Palmares como herói nacional e a promulgação da Lei n. 10.639, de 9.1.2003, que torna obrigatório o ensino da história da cultura afro-brasileira nas escolas.

A Igreja tem estimulado a participação dos afro-brasileiros na vida eclesial,[6] até mesmo com a publicação do Estudo da CNBB de número 85 (Pastoral Afro-Brasileira). No entanto, ainda se tem encontrado dificuldades em conseguir espaços junto aos presbíteros e às paróquias para tratar da pastoral afro e do jeito afro-brasileiro de celebrar.[7]

Que é liturgia?

Segundo a constituição sobre a sagrada liturgia *Sacrosanctum concilium* (n. 7), do Concílio Vaticano II, liturgia é o "exercício da função sacerdotal de Cristo" através de seu corpo místico, que é a Igreja, (o povo

---

[6] Cf. *DA*, n. 94.
[7] Cf. LOPES, L. V. In: *Curso de Verão* – ano XXI. Juventude: caminhos para outro mundo possível. São Paulo: CESEP-Paulus, 2007. p. 68.

batizado, a assembleia) cabeça e membros, isto é, padre e povo batizado que, com um rito e utilizando sinais sensíveis (símbolos), prestam culto a Deus com o objetivo de glorificá-lo e, ao mesmo tempo, de santificar o ser humano. Esse culto possui uma dimensão vertical, que leva o ser humano a Deus e Deus ao ser humano, e uma dimensão horizontal, que une os seres humanos entre si. É a morte e a ressurreição de Jesus Cristo que promove tanto a união de Deus com os seres humanos como dos seres entre si e com Deus. Esse mistério pascal é atualizado, nunca repetido, a cada celebração litúrgica da Igreja.

Para facilitar o posterior entendimento da liturgia afro, permitam-me pormenorizar o conceito de "liturgia" proposto pela *Sacrosanctum concilium*, n. 7. Liturgia é:

a) Exercício = AÇÃO,[8] obra, trabalho. De quem?
b) De Cristo sacerdote. Por meio de quem?
c) Do corpo místico de Jesus Cristo. Quem é esse corpo místico?
d) A Igreja, cabeça e membros; presidente e POVO batizado. Esse POVO tem um rosto, uma cultura, um lugar geográfico. Como acontece essa ação, esse culto?
e) Por meio de um RITO composto de SINAIS SENSÍVEIS; SÍMBOLOS da cultura em que está sendo celebrado.

Com isso, concluímos que, se quisermos ser fiéis ao Concílio Vaticano II, ao celebrarmos a liturgia em meios afro-brasileiros, isto é, numa assembleia de maioria afro-descendente ou solidária à nossa causa e nossa cultura, o exercício da AÇÃO sacerdotal de Cristo deverá necessariamente ser celebrado considerando a música, os instrumentos, a tradição, o jeito de ser, de vestir e de viver dos povos afro-brasileiros. Isso porque a Igreja acredita que a diversidade enriquece e que é necessário incentivar a preservação da identidade étnica e a memória cultural dos afro-brasileiros.[9]

---

[8] Etimologicamente, a palavra "LITURGIA" vem do grego e significa "ação em favor do povo" ou "serviço prestado ao povo". Por isso destaquei as palavras "ação" e "povo". Também destaquei as palavras "rito" e "símbolos" porque estão intimamente ligadas ao culto e ao povo.

[9] Cf. *DA*, nn. 525 e 533.

Quem celebra a liturgia?

É toda a comunidade que celebra. A assembleia inteira é o "liturgo". É o corpo de Cristo unido à sua cabeça que celebra. Cada um exercendo o ministério que lhe cabe,[10]por isso é importante "conhecer os valores culturais, a história e as tradições dos afro-americanos, entrar em diálogo fraterno e respeitoso com eles, é um passo importante na missão evangelizadora da Igreja".[11]

Como celebramos a liturgia?

Uma celebração sacramental é tecida de sinais e de símbolos. Quando o canto, a música e os instrumentos estão em harmonia com a Palavra de Deus proclamada, com as ações litúrgicas e com a riqueza cultural do Povo de Deus que celebra, toda a celebração torna-se mais expressiva e fecunda.[12]

No caso da celebração afro, seus sinais e símbolos precisam ser encontrados na cultura afro-brasileira e adaptados à celebração litúrgica.[13] Deus fala aos seres humanos através da criação visível. Enquanto criaturas, essas realidades sensíveis podem tornar-se o lugar de expressão da ação de Deus, que santifica os seres humanos, e da ação dos homens e mulheres que prestam seu culto a Deus. A liturgia da Igreja pressupõe, integra e santifica elementos da criação e da cultura humana conferindo-lhes a dignidade de sinais da graça, da nova criação em Jesus Cristo.[14]

---

[10] Cf. *CIC*, nn. 1140 e 1144. *SC*, n. 26.

[11] Cf. *DA*, n. 532.

[12] Cf. *CIC*, nn. 1145 e 1158.

[13] Cf. *SC*, nn. 37-40.

[14] Cf. *CIC*, nn. 1147-1149.

Que celebramos na liturgia?

Na liturgia celebramos o Mistério Pascal de Jesus Cristo, isto é, sua morte e ressurreição. Não só recordamos os acontecimentos que nos salvaram, mas também, e principalmente, os atualizamos, ou seja, os tornamos presentes em nosso tempo e em nossa cultura.[15]

A caminho da inculturação litúrgica em meios afro-brasileiros[16]

Embora a Igreja denuncie a prática da discriminação e do racismo,[17] nós, negros e negras no Brasil, ainda nos sentimos como estrangeiros em nossa própria Pátria e em nossa própria Igreja. A sociedade e a Igreja não souberam incluir nossos valores culturais e tendem a menosprezar-nos.[18] A liturgia da Igreja não adaptou nossos valores, nossa música, nossos instrumentos e nosso jeito de rezar. Existe uma desconexão entre a realidade vivida pelos povos negros e a liturgia celebrada por esses povos em nossas igrejas. Os elementos culturais afro-brasileiros não foram incorporados no rito romano, mesmo existindo na Igreja a presença significativa de afro-descendentes. Tivemos de aceitar o que nos foi imposto.[19]

Parece que o objetivo de celebrar a fé em Jesus Cristo a partir da cultura do povo e fazer com que a liturgia celebrada pela Igreja não seja estranha a nenhuma pessoa[20] não tem sido atingido. Apesar dos quinhentos anos de "evangelização", a Igreja não incorporou os valores das culturas negras em sua liturgia. Isso contribuiu para que nós, negros e

---

[15] Cf. *CIC*, n. 1104.

[16] Cf. BINA, G. *O atabaque na igreja*, cit., p. 77.

[17] Cf. *DA*, n. 533.

[18] Cf. *DA*, n. 89.

[19] Cf. SILVA, J. A. A liturgia que nossos índios e negros tiveram de "engolir". E, agora, o que fazer? *Revista de Liturgia* 26 (159) 4.

[20] Cf. CNBB. *Inculturação da liturgia*. Brasília, 1995. p. 14. (Texto não publicado, pois foi escrito apenas para a dimensão litúrgica da CNBB, na época.)

negras, formássemos nossas próprias irmandades e também buscássemos outros espaços para expressar nossa fé e nossa cultura. A expressão da fé de acordo com nossos valores culturais muitas vezes foi confundida com sincretismo religioso e deixada de lado. Não são poucas as vezes que temos de aguentar na igreja a discriminação e o racismo expressos através de chacotas conscientes ou inconscientes.

Cientes de que a celebração da liturgia deve corresponder ao gênio e à cultura dos diferentes povos[21] e considerando que na liturgia existe uma parte imutável — por ser de instituição divina — e uma parte suscetível de mudança, que a Igreja tem o poder e, algumas vezes, até o dever de adaptar às culturas dos povos,[22] podemos afirmar que os sinais e os símbolos da cultura afro-brasileira podem ser perfeitamente adaptados à missa, como sugere o Concílio Vaticano II,[23] porque ajudam o povo a participar mais e melhor da celebração de forma plena, ativa, consciente, piedosa e frutuosa.[24]

Quem já participou de uma missa com a adaptação de valores culturais afro-brasileiros com certeza percebeu como o povo bate palmas, dança, escuta, se alegra. O corpo, a mente e o coração são envolvidos. As vestes são coloridas, o ambiente é decorado a rigor, a comida é partilhada. Os cânticos quase sempre possuem refrões curtos, o que facilita a repetição e dispensa o uso de papéis pela assembleia. A Bíblia é bastante valorizada e quase sempre entra de forma solene, com danças e tochas. À proclamação do Evangelho queima-se incenso e levam-se flores como sinal do Cristo ressuscitado. A experiência litúrgica feita em nossas celebrações afro-brasileiras tem-nos ajudado a combater a ideologia do embranquecimento e a descobrir os sinais de Páscoa que nos levam a construir um mundo novo, buscando igualdade racial e justiça para todas as pessoas.

---

[21] Cf. *CIC*, n. 1204.
[22] Cf. *CIC*, nn.1205. SC, n. 21.
[23] Cf. SC, nn. 37-40 e 120.
[24] Cf. SC, nn. 11 e 14.

A liturgia encarna-se na vida e, como afro-brasileiros, vamos, guiados pelo Espírito Santo, assumindo o compromisso de Jesus Cristo, isto é, fazendo acontecer no mundo o projeto do Pai, que é o Reino de Deus com vida plena para todos.[25]

O Brasil é caracterizado pela diversidade e pluralidade, que constituem um desafio à Igreja e à inculturação da liturgia e do Evangelho, mas podemos ter certeza que a abertura da liturgia para elementos culturais afro-brasileiros fará a Igreja de Cristo mais católica, isto é, "para todos".

O termo "inculturação" indica um processo e como tal não está suficientemente acabado, sua definição depende da história e do tempo.[26] A expressão tem origem na missiologia, mas deve ser usada também do ponto de vista sociológico-cultural.[27] Trata da relação existente entre a fé cristã e as diferentes culturas. O termo é usado pelos católicos desde a década de 1930, embora em textos oficiais da Igreja apareça na década de 1970.[28]

A inculturação não é modismo, mas uma necessidade inerente à revelação, à evangelização e à reflexão teológica,[29] não podendo ser confundida com "aculturação" (processo de transformação provocado pela convivência de grupos humanos de culturas diferentes), "enculturação" (processo de iniciação do indivíduo à sua própria cultura), "transculturação" (o transporte de elementos culturais e imposição dos mesmos a uma outra cultura normalmente dominada) e "adaptação" (ajustamento do evangelizador e da mensagem cristã à cultura destinatária através do modo de ser, agir, e tradução de textos para a língua vernácula).

---

[25] Cf. Jo 10,10.

[26] Cf. AZEVEDO, M. C. Inculturação. In: LATOURELLE, R.; FISICHELLA, R. *Dicionário de teologia fundamental*. Petrópolis-Aparecida: Vozes-Santuário, 1994. p. 465.

[27] Cf. WALDENFELS, H. Inculturação. In: KÖNIG, F. C.; WALDENFELS, H. *Léxico das religiões*. Petrópolis: Vozes, 1988. p. 282.

[28] Cf. CARRIER, H. Inculturação do Evangelho. In: LATOURELLE, R.; FISICHELLA, R. *Dicionário de teologia fundamental*, cit., p. 472.

[29] Cf. AZEVEDO, M. C. Inculturação, cit., p. 464.

Seu objetivo é evangelizar as diferentes culturas respeitando as realidades teológicas e antropológicas das mesmas, distinguindo fé e cultura e salvaguardando a unidade e o pluralismo da Igreja universal, na busca de sempre maior comunhão eclesial.[30]

Desse modo, podemos afirmar que inculturação é um processo histórico que envolve o encontro do Evangelho (fé cristã) com as diferentes culturas. Esse encontro estimula novas relações entre as pessoas e Deus, originando um processo de conversão individual e comunitária cuja intenção é a vivência do Evangelho sem trair o modo de ser, de atuar e de comunicar das pessoas dessa cultura que está entrando em contato com o Evangelho.

Do ponto de vista bíblico-teológico, podemos dizer que o povo de Israel é um referencial histórico-cultural necessário para o processo de inculturação, porque foi em Israel que Deus se encarnou em Jesus de Nazaré (Jo 1,1-14; Fl 2,5-8). No entanto, não podemos tornar absoluta essa cultura como forma única e fixa de expressão da revelação de Deus. Toda cultura traz "as sementes do Verbo" plantadas pelo Espírito Santo. Tratando-se de cultura, quem nos dá o direito de estabelecer parâmetros? Estaríamos tolhendo a liberdade de ser e de existir de cada cultura. Nenhuma cultura pode sobrepor-se à outra, obrigando-a a ser igual.[31]

Respeitar a cultura do outro com seus costumes e tradições é descobrir os sinais da presença do Criador de todas as coisas. Embora as culturas sejam diversas, ele é o mesmo e o seu Espírito perpassa toda obra criada, fazendo a unidade perfeita.

Jesus assumiu profundamente sua cultura, porém não perdeu a visão crítica sobre a mesma. Confirmou e apoiou o que defendia: a vida (Jo 10,10). Tendo o Antigo Testamento como base, corrigiu e reorientou o que foi desviado e pervertido. Com suas atitudes, Jesus nos ensina que nenhuma cultura é perfeita e todas devem estar constantemente abertas à conversão e ao crescimento.

---

[30] Cf. CARRIER, H. Inculturação do Evangelho, cit., pp. 475-475.

[31] Cf. BINA, G. O atabaque na igreja, cit., p. 46.

A Igreja desde o início esteve aberta às culturas.[32] Não se fechou no semitismo original, mas implantou comunidades na diáspora, respeitando suas culturas. Escreveu as narrativas evangélicas em língua grega e, até onde chegava para o anúncio, procurava incorporar no rito, no culto e na pregação valores das diferentes culturas. Assim fizeram os apóstolos, especialmente Paulo, e também os Santos Padres. Foi assim que influenciaram a teologia, a espiritualidade e a ação pastoral de praticamente todo o primeiro milênio.[33]

A partir dos primeiros séculos do segundo milênio, a hierarquia da Igreja, influenciada pela cultura europeia, inicia a formação de uma cultura cristã católica, acreditando ser a portadora única da revelação e superior a todas as outras culturas. Com o processo de colonização, os povos dominados eram obrigados a negar sua própria cultura e sua religião e a aderir a essa cultura cristã católica europeia.[34]

A valorização das culturas e a incorporação de seus elementos no culto, vistas no primeiro milênio cristão, já não têm mais espaço no segundo milênio. Desaparece a inculturação e ganham espaço a aculturação e a transculturação, ocasionando um processo de separação entre a fé e a cultura. "Para os povos não-europeus, abraçar a fé significará sempre mais abrir mão da própria cultura ocidental dentro do qual é proposta a fé."[35]

Após o Concílio Vaticano II, reaparece a preocupação com a inculturação, possivelmente por influência das realidades culturais diversificadas levadas pelos bispos do mundo inteiro ao Concílio. A valorização das igrejas locais e continentais e a reorganização do povo de culturas oprimidas, como negros e indígenas, muito contribuíram para o reavivamento desse processo. Tratamento especial também receberam as mulheres, os jovens, os campesinos, os sem-terra.

---

[32] Cf. CARRIER, H. Inculturação do Evangelho, cit., p. 472.

[33] AZEVEDO, M. C. Inculturação, cit., p. 466.

[34] Cf. PISTOIA, A. Criatividade. In: SARTORE, D.; TRIACCA, A. *Dicionário de liturgia*. São Paulo: Paulus, 1992. p. 262.

[35] Cf. AZEVEDO. M. C. Inculturação, cit., p. 467.

O processo de evangelização inculturada exige um discernimento constante da parte da cultura que já recebeu o anúncio e daquela que ainda vai receber. Ambas são sujeito da evangelização. O evangelizador não pode renunciar à sua própria cultura, mas também não deve impô-la como único e absoluto modo de viver a mensagem evangélica. O essencial é a mensagem e não a cultura onde ela deve ser vivida. Aquele ou aquela que está sendo evangelizado precisa decodificar a mensagem usando instrumentos de sua própria cultura. O processo de evangelização inculturada é conflituoso porque trata da libertação de ambas as culturas (a que evangeliza e a que é evangelizada). Contudo, o resultado final dessa evangelização é a fé, que sabemos não ser apenas esforço humano ou produto de um método, mas dom gratuito de Deus, respeitando sempre a liberdade humana.

Para iniciar o processo de inculturação, é necessário fazer uma identificação antropológica e teológica da cultura a ser evangelizada. O critério é sempre o ser humano e o homem Jesus de Nazaré com sua mensagem e testemunho de vida. É preciso também identificar naquela cultura o que oprime, mata, destrói a pessoa, a comunidade, a cultura e a natureza. Só depois dessa identificação é que passamos para o anúncio propriamente dito da Palavra, que mostra o projeto de Deus para o seu povo.

Nesta fase, as pessoas já têm condições por si mesmas de discernir e descobrir a Boa Notícia, a novidade cristã, o dom dado por Deus àquela cultura para ser partilhado com a humanidade. Paulatinamente, homens e mulheres daquela cultura percebem que a fé em Cristo não é para ser vivida isoladamente, mas em comunidade, como grupo cultural específico aberto à catolicidade. Esse processo nos leva a uma crescente inculturação da fé.[36]

Cremos que a fé cristã deve penetrar todas as culturas para elevá-las e salvá-las, de acordo com o ideal do Evangelho.[37] Se o processo de

---

[36] Cf. Ibid. p. 471.

[37] Cf. CONGREGAÇÃO PARA O CULTO DIVINO. *A liturgia romana e a inculturação*. São Paulo: Paulinas, 1994. n. 19.

inculturação for encarado de forma superficial, corremos o risco de cair em um sincretismo que confunde e mistura fé cristã e tradições culturais e antropológicas.

Definindo inculturação litúrgica

O Concílio Vaticano II preparou o caminho para o que hoje chamamos inculturação litúrgica (SC, nn. 37-40). Tal processo deve passar primeiro por princípios gerais de adaptação. Por "adaptação litúrgica" a *Sacrosanctum concilium* entende "a administração na liturgia de elementos tirados das culturas e das tradições que, graças a um processo de purificação, poderão servir de veículo da liturgia para a utilidade ou a necessidade de um grupo particular".[38]

O processo de inculturação litúrgica tem amadurecido a cada dia como experiência comunitária da fé. A busca de uma espiritualidade litúrgica inculturada capaz de alimentar as pessoas e a comunidade tem sido uma constante.

A inculturação está no centro das preocupações no mundo e na América Latina. "Evangelizar e celebrar sem inculturar significaria reduzir o alcance da adesão a Cristo, uma vez que a cultura faz parte da identidade de um povo."[39] Num primeiro momento, a constituição *Sacrosanctum concilium* sugere que sejam adaptados os sacramentos, os sacramentais, as procissões, a língua litúrgica, a música sacra e a arte litúrgica (nn. 38-39). Tais adaptações devem ser acompanhadas pelos bispos e presbíteros e não dependem de consulta à Santa Sé. Em um segundo momento (n. 40), propõe uma "adaptação mais profunda da liturgia" que depende de confirmação da Sé Apostólica.

Tanto o n. 37 quanto o n. 40 mencionam que na liturgia podem ser admitidos tradições, costumes, qualidades e dotes de espírito dos

---

[38] CHUPUNGCO, A. Adaptação. SARTORE, D.; TRIACCA, A. *Dicionário de liturgia*. São Paulo: Paulus, 1992. p. 8.

[39] ISNARD, C. In: CNBB. *Inculturação da liturgia*, cit., p. 2.

vários povos, podendo até mesmo admitir elementos culturais no rito romano.[40]

A realidade pluricultural do Brasil e a abertura dada pelo Concílio Vaticano II (SC, nn. 37-40) nos impelem a buscar para a liturgia novos símbolos de esperança que sejam interpretados sem dificuldade pelo povo brasileiro. Tais símbolos já estão no meio do povo. Temos a tarefa de descobri-los, resgatá-los e encaixá-los onde melhor possam expressar o Mistério Pascal.

O *Documento de Puebla* (nn. 31-39) e o *Documento de Santo Domingo* (n. 178) afirmam que na evangelização precisamos levar em consideração as diferentes culturas. Não podemos celebrar a liturgia com os mesmos cânticos, a mesma linguagem, o mesmo ritmo e utilizando os mesmos instrumentos musicais no mundo todo, como aconteceu por séculos ao se ignorar as etnias, as culturas e os povos. É preciso haver a "comunhão de diferenças compatíveis com o Evangelho" para proteger as legítimas diversidades e vigiar "para que as particularidades ajudem a unidade e de forma alguma a prejudiquem".[41]

Quem une, em primeiro lugar, é o Cristo em seu mistério de morte e ressurreição. "A inculturação é necessária para restaurar o rosto desfigurado do mundo" (SD, n. 13). "Com a inculturação da fé, a Igreja se enriquece com novas expressões e valores, manifestando e celebrando cada vez melhor o mistério de Cristo."

O processo de inculturação litúrgica no Brasil deve respeitar a coexistência de diversos grupos culturais atuando em nossas igrejas, cada um trazendo sua história, que é única e diferente, e como tal necessita ser considerada. Somos o país onde a diversidade está naturalmente presente, portanto o processo de inculturação litúrgica deve incorporar na liturgia os ritos, os símbolos, expressões religiosas, música e instrumentos que ajudem a celebrar a fé (SD, n. 248). Segundo a quarta instrução para

---

[40] Cf. CHUPUNGCO, A. Adaptação, cit., p. 9.
[41] JOÃO PAULO II. *Ecclesia in Africa*. São Paulo: Paulinas, 1995. nn. 6, 11 e 20.

uma correta aplicação da constituição conciliar (SC, nn. 37-40) "a liturgia da Igreja não deve ser estrangeira em nenhum país, nenhum povo, para nenhuma pessoa e, ao mesmo tempo, terá de superar todo particularismo de raça ou de nação".[42]

Anscar Chupungco,[43] interpretando a SC, nn. 37-40, diz que há três etapas na adaptação litúrgica:

1. "Acomodação": nesta fase há o interesse pelos elementos celebrativos utilizados pela assembleia litúrgica, sem, contudo, haver necessariamente a preocupação de uma adaptação cultural.

2. "Aculturação": esta fase é de natureza cultural e pode ser descrita como um processo capaz de incorporar na liturgia romana elementos culturais que possam substituir os do rito romano, salvaguardando não só o significado original do rito romano, como também o verdadeiro sentido desses elementos culturais.

3. "Inculturação": esta fase também é de natureza cultural e supõe a transformação do rito pré-cristão à luz da fé cristã celebrada pela liturgia romana. Isto é, um rito pré-cristão passa a ter um significado cristão. A Igreja não altera o rito em si, mas dá a ele um sentido cristão para que possa exprimir o Mistério Pascal.

Então, podemos concluir que o louvor ao Senhor ao som dos atabaques, a oração comunitária sustentada pela Palavra de Deus e pela Eucaristia e os valores culturais afro-brasileiros adaptados à liturgia contribuem para uma celebração mais inculturada e para um encontro mais vivo com Jesus Cristo, de quem somos discípulos e discípulas missionários afro-brasileiros.

---

[42] CONGREGAÇÃO PARA O CULTO DIVINO. *A liturgia romana e a inculturação*, cit., n. 18.

[43] Cf. CHUPUNGCO, A. Adaptação, cit., p. 9.

Fé em Deus e pé na estrada. Sonhos e esperanças dos peregrinos do Santuário de Aparecida

José Luís Araújo[*]
Antônio S. Bogaz[**]

O ser humano é um ser peregrino, que, além de buscar a si mesmo em sua própria identidade, busca sua transcendência. Sendo *Homo viator*, não se fixa em si mesmo nem em sua situação histórica. A peregrinação tem um caráter simbólico que plasma a existência humana, elevando-a a dimensões sagradas. Por isso somos peregrinos por natureza e movidos pela intenção de atingir sempre mais profundamente a plenitude humana, o que se dá no encontro com Deus. Assim como nossos modelos mais importantes — os santos e os profetas — concebem a própria vida como uma constante peregrinação, todos os fiéis, a seu modo, também vivem esta dimensão fundamental da existência. Todos os dias da nossa vida são traçados como etapas de uma peregrinação com uma meta a alcançar: Deus.

Como rios em busca do grande oceano, nossas vidas buscam sua habitação divina. Por isso nossas peregrinações aos lugares sagrados são, na verdade, epifanias do espírito peregrino de nossa existência.

---

[*] José Luís Araújo é professor de Teologia Sacramentária e Litúrgica na PUC-Campinas, com formação em Teologia Litúrgico-Pastoral no Instituto Católico, Paris, França. Seus estudos se concentram na área de práticas litúrgicas comunitárias, onde exerce seu ministério paroquial e docente.

[**] Antônio S. Bogaz é professor de Liturgia, Patrística e Sacramentos, com formação em Teologia Litúrgica e Pastoral, formado pelo Pontifício Instituto de Liturgia, Roma, e pela Universidade de São Paulo (USP). Ex-presidente da ASLI.

Peregrinações: entre agonia e esperança

Quando os peregrinos deixam seus lares, partem com a bagagem carregada de dores e sonhos. Como Zé do Burro, o caboclo de Dias Gomes que vai à Igreja de Santa Bárbara para agradecer a cura de seu burrinho,[1] todos os peregrinos têm histórias para contar. Caminham solitários, em família ou em grupos de amigos, povoando as estradas de histórias e esperança. Muitos viveram dramas e fizeram promessas, conseguindo graças pelas quais vão agradecer. Outros, já sem forças, caminham lentamente, suplicando um milagre para suas vidas agonizantes.

Em busca desse toque divino deixam o conforto de seus lares, às vezes tão pobres, e se lançam na aventura de longas estradas, chuva e sol, perigos e incertezas. A agonia ao partir é compensada pela esperança de chegar e ver seu voto cumprido. O ser humano, entre agonia e esperança, é um eterno peregrino, e sua vida, um perene peregrinar. Na verdade, os sacrifícios e as intempéries da estrada simbolizam e sintetizam os sofrimentos e as agruras cotidianas[2]

As peregrinações constituem uma prática de todos os povos e não só dos cristãos, portanto. Elas não desaparecem com a modernidade, pois a fragilidade das pessoas tem-se acentuado no novo estilo de sociedade vinculada aos grandes centros urbanos, com suas periferias e seu anonimato. No âmbito mundial,[3] notam-se contingentes sempre maiores de peregrinos cristãos que acorrem aos lugares tradicionais, como a Terra Santa – Israel, Compostela – Espanha, Tepeyac – México, Lourdes – França, Fátima – Portugal, Medjugorje – Bosnia-Herzegovina etc. No Brasil, há muitos lugares famosos que são metas de peregrinação, como Aparecida-SP, Belém-PA (Círio de Nazaré), Juazeiro do Norte-CE (Pa-

---

[1] GOMES, D. *O pagador de promessas*. São Paulo: Ediouro, 2002.

[2] ARAÚJO, L. C. A Igreja peregrina. In: VV.AA. "Romeiros de ontem e de hoje: peregrinação e romaria na Bíblia", *Revista de Estudos Bíblicos*, Petrópolis: Vozes, n. 28, p. 63, 1990.

[3] DUQUOC, C.; ELIZONDO, V. Peregrinação da humanidade. In: "As peregrinações", *Revista Concilium*, Petrópolis: Vozes, n. 266, p. 8, 1996/4.

dre Cícero), Bom Jesus da Lapa-BA, Farroupilha-RS (Nossa Senhora de Caravaggio), entre outros.

Continuam a surgir novas metas de peregrinação, anunciadas por fatos milagrosos ou por presenças de figuras míticas, que rapidamente se propagam e atraem multidões. Alguns se firmam por vários anos, outros não se sustentam por falta de credibilidade ou estruturas eclesiais. No entanto, essas experiências refletem a busca incessante dos fiéis por lugares sagrados e momentos de pacificação de seus espíritos, de consolo em suas dores e alimento em suas esperanças. No Brasil, "Maria é Aparecida na dor, na resistência e na práxis libertadora dos empobrecidos".[4]

O espírito peregrino dos povos

Não é difícil entender o espírito dos fiéis que se colocam em peregrinação. É o mesmo espírito de quem realiza uma procissão. Portanto, peregrinar é mais que realizar uma caminhada. É entrar em uma marcha inspirada por ideais religiosos, animada por sentimentos de fé, em busca da realização de promessas e confirmação de pertença a Deus e seus representantes. Toda peregrinação é "por" ou "para algum" objetivo religioso que visa a enriquecer a fé e a promover o encontro com Deus em situações especiais da existência. Por isso, pode-se dizer que as peregrinações estão sempre vinculadas a grandes acontecimentos como vitórias e perdas naturais ou circunstanciais.

Na grande maioria dos povos primitivos, que normalmente denominamos como civilizações pagãs, o encontro com o divino se realiza, sobretudo, na natureza. Para eles, a busca de lugares sagrados como montanhas, rios, cachoeiras e grandes pedras é uma forma de entrar em comunhão com Deus.[5] Mais tarde, no judaísmo, o encontro com Deus se

---

[4] DOMEZI, M. C. A simbólica de Aparecida e a V Conferência do CELAM. *Revista Espaços*, ITESP, 15/1, p. 42, 2007

[5] DUMOULIN, A. *A romaria em Juazeiro do Norte*. In: VV.AA. Romeiros de ontem e de hoje: peregrinação e romaria na Bíblia. *Revista de Estudos Bíblicos*, Petrópolis: Vozes, n. 28, p. 44, 1990.

realiza também pelos eventos históricos, tornando-se lugares de batalhas, vitórias ou conquistas o objetivo de tantas marchas peregrinatórias.

Normalmente, a peregrinação tem regras estreitas, exigindo, por vezes, dos seus praticantes, comportamentos rigorosos, como caminhar descalço, usar vestes simbólicas, jejuar ou ingerir somente certos alimentos. Existem, ainda, determinações de dias, horários, estações e fases da lua que se conjugam com os objetivos das peregrinações. O descuido dessas determinações pode gerar insegurança, como se Deus rejeitasse o sacrifício realizado fora das prescrições rituais da comunidade.

Os lugares das peregrinações são consagrados pelas comunidades de fé como espaços especiais onde os fiéis evocam a própria existência e atualizam seus sonhos e esperanças por meio das intervenções de Deus em suas histórias pessoais. Assim são os lugares sagrados mais famosos do mundo, tais como o monte Sinai para os povos bíblicos, o rio Ganges para os indianos, Tepeyac para os povos ameríndios da América Latina, Jerusalém e os lugares da história da fé cristã, os santuários marianos e tantas metas de peregrinação para os cristãos.[6]

A própria comunidade religiosa organiza as modalidades das peregrinações, fundamentada na condição religiosa do ser humano. O *Homo religiosus* se expressa pela inquietude fundamental que o ser humano convoca à transcendência. Nessa perspectiva, a vida é mais que uma caminhada à espera do fim histórico. Ela é uma peregrinação com visão presente para as realidades eternas. A peregrinação parte da exploração do mundo interior do ser humano em busca de si mesmo, por meio do encontro com o espírito divino e da harmonia com a natureza e o universo.

Uma das finalidades mais evidentes da peregrinação é a inserção dos fiéis na história da salvação pertencente aos personagens sagrados e privilegiados da comunidade de fé. Peregrinar é uma atividade religiosa que implica uma certa ruptura com o cotidiano e evoca os antepassados

---

[6] DUQUOC, C.; ELIZONDO, V. Peregrinação da humanidade, cit., p. 7 [541].

da nossa fé, como a figura de Abraão ou os mártires do cristianismo primitivo. No caminho da peregrinação, os fiéis atualizam a comunhão com os que os precederam na história da salvação. Isso é notório desde os tempos bíblicos, em que a peregrinação a Jerusalém é tão mistificada. Não se trata de uma simples visita, mas do encontro com as próprias origens enquanto povo eleito. Igualmente ocorre quando os cristãos voltam a Jerusalém, que é um espaço privilegiado para o encontro com Cristo e por meio dele com todos os irmãos da fé.[7]

A espiritualidade mais profunda da peregrinação leva-nos a compreender e a tomar consciência da nossa condição passageira neste mundo. A teologia cristã, desde Paulo até os mais brilhantes ascetas cristãos, chama-nos a atenção ao fato de que somos estrangeiros neste mundo a caminho da pátria definitiva. Os fiéis que saem em romaria procuram encontrar bens espirituais que transcendem o mundo presente. Buscam no passado e no futuro a complementação de suas vidas. Os rituais de peregrinação estão tão presentes na caminhada da humanidade e parecem fazer parte dos genes biológicos do ser humano.[8]

Motivações das peregrinações

Nas peregrinações de todos os povos, encontramos elementos comuns a todos os credos e particularidades. O sentimento de unidade dos peregrinos é tão forte que faz desaparecer entre eles as diferenças sociais e políticas para ressaltar a realidade intrínseca dos seres humanos, de peregrinos a caminho do mistério. Em seu estudo sobre o tema, A. Beckhäuser afirma que

> as peregrinações constituem um fenômeno ligado à própria natureza do ser
> humano, que se sente um ser a caminho. Sua própria vida é uma caminhada do

---

[7] COMBLIN, J. A romaria no Novo Testamento. In: VV.AA. "Romeiros de ontem e de hoje: peregrinação e romaria na Bíblia", *Revista de Estudos Bíblicos*, Petrópolis: Vozes, n. 28, p. 40, 1990.

[8] DUQUOC, C.; ELIZONDO, V. Peregrinação da humanidade, cit., p. 6 [540].

nascimento para a morte, da juventude para a velhice, e em sua aspiração mais profunda, na passagem desta vida efêmera para uma vida feliz após a morte.[9]

A peregrinação recupera um evento do passado, normalmente ligado às origens da comunidade de fé, renova o tempo, atualizando a presença divina no meio do povo, e transporta os fiéis para uma esfera transcendental, com características peculiares, como se fossem transladados para além da realidade temporal em que vivem.

Diante disso, fica muito difícil determinar quais são as mais importantes metas dos peregrinos no mundo, pois as estatísticas são muito variadas e subjugadas a interesses religiosos e políticos. Se destacarmos a peregrinação do povo hindu ao rio Ganges, do povo muçulmano a Meca, dos judeus a Jerusalém, deparamo-nos com banhos rituais, imolações, queima de velas, caminhadas sacrificais (de joelhos, descalços, sobre pedras etc.) e outras formas devocionais para cumprir votos a Deus.[10]

Peregrinações no cristianismo

Os cristãos primitivos estão tomados de admiração pelos primeiros discípulos, que são seus pais espirituais e seus grandes mestres, os pioneiros da comunidade eclesial. Por isso suas lembranças ficam presentes em santuários, cidades e lugares de sepultamento. A peregrinação aos lugares de suas recordações reflete a santidade de suas pessoas e o peregrino quer tocar e sentir-se tocado na própria fé, através do encontro com suas relíquias.[11]

No sentido religioso cristão, a peregrinação é uma viagem realizada por um devoto para um lugar sagrado, caminhando pelos campos, como se diz na origem etimológica, *per agros* (peregrinação), e desenvol-

---

[9] BECKHÄUSER, A. *Religiosidade e piedade popular, santuários e romarias.* Petrópolis-São Paulo: Vozes-ASLI, 2007. p. 22.

[10] DUMOULIN, A. *A romaria em Juazeiro do Norte*, cit., p. 52.

[11] COMBLIN, J. *A romaria no Novo Testamento*, cit., p. 41.

vendo rituais solenes que pertencem ao patrimônio cultural e religioso da humanidade. Mais tarde, por volta do século XIII, esse fenômeno recebe também um outro nome, o de romaria,[12] devido ao destino de tantos peregrinos que partiam para Roma, marcado, muitas vezes, por um cunho penitencial ou expiação de pecados em cumprimento a penas canônicas.

As tradições das caminhadas bíblicas

O povo hebreu é um povo peregrino. Cotidianamente a busca de Deus é seu ideal histórico de viver, por isso caminha sem cessar, atravessando desertos, subindo e descendo montanhas e vales, e navegando seus pequenos rios. Quando está bem instalado, busca os lugares sagrados para manifestar sua gratidão por meio de seus cultos sacrificais. Isso é notável desde as origens, desde que Abel caminhava até o altar diante de Deus para ofertar as primícias de seu rebanho (Gn 4,4). O mesmo acontecia com seu irmão, Caim, que oferecia as primícias do seu campo (Gn 4,3). O povo procura sempre lugares sagrados para celebrar seus ritos.

Por outro lado, quando está vagando em busca de terra e moradia, a "terra prometida" torna-se o sonho de uma comunidade de peregrinos. Vivendo na diáspora, o Templo é uma referência de sua identidade. Ir ao templo e celebrar seus sacrifícios significa manifestar a unidade da própria fé, que é a mais nítida expressão da unidade de um povo, nos moldes veterotestamentários. A peregrinação a Jerusalém é como o retorno do exílio (Sl 126), voltando à casa do Senhor. Essa cidade de peregrinação é o grande símbolo da reunião dos filhos de Deus dispersos (Is 60).

A procissão é o memorial da volta e penhor da salvação e triunfo divino (Is 52,7-12).[13] Dessa realidade espiritual do povo, a acolhida dos peregrinos torna-se um dever do povo hebreu. Os estrangeiros, na tradição

---

[12] Neste livro usamos os termos *peregrinação* e *romaria* como equivalentes.

[13] SOARES, S. A. G.; MELLO, A. V. A romaria dos pobres de Deus. In: VV.AA. "Romeiros de ontem e de hoje: peregrinação e romaria na Bíblia", *Revista de Estudos Bíblicos*, Petrópolis: Vozes, n. 28, p. 23, 1990.

bíblica, merecem toda hospitalidade. Assim que a hospitalidade para com os peregrinos e estrangeiros é um dever da fidelidade do povo bíblico.

Os grandes patriarcas foram peregrinos e são imitados pelos fiéis do judaísmo. Jacó refaz os caminhos de Abraão, seu ancestral, e esta andança mística fortalece sua integração ao seu povo. Peregrinar pelas terras é um modo subjetivo de comungar com todos os seus patrícios e unir-se a Javé, que entrega a terra ao povo.[14]

A atitude do peregrino é uma atitude de confiança, pois para partir é preciso confiar em Deus e em seus oráculos. Se Javé é o protetor do povo, o povo se coloca na condição de caminhante, que enfrenta desafios e, sem olhar para trás, cultiva a solidariedade e vai construindo um novo modo de viver. Peregrinar é um processo de mudança de vida, a partir do encontro com Deus no seu "monte sagrado", que assinala sua presença na comunidade.[15]

Existe, por assim dizer, uma distinção entre o peregrino dentro da própria comunidade e os peregrinos de outras etnias não-judaicas. Se, por um lado, existe uma grande exigência para acolher os estrangeiros, revela-se grande desconfiança e restrição para o convívio na variedade cultural e religiosa, sintetizadas na diferença étnica. Não deveria ser assim, pois compreendemos que a própria identidade cultural do povo da Aliança foi construída com o passar dos séculos. A denominação "povo de Israel", que formula a identidade do povo que fez pacto com Javé, é fruto da junção histórico-social de vários grupos culturais e religiosos que se entrelaçaram e se amalgamaram muitos séculos atrás.

Povos que perambulavam como nômades, buscando a sobrevivência mais que a fixação, definem-se como povos que se compõem a partir de uma opção e adesão a um Deus único, para viver uma unicidade racial pelos séculos subsequentes. Essa condição nômade propicia uma mentalidade peregrina, como um povo caminhante, sempre na busca de melhores

---

[14] DUMOULIN, A. *A romaria em Juazeiro do Norte*, cit., p. 44.

[15] ARAUJO, L. C. A Igreja peregrina, cit. In: VV.AA. "Romeiros de ontem e de hoje: peregrinação e romaria na Bíblia", *Revista de Estudos Bíblicos*, Petrópolis: Vozes, n. 28, p. 65, 1990.

cantões na terra para viver seu ideal comunitário, cimentando-se sempre mais na inspiração religiosa de sua fé.

Algumas passagens bíblicas revelam os cuidados necessários para com os peregrinos em busca de acolhida e fraternidade. Quando Abraão recebe visita dos mensageiros (Gn 18), acolhe-os como enviados de Deus. Ofertando-lhes comida e bebida, revela sua formidável recepção, que é tida como a recepção do próprio Deus, que os envia. Fato semelhante ilustra essa espiritualidade da acolhida do peregrino no livro dos Juízes (Jz 19-20), quando um homem justo acolhe um levita e sua concubina, em Gabaá, nas montanhas do Norte.

O abrigo e acolhida ao peregrino é uma virtude que marca a espiritualidade bíblica. Os peregrinos se investem do espírito de caminhante, buscando as paisagens e as montanhas, como expressão da busca do rosto de Javé (Sl 121,2).[16] Como o povo de Israel, somos unidos a lugares que nos unificam àqueles que amamos. O símbolo de Jerusalém é lugar privilegiado da presença de Deus e se torna um santuário nacional, referência de unificação do povo.[17]

As tragédias sociais, políticas e bélicas vividas pelo povo hebreu, tendo como consequência saques, ocupações e exílios, como, por exemplo, na destruição do Reino do Norte, em 722 a.C. aproximadamente (Jr 50,17; 51,34), em que encontramos a narrativa de Nabucodonosor como a fera do povo que o devora. Esse rei repete a ação maléfica do rei da Assíria, que destrói o povo como uma violenta inundação.[18]

Os peregrinos devem ser acolhidos e tratados fraternalmente e não ser explorados como escravos, sejam judeus, sejam estrangeiros. Não se deve afligir ou oprimir os forasteiros, que são peregrinos em busca de hospedagem (Ex 22,21). A memória triste dos tempos de escravidão no Egito faz com que os peregrinos sejam tratados com maior humanidade e alerta para novas relações com os peregrinos e migrantes, promovendo

---

[16] SOARES, S. A. G.; MELLO, A. V. A romaria dos pobres de Deus, cit., p. 24.

[17] BECKHÄUSER, A. *Religiosidade e piedade popular, santuários e romarias*, cit., p. 83.

[18] SOARES, S. A. G.; MELLO, A. V. A romaria dos pobres de Deus, cit., p. 23.

maior fraternidade. Mais que uma lei, trata-se de uma exigência a partir da própria Aliança com Javé. Acolher o peregrino significa acolher o Senhor, pois ele vem em seu nome e representa seu rosto de paz e de fraternidade.

A grande vitória dos peregrinos é a chegada a "Jerusalém", lugar sagrado e meta dos caminhantes. Para comemorar esta vitória, eles entoam os "cânticos de Sião" (Sl 46, 48, 76, 84 e 87). De fato, na antiga Aliança, Deus se faz presente num espaço definido, sua presença está, portanto, ligada ao templo, conforme afirma a tradição sacerdotal e legal.[19] O templo é o lugar onde se dá o encontro definitivo com o senhor, que quebra os arcos, os escudos e as espadas, pois na casa de Javé reina a paz absoluta e definitiva para os peregrinos.[20]

As peregrinações do povo bíblico a Jerusalém significam historicamente o retorno dos exilados e a reunião dos filhos de Deus que viviam na diáspora. Significam ainda mais, pois anunciam o templo definitivo de Deus, que reúne todos os povos da terra, no bem-estar e na felicidade sem fronteiras, raças ou nações.

A "peregrinação" de Jesus no mundo

No cristianismo, a peregrinação, do ponto de vista ritual, funda-se nas peregrinações relatadas no Antigo Testamento, originalmente iniciadas com Abraão, que na sua peregrinação pelo deserto, a partir de Ur da Caldeia (Gn 11,31; 12,1ss), organiza um povo peregrino. O povo torna-se caminhante, buscando sempre realizar suas promessas e cumprir seus projetos diante de Javé. A peregrinação do êxodo é o protótipo das peregrinações do povo de Israel, que mais tarde realiza peregrinações anuais e frequentes ao templo de Jerusalém.

Essa tradição é corrente na vida do povo de Jesus Cristo e ele participa de tais práticas visitando o templo e cumprindo os rituais comuns

---

[19] COMBLIN, J. A romaria no Novo Testamento, cit., p. 35.
[20] SOARES, S. A. G.; MELLO, A. V. A romaria dos pobres de Deus, cit., p. 27.

de sua comunidade. São prenúncio da grande peregrinação final, que envolve todos os povos da terra, de todos os credos e etnias. A romaria cristã explicita sua universalidade, onde a Jerusalém é o coração de Deus, destino absoluto de todas as romarias humanas.[21]

Se considerarmos a visão cristã de peregrinação, a mística da encarnação é um grande projeto peregrino de Deus. O próprio Cristo é um peregrino que parte do Reino de Deus e se encarna na história da humanidade. A vida de Jesus Cristo fundamenta a peregrinação de todos os fiéis cristãos. Cristo, o grande peregrino, inspira seus seguidores na realização de peregrinações como caminho de busca dos lugares sagrados. Os primeiros lugares que são meta de peregrinações são os próprios lugares onde Jesus viveu os momentos mais importantes de sua vida, como Belém, o Calvário, o Santo Sepulcro, o monte Tabor, o horto, entre outros. Sobretudo nas primeiras décadas do cristianismo, os cristãos veneravam os santos lugares, que testemunhavam a presença de Jesus em sua caminhada histórica e que foram santificados por sua morte.

Ser peregrino é uma opção espiritual, muito mais que um passeio ou uma simples caminhada. É um caminho à procura de Deus e sua dimensão histórica, real e concreta. Nas passagens bíblicas, o peregrino é acolhido, mesmo sendo estrangeiro, e é acolhido como irmão de caminhada, como ocorreu na estrada de Emaús. Para tanto, é importante o espírito dos peregrinos, que vivem na perspectiva de seu caminho sagrado. O caminho da peregrinação é um caminho de conversão, é uma encruzilhada na vida dos caminhantes, que normalmente redirecionam suas vidas ao final de seus itinerários. Consideramos a importância dos pés do peregrino como desejo de caminhar em nome do Senhor, tendo sua presença em sua memória durante todos os momentos da caminhada.

Pelos textos bíblicos, confirmamos que Jesus participava das peregrinações de seu povo, como a ida a Jerusalém (Lc 2,41) e seu retorno à cidade, que culmina no seu martírio, nas festas da Páscoa. João conta-nos

---

[21] COMBLIN, J. A romaria no Novo Testamento, cit., p. 33.

ainda que Jesus participa das festas de sua comunidade, como a Festa Pascal e a Festa das Tendas.[22]

Mais tarde, os lugares dos martírios foram consagrados pelos primeiros cristãos. Eles visitam as praças onde ocorreram o martírio e os cemitérios (grutas, catacumbas) onde os restos mortais de seus mártires foram sepultados. As caminhadas de peregrinação aos túmulos dos mártires e suas relíquias motivaram as grandes basílicas, onde os fiéis se encontram nas datas importantes, particularmente no dia do seu martírio. Comemoravam-se com grande solenidade o seu *dies natalis*. Essas solenidades, que eram locais, foram assumindo grandes proporções e as multidões dos fiéis acudiam fervorosas para prestar sua homenagem.

Em todos os cantos poderiam ser celebradas as memórias, mas nos lugares dos martírios encontravam maior eficácia. Assim, os cristãos transladam relíquias para as novas basílicas, gerando novos centros de peregrinações. Acrescentam-se a esses lugares templos, capelas e oratórios que os primeiros cristãos construíam rusticamente para marcar a presença de seus antepassados mais corajosos, os mártires. De fato, o culto aos santos e toda devoção santoral têm início com o culto aos mártires.

A busca dos lugares sagrados

O cristianismo conhece dois caminhos de peregrinação altamente significativos, que sintetizam os principais objetivos e a mística de todas as peregrinações cristãs. Certo, não nos esquecemos de Jerusalém, que marcou os primeiros lugares da peregrinação, pois tocavam os lugares sagrados referentes à vida do próprio Senhor. Para além de Jerusalém, falamos de Roma e Santiago. Em Roma, os fiéis vão rezar diante do túmulo do apóstolo Pedro e, em Santiago, diante do túmulo do apóstolo Tiago. Esses dois destinos das peregrinações históricas do cristianismo, unidos àquelas de Jerusalém, são consideradas como "peregrinações maiores". Devido à europeização do cristianismo, ao longo da história da Igreja os

---

[22] Ibid. p. 33.

caminhos de Roma e de Santiago se equiparam aos caminhos dos lugares do próprio Cristo em Jerusalém.

No caso particular de são Tiago, as peregrinações representam a confirmação política e social da ocupação das regiões ibéricas contra a ocupação dos normandos e muçulmanos. As peregrinações tinham um furor de guerra e de martírio, pois os peregrinos corriam sérios riscos de emboscadas, ataques e assaltos. Como o ato de peregrinar marca notadamente um espírito de austeridade e de desafio da fé, as correntes peregrinatórias cresceram e tomaram novas modalidades de santificação e confirmação da fé. Além de tocar os lugares sagrados, os peregrinos incrementam a própria fé, vivendo ao longo do caminho o espírito das dores e sofrimentos do próprio Cristo, peregrino nos caminhos do Calvário. A própria morte torna-se para os peregrinos um ideal de santificação e de fé.

Nos casos citados, Roma e Santiago, as origens do culto e das peregrinações são muito importantes. Em Roma, realiza-se um encontro com as primícias da Igreja, concretizadas na presença e no martírio de Pedro na colina Vaticana e, em Santiago, na presença de um cemitério cristão primitivo dos primeiros séculos, junto ao túmulo do apóstolo são Tiago, conforme as escavações realizadas entre 1945 e 1957. É preciso considerar, ainda, as graças e indulgências presentes nas práticas das peregrinações. Tais peregrinações aos lugares dos apóstolos no Ocidente encontram similitude nas peregrinações orientais aos demais discípulos, presentes em suas igrejas fundacionais. Unidas a essas peregrinações, encontramos as peregrinações vinculadas às histórias dos santos e especialmente às aparições da Virgem Maria.

As dimensões litúrgicas mais presentes nas peregrinações se referem ao Cristo peregrino. Inspirado em suas peregrinações, o romeiro encontra no santuário o lugar da palavra, do encontro com Deus, tempo de oração, comunhão eclesial, vida sacramental e experiência da liturgia celeste. O santuário é o lugar da eterna Aliança, que se renova a cada visitação.[23]

---

[23] BECKHÄUSER, A. *Religiosidade e piedade popular, santuário e romeiros*, cit., pp. 55-65.

Todos os romeiros são motivados pelo desejo de encontrar-se com Deus e sentir-se em sua companhia. Sua presença é fonte de benefícios, pois dá força, vida, poder e perdão. Como na subida a Jerusalém, os israelitas piedosos esperavam benefícios de suas peregrinações, todos os peregrinos esperam fecundidade, paz e justiça.[24]

Etapas das peregrinações no cristianismo

A simbologia mais eloquente da peregrinação cristã é a caminhada pelo deserto. Tendo sido um período de prova, de desafio, de comprovação de fidelidade, torna-se uma amostragem da espiritualidade da peregrinação. Ao mesmo tempo que a peregrinação é um tempo de provação e sofrimento, é também tempo de graça e de manifestação divinas. Por sua força simbólica, o deserto, assim como a peregrinação, revela o sentido passageiro da existência humana. O deserto é lugar de passagem e não de habitação definitiva. O peregrino busca sempre um lugar definitivo, a sua vida perene. Assim, encontramos uma relação íntima entre a peregrinação e a espiritualidade quaresmal. Eis uma das razões mais fortes pelas quais as peregrinações se realizam mais frequentemente no tempo litúrgico da Quaresma.

Os primeiros endereços dos peregrinos cristãos foram os túmulos dos apóstolos e depois dos mártires. As comunidades se reuniam e edificavam seus lugares de culto junto aos lugares dos martírios. Os mártires são símbolos significativos das comunidades. A fidelidade e a coragem desses homens e mulheres sempre fortaleceram e animaram a espiritualidade dos seguidores de Jesus Cristo. Voltar às fontes é uma forma segura de revigorar a opção cristã das comunidades. Com as peregrinações aos lugares dos mártires, cresceram também os santuários marianos, devido aos lugares bíblicos relacionados com Maria e as aparições aos fiéis ao longo dos séculos.

As peregrinações tornam-se tão fortemente populares que muitos fiéis assumem tal prática como forma de vida, vagando por caminhos desconhecidos, desterrados, para sentirem-se como passageiros neste

---

[24] COMBLIN, J. A romaria no Novo Testamento, cit., p. 35.

mundo. Tornam-se frequentes as peregrinações penitenciais com suas duras punições públicas, impostas pela Igreja aos pecadores, como reparação de seus pecados.

No período medieval, a peregrinação se torna uma das características mais marcantes da espiritualidade cristã, assinalada por devoções e ritos penitenciais. A peregrinação assume um caráter ascético. Pela peregrinação, o crente medieval acredita que pode diminuir a distância que o separa de Deus. As peregrinações contribuíram para dar um sentido universal à sociedade religiosa medieval e unificar seus rituais.

Quando os fiéis não podiam dirigir-se a Jerusalém, encontravam lugares semelhantes que recebiam nomes equivalentes para garantir a mesma significação das verdadeiras cruzadas. Eram as "romarias de lugar". Podemos exemplificar essa prática com as visitas às catedrais, como Amiens e Chartres, entre tantas na Europa, que edificavam caminhos semelhantes aos templos de Jerusalém para que os peregrinos caminhassem ajoelhados e cumprissem suas promessas, que eram o cume das peregrinações.[25]

Peregrinos de Aparecida

No meio da multidão de fiéis e pobres da nossa América cristã, afro-ameríndia, caminham peregrinos buscando fortalecer a esperança e os sonhos de mudar suas vidas. Os pés são seus símbolos, força de sua marcha incansável. Repetem nas caminhadas romeiras as mesmas labutas, sofrimentos e dores e conquistas da vida cotidiana. São migrantes, negros, índios, domésticas, velhos, crianças, casais, famílias e doentes na busca de um santuário sagrado que é o porto de sua vitória. O sagrado é reconstituído de forma subjetiva, com variações de centros religiosos, mas o Santuário de Aparecida se coloca como força unificadora.[26]

---

[25] Cf. CHEVALIER, J.; CHEERBRANT, A. *Dictionaire des symboles*. Paris: Seghers, 1974.

[26] MATOS, L. A. Aparecida: esperança e temores. *Revista Espaços*, ITESP, 15/1, p. 6, 2007.

São todos crentes, cristãos e devotos de santos e de Nossa Senhora. Participam do grande Povo de Deus que se organiza em comunidades cristãs populares, em capelanias e em periferias da cidade e do campo. Mulheres e homens, famílias inteiras em contínuo deslocamento, buscando forças para vencer os dramas de suas vidas.[27]

Espacialidade da pesquisa

A amostragem da pesquisa não é tão grande, uma vez que realizamos cem entrevistas. Nosso objetivo era um conhecimento da realidade religiosa e devocional dos fiéis que peregrinam a Aparecida e perceber suas principais características. As entrevistas foram realizadas a partir de um questionário preparado com objetivos bem definidos e atingiu algumas regiões bem específicas, fiéis da Província Eclesiástica de Campinas, que compreende as dioceses de Campinas, Piracicaba, São Carlos, Bragança Paulista, Limeira e Amparo, no interior de São Paulo. Também foram realizadas pesquisas em bairros da Grande São Paulo, especialmente Santo André, Diadema e São Caetano.

Os pesquisadores foram voluntários das paróquias Santa Isabel, de Campinas, e Nossa Senhora Aparecida, de Sumaré, e entre os estudantes de Teologia da PUC de Campinas, da Escola Dominicana de Teologia (EDT) e do Instituto de Teologia de São Paulo (ITESP), entre os quais foram divididas as entrevistas. Os entrevistados foram escolhidos entre jovens e adultos, com variação na formação escolar, desde a pequena escolaridade até o curso superior, independente da classe social.

Como as entrevistas foram realizadas com participantes das comunidades eclesiais (capelas, paróquias e grupos de pastoral), os entrevistados estão integrados na vida da Igreja e estão relacionados com as comunidades. Normalmente, esses fiéis peregrinos são pessoas simples, como, em geral, são os membros das comunidades em que participam. Os entrevistados da periferia têm perfil mais simples e pobre, mas com

---

[27] SOARES S. A. G.; MELLO, A. V. A romaria dos pobres de Deus, cit., p. 27.

boa estrutura religiosa nas suas comunidades. Normalmente, vão para as peregrinações em caravanas organizadas pelas comunidades ou por líderes dos seus bairros. Os espaços religiosos dos pesquisados são cristãos católicos com tradição fundada nas devoções barrocas, onde a devoção a Nossa Senhora Aparecida é muito marcante e profunda.

Tipologia sociocultural e religiosa dos entrevistados

Oriundos de nossas comunidades, os entrevistados são pessoas bastante simples. Como é peculiar, os entrevistados das cidades interioranas do estado de São Paulo pertencem às mesmas comunidades, com pouca mobilidade migratória. Quase todos nasceram e vivem nas mesmas cidades, e quase que nas mesmas comunidades paroquiais. Em referência àqueles da Grande São Paulo, são migrantes, particularmente advindos dos estados nordestinos e do interior de São Paulo e Paraná. Esse é o quadro da naturalidade dos entrevistados que responderam aos questionários.

O grupo dos entrevistados é composto de pessoas simples, na sua quase totalidade pobres vivendo no campo ou na cidade, trabalhadores com nenhuma ou pouca formação acadêmica, marcados pela sabedoria que se adquire pela experiência da vida. São pessoas que acreditam na presença de Deus em suas vidas e que a devoção mariana lhes é significativa. Ainda que a maior parte das entrevistas contemple pessoas adultas, há muitos jovens que acompanham suas famílias e caravanas organizadas por suas comunidades eclesiais ou por líderes populares de comunidades.

As características religiosas dos entrevistados têm igualmente alguns traços comuns, o que dá certa homogeneidade nas respostas e, ao mesmo tempo, determina as fronteiras das mesmas respostas. Uma vez que as pesquisas foram feitas nas comunidades, paróquias ou capelas, as pessoas têm grande participação na vida litúrgica da comunidade, particularmente dos sacramentos (missa e penitência), mas também nas ações litúrgicas devocionais, como novenas, vias-sacras, terços, grupos de oração, adoração do Santíssimo e círculos bíblicos.

A religiosidade daqueles que responderam aos questionários se reflete na sua prática devocional, que se observa nas peregrinações. Muitos desses fiéis têm participação ativa nas suas comunidades de base, particularmente nas pastorais evangelizadoras e caritativas, mormente catequese, coroinhas, Batismo e Pastoral Familiar ou Pastoral da Criança, vicentinos e Pastoral da Saúde. Nota-se, em geral, que estes peregrinos se integram em grupos de espiritualidade como grupos de oração e rezadores do terço. Além dessas características devocionais, nossos entrevistados revelam grande apreço pela própria Igreja e seus pastores. O quadro dos entrevistados é afinado com a espiritualidade mariana, porque a devoção que nutrem pela Mãe de Deus é força propulsora de suas peregrinações.

Motivações da peregrinação

Dois elementos se destacam nas entrevistas e são: o amor a Jesus Cristo e a devoção à Mãe de Deus. Os fiéis vão ao Santuário para manifestar seu amor a Nossa Senhora Aparecida. Sentimos no contato com os peregrinos que ir a Aparecida é uma necessidade espiritual e afetiva, para revelar sua afeição espiritual, confirmar seus sentimentos filiais e reanimar a própria convicção devocional. Por outro lado, a visitação é uma força protetora que anima e fortalece a existência dos peregrinos, considerando as suas dores, angústias e desventuras de cada dia.

No substrato religioso desses peregrinos de Aparecida nota-se nitidamente uma formação religiosa adquirida na tradição familiar, com a fé cultivada pelo ambiente culturalmente religioso em que vivem nas suas comunidades originárias. Embora alguns sejam atraídos pela curiosidade acerca do impressionante fenômeno religioso do ambiente do Santuário, a espiritualidade pessoal é alimentada e alimenta a mística da peregrinação. O impulso das comunidades eclesiais em que vivem é outra motivação significativa, mas encontram-se casos de peregrinos que se organizam nos redutos da religiosidade popular, cultivada por líderes comunitários leigos que organizam as caravanas paralelamente à circunscrição paroquial.

O lazer como simples opção não é assumida como motivação primordial, mas essa dimensão não está excluída, pois a visita a Aparecida funciona como o passeio anual ou esporádico da família, marcando grandes ocasiões, como aniversários de casamento, nascimentos e outras datas festivas.

Certamente, o elenco das motivações destaca as necessidades concretas da vida pessoal, familiar e profissional. Silenciosamente, o devoto suplica um milagre à Mãe de Deus e, com o recebimento da graça, reúne os familiares para a peregrinação. Particularmente, destacam-se as enfermidades, físicas ou espirituais, e o desemprego, mas também a necessidade de manifestar o agradecimento pelos dons recebidos de Deus pela intercessão da Mãe de Deus.

Distanciando-se intencionalmente do senso comum dos romeiros, alguns entrevistados afirmam categoricamente que não vão buscar milagres e rejeitam a troca de favores, mas dirigem-se ao Santuário porque sentem a necessidade de manifestar seu carinho e sua gratidão à Mãe de Deus. Devemos ressaltar que alguns romeiros rejeitam a condição de "trocadores de favores" ou "comércio de promessa", uma vez que esta situação empobrece o espírito de sua caminhada devocional.

A motivação tem fundamentos existenciais profundos, pois os fiéis têm firme convicção de que são ouvidos em suas angústias e socorridos em seus lamentos. A certeza de que Maria ouve suas súplicas promove a busca fiel da sua imagem no Santuário para manifestar pessoalmente seus sentimentos de gratidão.

As práticas religiosas na peregrinação

Ir ao Santuário é expressão de fé e de amor a Deus e a sua Mãe, o que fica bem evidente em todas as entrevistas. Se esta é a motivação que se expressa no coração dos peregrinos, as práticas religiosas na caminhada e nos espaços consagrados do Santuário confirmam tal sentimento.

Durante a caminhada os peregrinos vivenciam uma experiência mística importante, dado que as conversas são mais suaves e introvertidas. O comportamento na viagem revela o espírito dos membros das caravanas e dos viajantes. Com diferentes proporções em relação ao tempo do trajeto, as práticas religiosas giram em torno da espiritualidade celebrada em formas de "piedade popular", seja o terço ou rosário, cânticos religiosos, que normalmente são cantos dos encontros comunitários piedosos de suas comunidades. São recitadas, ainda, orações próprias da Igreja, como o pai-nosso, a ave-maria, o glória-ao-pai e o credo. Nessas ocasiões, também porque o tempo é mais longo e o ambiente mais propício, são resgatadas louvações das comunidades tradicionais, como benditos, ladainhas e cânticos antigos.

Pelas pesquisas, notamos ainda que alguns fiéis, notadamente de nível superior de estudos, são menos eloquentes nas práticas religiosas devocionais na caminhada. Procuram mais observar os companheiros de caminhada, contemplar a natureza e dedicar-se à leitura da Bíblia, de livros formativos ou mesmo de romances.

No ambiente sagrado do Santuário, os romeiros vivem o mesmo espírito que trazem das suas comunidades. Por isso a missa tem um lugar importante. Então, isso nos leva a perguntar se para os romeiros de Aparecida, devotos de Maria, a pessoa de Jesus Cristo é a fonte de onde brotam as devoções.

Pelas entrevistas, compreendemos que participar da missa e depois rezar diante da imagem (ou apenas passar diante dela em oração e meditação) é fundamental para os peregrinos. Esses momentos revelam a grande emoção da visita ao Santuário. Sem esses momentos fascinantes e fascinados o romeiro não cumpre sua viagem plenamente.

Nossas entrevistas também revelaram que muitos peregrinos buscam o sacramento da Penitência no Santuário. Sentem-se mais afáveis e dispostos à acolhida da misericórdia divina e confirmam tal sentimento com sua prática penitencial.

Outra prática litúrgica devocional é o acendimento de velas, acompanhado de orações e, muitas vezes, com caminhadas de joelhos ou descalços pela passarela ou nas escadarias dos templos. Realizam também a compra e bênção de "lembranças" devocionais para amigos e parentes, como rosários, imagens, chaveiros, lenços, entre tantos mais.

Fundamentos religiosos dos peregrinos

Pelas entrevistas, considerando sua interpretação e entrelinhas, definimos alguns elementos religiosos que podem ser sistematizados de forma mais acadêmica, procurando ser fiéis aos questionários analisados.

As peregrinações podem ser distinguidas em dois modelos muito característicos.

Peregrinação como turismo religioso

Numa proporção menor, no entanto digna de consideração, é a peregrinação realizada como turismo religioso ou cultural. Certamente são pessoas que têm fé e alguma vivência religiosa na sua tradição e no seu ambiente social. Tais peregrinos se dirigem ao Santuário para viver dias de lazer e convivência familiar e para celebrar eventos importantes de suas vidas familiares e profissionais. A busca desse lugar sagrado se fundamenta na sensibilidade ao conhecimento do fenômeno religioso e pela grande curiosidade.

Não é de estranhar que este modelo de peregrinação incorra facilmente na dimensão comercial, dedicando o peregrino o tempo em que está na cidade a passeios campestres, lazer, aventuras e marchas e "curiosando" o grande arsenal de artesanatos e artigos religiosos, que estão espalhados em cada palmo das adjacências do Santuário e da Basílica. Não colocamos entre estes as empresas de turismo, que não são muito numerosas, e seus realizadores o fazem como profissão e fonte de lucro. Na maioria dos casos, as caravanas são organizadas pelas dioceses, paróquias, líderes das comunidades, que fazem este trabalho como extensão de suas próprias pastorais.

Peregrinação devocional

Numa proporção muito maior, os peregrinos de Aparecida fundamentam-se na própria religiosidade e voltam aos seus lares profundamente marcados pelo que viveram no Santuário. Os fundamentos religiosos neste estilo devocional expressam-se em três modelos de práticas religiosas e litúrgicas:

a) Ações litúrgicas eclesiais: os peregrinos participam das atividades religiosas oferecidas pelos curadores do Santuário, destacando obviamente as missas, confissões e bênçãos. Pela emoção que sentem e pelo envolvimento da multidão, as impressões são muito marcantes e reconhecidas como valiosas pelos fiéis.

b) Devoções marianas: os visitadores do Santuário rezam o terço que antecede os sacramentos e rezam também durante os trajetos da peregrinação. Quando visitam os lugares turístico-religiosos, como o presépio, o porto Itaguassú, a via-sacra, entre outros, rezam o terço. Todos os peregrinos marcham diante da imagem da aparição e fazem seus votos e suas súplicas com grande devoção.

c) Meditação e silêncio: o ambiente é propício para orações silenciosas, meditação e introspecção. Os peregrinos afirmam que rezam em silêncio e meditam sobre sua própria vida e sua história de fé, inclusive fazendo revisão de vida e renovando bons propósitos. São conversas no coração com Jesus Cristo e com Nossa Senhora Aparecida, sentindo-se na sua casa.

Nos últimos anos, têm crescido as visitas ao Santuário com propósitos adjacentes à devoção, mas vinculados com a caminhada religiosa e social do povo. As dioceses, movimentos e grupos de resistência buscam em Aparecida o fortalecimento e a unidade do grupo, inspirados e sustentados pela devoção, dando a esta religiosidade aspectos mais revolucionários e sociais. São os grupos de luta pela terra, pelos direitos civis, pela moradia, entre tantos outros. Tornou-se conhecido o "Grito dos Excluídos", que integra a devoção mariana de Aparecida à luta pelos direitos dos empobrecidos.

Fundamentalmente, o aspecto emocional é muito presente no espírito dos peregrinos e a racionalização é minimizada, pois com essa racionalização as práticas devocionais perdem o vigor. Os grupos procuram viver momentos fortes de emoção, com equilíbrio e serenidade, levando para seus lares profundas recordações das horas ou dos dias passados na casa da Mãe de Deus Aparecida.

Espiritualidade cristológica e mariana

Do quanto inferimos das entrevistas, existe uma coabitação da espiritualidade mariana e cristológica nos fiéis em peregrinação, ambos com caráter fortemente devocional. Pela observação das respostas às entrevistas, percebemos que há uma preocupação com a ortodoxia da espiritualidade dos fiéis que evitam suplantar a figura de Maria à figura de Cristo. Desse modo, na maioria dos depoimentos Jesus Cristo é apresentado como Senhor da vida e da fé, e Maria, sua medianeira e mãe do povo que sofre. Podemos citar um testemunho: "Deus é minha vida. Ele me dá forças quando eu preciso. Maria é uma mulher forte que disse sim a Deus e que tem o verdadeiro amor que somente a Mãe de Jesus poderia ter" (Letícia F. dos Santos, Itapira-SP).

Notamos traços de espiritualidade nucleada na pessoa de Jesus Cristo, que dá paz e força para nossas vidas. As expressões dirigidas ao Cristo se repetem ao redor de "caminho, razão da existência, protetor, misericordioso". A figura de Deus é a referência primeira da fé dos romeiros, que falam de Deus com profunda confiança. Colhemos testemunhos como "Tudo é de Deus. É Ele quem guia meus passos e ilumina meu caminho" (Iago Nunes Guimarães, Campinas-SP). Acreditamos que os termos referentes à pessoa de Jesus Cristo são mais abstratos e conceituais, advindos da doutrina cristã, referentes às pessoas da Santíssima Trindade.

A aproximação devocional à pessoa do Filho de Deus é certamente menor que aquela de Nossa Senhora Aparecida, com exceção das representações iconográficas devocionais de Cristo, que aparecem com certa frequência entre os devotos. Dessas representações figuram especialmente o Sagrado Coração de Jesus, Bom Jesus, Senhor dos Passos, Sangue de Cristo, Menino Jesus, como podemos destacar.

Em geral, os peregrinos delimitam os elementos doutrinais da divindade de Cristo e da maternidade de Maria, que é aclamada como modelo de vida, primazia do discipulado e mulher fiel. As expressões referentes a Nossa Senhora Aparecida são mais afáveis, recorrem sempre à figura materna em nossa existência. Assim, lemos que "Maria é minha

Mãe celestial, minha intercessora e minha companheira" (Iago Nunes Guimarães, Campinas-SP). Maria é assumida pelos fiéis romeiros como uma presença amorosa, acolhedora dos órfãos e sofredores, mãezinha e intercessora dos fiéis junto ao Filho. "Maria é a mensageira do Pai eterno, nela vivo e me entrego a ela, pois é medianeira para mim e para todos os que confiam" (Sebastiana Maria de Jesus, São Paulo-SP).

No entanto, nota-se uma retidão doutrinal nas expressões religiosas, pois os fiéis, em geral, procuram referir-se a Deus como razão absoluta da existência e a Maria como mãe e medianeira.

Promessas e sacrifícios

Mesmo que alguns peregrinos afirmem categoricamente que não frequentam o Santuário motivados por promessas e milagres, percebe-se que muitos esperam receber benefícios divinos e marianos em suas visitas. Muitos ainda vão a Aparecida para agradecer por graças recebidas. Não podemos ser coerentes com uma reflexão sobre Aparecida sem abordar o tema das promessas, muito mais presentes que em outros locais de peregrinação, como Compostela e Jerusalém, por exemplo.

Pelas nossas entrevistas, onde procuramos abordar o tema de forma indireta e bastante camuflada, as promessas acabam tendo um lugar importante como motivação de orações, rituais litúrgicos e sacrifícios. Os principais rituais litúrgicos presentes são as caminhadas, mais longas ou mais curtas até o Santuário, o acendimento de velas, os toques nas paredes da Basílica e do Santuário, os rosários cantados, adoração ao Santíssimo e as celebrações sacramentais. Os rituais penitenciais que são relatados se referem às caminhadas de joelhos, aos pés descalços, ao transporte de imagens para bênçãos e ao translado de pessoas doentes e com limitações físicas.

As súplicas mais presentes, testemunhadas em quase todos os entrevistados, estão relacionadas com a saúde, fator preponderante das peregrinações. Apontam-se doenças físicas e também espirituais, desde câncer até dores crônicas ou distúrbios psicológicos e mentais, tomados como doenças da alma. Notamos também alguns acenos à graça da gravidez, atribuída à intervenção de Nossa Senhora. Em nenhuma entrevista se tocou no assunto casamento. Em todas as situações, o objeto das graças é a própria pessoa e seus entes queridos, sobretudo a família.

Existe certo cuidado em distinguir a promessa e o pagamento da promessa. O peregrino visita o Santuário "não por barganha, mas reza para ser merecedor da graça" (Darci de Oliveira, Rio Claro-SP). Podemos dizer que a graça é anterior à peregrinação e esta é motivada por aquela, na maioria dos casos.

Os peregrinos, em boa parte, não vão ao Santuário senão para celebrar suas novenas, seus compromissos religiosos assumidos diante da "santa" e sua necessidade de cultivar a própria fé e a devoção que os animam e sustentam em suas vidas cotidianas. A expressão "já fiz promessas, hoje coloco tudo nas mãos da Virgem" (Berenice Silva, Rio Claro-SP) mostra certa maturidade da religiosidade.

Alegrias e incertezas dos romeiros

Os sentimentos fluem nas peregrinações. Nos corredores da igreja, na passarela, diante da imagem da santa e nas adorações, é perceptível a intensidade das emoções. É muito comum os romeiros derramarem-se em lágrimas ao contar depois suas histórias cheias de alegria e gratidão.

A volta da peregrinação traz como fruto a fadiga, mas sobretudo o fortalecimento da fé e o entusiasmo para a vida. Confirmamos a devoção filial que afirma: "Volto para casa como um filho que foi visitar a casa da mãe" (Maurílio Jacinto Braga, Mogi Guaçu-SP). A pessoa sente-se "leve como uma pluma", pois as orações, bênçãos e rituais litúrgicos de que participou purificaram sua consciência e renovaram seu coração para recomeçar a vida com o ânimo renovado e fortalecido. Podemos citar um testemunho: "É como se o céu ficasse mais próximo de mim" (Maria Erlene Sousa Haynes, Sumaré-SP).

Consideramos, assim, que, muito mais que milagres, os romeiros buscam força e dinamismo para suas vidas, e o cultivo espiritual rejuvenesce seu espírito. "A vida da gente fica com mais vigor ao vermos a fé de tantas pessoas em Deus e em Maria" (Paulo Andradino de Freitas, Santa Lúcia-SP).

Entendemos que a busca do milagre não antecede a peregrinação, mas as graças provocam as visitas. Em outras palavras: os romeiros vão agradecer, mais que pedir. Nenhum dos entrevistados manifestou decepção com alguma de suas visitas, pois se considera atendido em seus desejos. Quando não houve a resposta imediata às suas necessidades manifestadas, julga que o "tempo de Deus" é distinto de nosso tempo e a resposta de Deus e de Nossa Senhora vem por outros caminhos inesperados. Os romeiros não são calculistas em seus pedidos e não medem as graças de forma objetiva, contando a quantidade de quilômetros pelos sinais de Deus. Antes, consideram-se sempre agraciados pela misericórdia de Deus e pela proteção de Maria.

A título de conclusão, podemos dizer que peregrinar a Aparecida é percorrer um caminho que renova o espírito, participar de ações litúrgicas e devocionais que encantam a existência e abastecem o coração para retomar suas labutas cotidianas. A sensação de vitória, existencial e espiritual, é um sentimento comum que se expressa no olhar de todos os peregrinos.

Liturgia, cume e fonte da vida dos discípulos e missionários de Cristo

Alberto Beckhäuser*

A V Conferência Geral do Episcopado Latino-Americano e Caribenho reuniu-se na cidade de Aparecida, São Paulo, Brasil, "para seguir estimulando a ação evangelizadora da Igreja chamada a fazer de todos os seus membros discípulos e missionários de Cristo, Caminho, Verdade e Vida, para que nossos povos tenham a vida nele" (*DA*, n. 1).

Na recepção deste importante *Documento*, esta nossa reflexão tem por objetivo apreciar a seguinte questão de fundo: como a sagrada liturgia foi considerada no *Documento de Aparecida*? Ela aparece realmente na ação evangelizadora da Igreja como cume e fonte de toda a vida e ação da Igreja como propõe o Concílio Vaticano II?

O Concílio, na constituição *Sacrosanctum concilium*, ensina que a sagrada liturgia não esgota toda a ação da Igreja, pois existe a ação que a precede, como o anúncio do Evangelho, e outras ações que a sucedem, como a oração individual e a ação da caridade (cf. SC, n. 9).

> Todavia, a liturgia é o cume para o qual tende a ação da Igreja e, ao mesmo tempo, é a fonte donde emana toda a sua força. Pois os trabalhos apostólicos se ordenam a isso: que todos, feitos pela fé e pelo Batismo filhos de Deus, juntos se reúnam, louvem a Deus no meio da Igreja, participem do sacrifício e comam a ceia do Senhor. A própria liturgia, por seu turno, impele os fiéis que, saciados dos "sacramentos pascais", sejam "concordes na piedade"; reza que "conservem em suas vidas o que receberam pela fé"; a renovação da

---

* Frei Alberto Beckhäuser, ofm, é membro fundador da ASLI. Doutor em Liturgia pelo Sant'Anselmo, Roma, desempenhou o ensino da Liturgia em diversos institutos e faculdades de Teologia, além de ter sido por vários anos assessor da linha 4 (Liturgia), da CNBB. Frei Alberto conta com uma produção literária abundante.

Aliança do Senhor com os seres humanos na Eucaristia solicita e estimula os fiéis para a caridade imperiosa de Cristo. Da liturgia, portanto, mas da Eucaristia principalmente, como de uma fonte, se deriva a graça para nós e com a maior eficácia é obtida aquela santificação dos seres humanos em Cristo e a glorificação de Deus, para a qual, como a seu fim, tendem todas as demais obras da Igreja (SC, n. 10).

Tratando da participação consciente, plena e ativa de todo o povo na sagrada liturgia, o Concílio acrescenta: "Pois [a sagrada liturgia] é a primeira e necessária fonte, da qual os fiéis haurem o espírito verdadeiramente cristão. E por isso, mediante instrução devida, deve com empenho ser buscada pelos pastores de almas em toda ação pastoral" (cf. SC, n. 14).

A centralidade e a importância da sagrada liturgia na vida e na ação da Igreja, em toda ação pastoral, não poderiam ser expressas de maneira mais clara e insistente. Assim sendo, ela deverá estar na fonte e no objetivo final da ação evangelizadora da Igreja.

O *Documento de Aparecida* apresenta uma riqueza muito grande, abrindo pistas de ação e colocando a Igreja da América Latina e do Caribe diante de sérios desafios. Mas, em relação à sagrada liturgia, como cume e fonte de toda a vida e ação da Igreja, infelizmente, deixa a desejar. Dá mais importância à piedade popular do que à liturgia como lugar de encontro com Jesus Cristo (cf. nn. 258-265).

O *Documento* fala muito, e muito bem, dos vários campos de evangelização, sobretudo dos pobres, das massas empobrecidas, dos marginalizados. Trata também "do nosso compromisso com a missão *ad gentes*" (cf. nn. 373-379). Apresenta caminhos e meios de evangelização para o discipulado e a missão. Contudo, fala dos discípulos e missionários como se praticamente todos os batizados na América Latina e no Caribe já o fossem.

Penso que no Brasil os primeiros destinatários da mensagem do Evangelho são justamente as multidões, a grande maioria dos católicos um dia batizados, mas que, por falta de uma catequese de iniciação e

128

mistagógica a partir dos sacramentos da iniciação cristã, nunca tiveram a chance de tornar-se discípulos e missionários. Isso aconteceu também por falta de pastores ordenados e de leigos realmente discípulos e missionários. O "além fronteiras" está muito perto de cada um de nós, está no nosso meio, na nossa família, no nosso bairro, na nossa cidade. Eles são em torno de 120 milhões de católicos, porque batizados.[1]

Existe, porém, um agravante. Esses milhões de pessoas batizadas direta ou indiretamente fizeram alguma experiência da fé cristã. Foram lançados no mistério de Cristo, de maneira automática, praticamente inconsciente. Sentem-se membros da grande instituição religiosa, a Igreja Católica, ainda que vivendo, a seu modo, a fé por práticas ocasionais e tradicionais, próprias da religiosidade e piedade populares. Por tradição religiosa, social e cultural foram batizados e fizeram a primeira comunhão e, em geral, a última. Dentro da tradição religiosa da "religião de salvação" isso basta. De modo geral, sentem-se satisfeitos por pertencer à Igreja Católica, onde encontraram a salvação pelo Batismo e onde esperam ser atendidos pelos padres em momentos que sentem a necessidade da religião.

Daí o desafio: como reavivar a fé que não é fria nem quente, como aquecer a prática religiosa cristã em pessoas que já ouviram falar de Cristo, que um dia, de certa maneira, embora de modo infantil, já conheceram o Cristo, o amaram, sobretudo na primeira comunhão, e, sacramentalmente, já se tornaram seus discípulos, mas nunca se tornaram missionários conscientes? Usando uma comparação: como oferecer a mamadeira à criança já saciada? Como reacender os carvões acesos sob as brasas? Como apresentar e oferecer Jesus Cristo a quem "já o possui"? Em suma: como transformá-lo em discípulo e missionário?

---

[1] Segundo pesquisa do IBGE em 2007, a relação entre cristãos católicos e de outras confissões religiosas ou sem religião seria a seguinte: católicos, 73,79% da população brasileira, ou seja, 139,2 milhões; outras denominações e sem religião, 26,1%, sendo 43,6 milhões evangélicos. Cf. Jornal *O Globo*, Rio de Janeiro, 3 maio 2007, p. 11. Em estatística anterior, verificou-se que 75% dos católicos são de prática ocasional, sendo que apenas 5% são cristãos participantes ou, diria, cristãos discípulos e missionários. Os católicos de prática ocasional seriam, pois, em torno de 120 milhões.

A sagrada liturgia no *Documento de Aparecida*

Temos aqui um enorme desafio: Uma compreensão da liturgia como "cume e fonte de toda a vida e ação da Igreja", na vivência do discipulado e na ação missionária não encontrou espaço adequado na Conferência.

Lendo o *Documento*, notam-se distorções muito graves na compreensão dos sacramentos, compreensão quase antagônica à compreensão de toda a liturgia. Embora ocorra esparsamente no *Documento*, a liturgia nem é mencionada no índice temático. É bem verdade que o *Documento* fala dos sacramentos. Restringe-se praticamente ao Batismo, à Eucaristia e ao sacramento da Reconciliação. De passagem, cita também os demais sacramentos. Mas, praticamente, não fala da vida litúrgica como expressão maior do discipulado e da missão.

No trato dos sacramentos verifica-se uma compreensão arcaica e defasada dos mesmos. São abordados numa linguagem ultrapassada, em estilo escolástico. Os sacramentos são "administrados e recebidos" e não celebrados e vividos. Estamos diante de uma visão estática dos sacramentos. Falta a compreensão dos sacramentos como celebração dos mistérios de Cristo. Tem-se a impressão de que os sacramentos são algo paralelo à liturgia e não a sua expressão maior. Talvez sejam ainda os remanescentes da chamada "sacramentária", ou seja, o tratado dos sacramentos da teologia sistemática desvinculada da liturgia.

O Batismo é visto mais como inserção na vida de Cristo e pouco como celebração primeira da fé e da salvação em Cristo, como o primeiro testemunho do Senhor morto e ressuscitado. O mesmo se diga da Crisma. Não aparece como testemunho do Mistério Pascal de Cristo na força do mistério de Pentecostes. Os sacramentos aparecem quase exclusivamente como sinais eficazes de salvação e não como Mistério Pascal celebrado e testemunhado.

A Eucaristia é apresentada como um sacramento estático, onde o que importa é receber a comunhão. Falta-lhe a dimensão primeira de celebração e de anúncio do Mistério Pascal, como Evangelho testemunhado e anunciado em si mesmo no ato da ação celebrativa. Pouco aparece como ação central da vida dos cristãos e de toda a Igreja, discípulos e missionários de Cristo.

O sacramento da Reconciliação continua sendo administrado (cf. nn. 199 e 202) para que se possa aproximar da comunhão (cf. n. 177). Falta toda a dimensão da penitência e da conversão permanente de todo o Povo de Deus, santo e pecador, que no sacramento celebra a bondade e a misericórdia de Deus e testemunha ao mundo o Deus que reconcilia os seres humanos, reconciliação vivida, sobretudo, pela celebração da Eucaristia.

Verifica-se também certa separação entre a Palavra de Deus e a liturgia. O *Documento* não deixa claro que a liturgia tem como fonte a Palavra de Deus. Fala, então, do encontro na Palavra e do encontro nos sacramentos, esquecendo-se do encontro com a Palavra de Deus na liturgia, que é o lugar privilegiado do encontro com Deus pela Palavra, conforme a *Sacrosanctum concilium*: "Presente está pela sua palavra, pois é ele mesmo que fala quando se lêem as Sagradas Escrituras na igreja" (n. 7).

Tal compreensão da Palavra de Deus e da liturgia como compartimentos estanques aparece também nas novas *Diretrizes gerais da ação evangelizadora da Igreja no Brasil 2008-2010* (cf. nn. 61-87), onde se apresenta o ministério da Palavra separado do ministério da liturgia. A própria expressão "ministério da Palavra" e "ministério da liturgia" parece um tanto estranha, como se a liturgia centrada na Palavra já não fosse por excelência o serviço de Deus e da Igreja à humanidade.

Na última hora, na votação final, introduziu-se no *Documento de Aparecida* um número que contemplasse a sagrada liturgia como expressão maior da vida dos discípulos e missionários de Cristo:

> Encontramos Jesus Cristo, de modo admirável, na sagrada liturgia. Ao vivê-la, celebrando o Mistério Pascal, os discípulos de Cristo penetram mais nos mistérios do Reino e expressam de modo sacramental sua vocação de discípulos e missionários. A constituição sobre a sagrada liturgia do Concílio Vaticano II nos mostra o lugar e a função da liturgia no seguimento de Cristo, na ação missionária dos cristãos, na vida nova em Cristo e na vida de nossos povos nele (n. 250).

Esta é uma colocação muito apropriada à natureza da sagrada liturgia como cume e fonte de toda a vida e ação da Igreja, mas introduzida na última hora, depois que o *Documento* já estava redigido no seu todo. Assim, esta compreensão da liturgia ou da vida litúrgica como expressão mais intensa da vocação dos discípulos e missionários não perpassa o *Documento*. Não se tiram as consequências para o agir de toda a Igreja, discípula e missionária. O *Documento* deixa a impressão de que nem os sacramentos mais mencionados, como o Batismo, a Penitência e a Eucaristia, fazem parte da vida litúrgica.

Confirma-se, assim, o que os bispos em Santo Domingo já haviam constatado: "Ainda não se alcançou a plena consciência do que significa a centralidade da liturgia como fonte e cume da vida eclesial" (*SD*, n. 43).

O *Documento de Aparecida* parece manifestar que não só não se alcançou a plena consciência, mas que se perdeu tal consciência. Tudo indica ter havido um retrocesso nessa compreensão.

Surge, portanto, o grande desafio de envidar todos os esforços para que a Sagrada liturgia seja, realmente, o coração e a alma do discipulado e da missão de toda a Igreja.

Para ajudar nesse processo, creio ser útil refletir sobre o porquê e o como a própria ação litúrgica já expressa a vida dos discípulos e missionários de Cristo. Isso não apenas nos sacramentos, mas em toda a vida litúrgica.

A liturgia, cume e fonte da vida dos discípulos de Cristo

Os cristãos discípulos que constituem a Igreja formam o povo profético, sacerdotal e real. Eles são os depositários de Cristo e de sua obra: discípulos e missionários, participantes da obra da salvação e chamados e enviados a anunciar, a transmitir essa obra para todas as gentes. Estão com ele, vivem por ele e nele, e participam de sua missão.

Conforme os Atos dos Apóstolos, os cristãos batizados constituem a comunidade que ouve a Palavra, de onde haurem a fé e a fortalecem, celebram a fé e vivem a fé traduzida na prática da caridade e no testemunho do Senhor ressuscitado na liturgia e na vida; anunciam o Senhor morto e ressuscitado pela prática do bem e pela Palavra.

Lembramos a passagem dos Atos dos Apóstolos (2,42-47):

> Eles frequentavam com perseverança a doutrina dos apóstolos, as reuniões em comum, o partir do pão e as orações. De todos apoderou-se o medo à vista dos muitos prodígios e sinais que os apóstolos faziam. E todos que tinham fé viviam unidos, tendo todos os bens em comum. Vendiam as propriedades e os bens e dividiam o dinheiro com todos, segundo a necessidade de cada um. Todos os dias se reuniam, unânimes, no templo. Partiam o pão nas casas e comiam com alegria e simplicidade de coração. Louvavam a Deus e gozavam da simpatia de todo o povo. Cada dia o Senhor lhes ajuntava outros a caminho da salvação.

Foi ainda durante um ato de culto que a Igreja em Antioquia enviou Barnabé e Saulo como apóstolos em missão: "Enquanto eles celebravam a liturgia em honra do Senhor e observavam o jejum, o Espírito Santo disse: 'Separai-me Barnabé e Saulo para a obra a que os chamo'. Depois de jejuarem e rezarem, impuseram as mãos sobre eles e os despediram" (At 13,2-3).

O n. 7 da *Sacrosanctum concilium* nos mostra o lugar e a função da liturgia no discipulado ou seguimento de Cristo, na missão ou ação missionária dos cristãos, na vida em Jesus Cristo e na vida dos nossos povos em Cristo. Trata-se da teologia da presença atuante de Cristo na Igreja: "Para levar a efeito obra tão importante, Cristo está sempre presente em sua Igreja, sobretudo nas ações litúrgicas" (n. 7). Não só, mas sobretudo, pois toda ação litúrgica, como obra de Cristo sacerdote e de seu corpo, que é a Igreja, é uma ação sagrada por excelência, cuja eficácia, no mesmo título e grau, não é igualada por nenhuma outra ação da Igreja (cf. n. 7). Por isso o Magistério supremo da Igreja pôde afirmar que a liturgia é o cume para o qual tende a ação da Igreja e, ao mesmo tempo, é a fonte donde emana toda a sua força. Pois os trabalhos apostólicos se ordenam a isso: que todos, feitos pela fé e pelo Batismo filhos de Deus, juntos se reúnam, louvem a Deus no meio da Igreja, participem do sacrifício e comam a ceia do Senhor. A própria liturgia, por seu turno, impele os fiéis, que, saciados dos "sacramentos pascais", sejam "concordes na piedade"; reza que "conservem em suas vidas o que receberam pela fé; a renovação da Aliança do Senhor com os seres humanos na Eucaristia solicita e estimula os fiéis para a caridade imperiosa de Cristo. Da liturgia portanto, mas da Eucaristia principalmente, como de uma fonte, se deriva a graça para nós e com a maior eficácia é obtida aquela santificação dos seres humanos em Cristo e a glorificação de Deus, para a qual, como a seu fim, tendem todas as demais obras da Igreja (SC, n. 10).

Por cume pode-se entender ponto de chegada, "expressão máxima". Por fonte pode-se entender o ponto de partida. Podemos descobrir dois pontos de partida. O primeiro é a origem ou o fundamento do discipulado e da missão, é onde o cristão se torna discípulo missionário, o Batismo, ou os sacramentos da iniciação cristã, incluindo o Batismo, a Crisma e a Eucaristia. Depois, a ação litúrgica realizada, seja ela a celebração de algum sacramento ou outra celebração litúrgica, é, por sua vez, fonte, ponto de partida. Nesse caso, é também impulso, força, capacidade para o testemunho, para a missão.

É ainda o Concílio que ensina: "A liturgia é a primeira e necessária fonte, da qual os fiéis haurem o espírito verdadeiramente cristão. Por isso, mediante instrução devida, deve com empenho ser buscada pelos pastores de almas em toda ação pastoral" (SC, n. 14).

Jesus Cristo está presente, na força do Espírito Santo, em toda ação litúrgica da Igreja. Nela tornam-se presentes e atuais a obra da salvação e o perfeito culto prestado por Cristo ao Pai por meio do Mistério Pascal. Deus se dá ao ser humano e o ser humano se dá a Deus. A liturgia é obra da Santíssima Trindade (*opus Trinitatis*), por Cristo e em Cristo Jesus.

Pela liturgia o Verbo de Deus continua a encarnar-se na humanidade que crê em Cristo como Senhor e Salvador. Pela liturgia a Igreja faz memória do Mistério Pascal de Cristo, tornando-o presente, e pauta sua vida de acordo com o que celebra. Cristo, dom do amor do Pai, é o caminho para ele, é a verdade na qual o Espírito Santo nos introduz, é a vida que ele veio dar em superabundância (cf. Jo 3,16; 14,6).

Na sagrada liturgia Jesus Cristo é a vida plena, à qual todo ser humano é chamado. "Eu sou o caminho, a verdade e a vida. Ninguém vai ao Pai senão por mim" (Jo 14,5).

Sobretudo pela sagrada liturgia, os mistérios do culto, o plano de Deus de fazer todo ser humano participar de sua vida, do seu amor, da sua felicidade e glória torna-se realidade no tempo da Igreja. Torna-se realidade o "Cristo em vós, a esperança da glória" (cf. Cl 1,27). A liturgia é, então, o cume, a expressão maior do discipulado.

Conforme são Paulo:

> Agora me alegro com os sofrimentos suportados por vós. Eu completo em minha carne o que me falta dos sofrimentos de Cristo, em favor da Igreja, seu corpo. Tornei-me ministro da Igreja em virtude do encargo que Deus me conferiu de anunciar em vosso benefício a realização da Palavra de Deus, o mistério oculto desde os séculos e as gerações, mas agora revelado aos seus santos. Deus quis dar-lhes a conhecer a riqueza da glória deste mistério entre os pagãos: o Cristo em vosso meio, a esperança da glória. É este Cristo que anunciamos, admoestando a todos e instruindo-os com toda sabedoria, a fim de apresentá-los todos perfeitos em Cristo. É para isso que trabalho, lutando com a ajuda de sua força que age poderosamente em mim (Cl 1,24-29. Cf. tb. Ef 3,1-11).

Pelo Batismo somos mergulhados no Mistério Pascal de Cristo: com ele mortos, com ele sepultados, com ele ressuscitados (cf. SC, n. 6).

Pela ceia do Senhor os cristãos anunciam-lhe a morte até que venha. Reúnem-se para celebrar o Mistério Pascal: lendo tudo quanto a ele se refere em todas as Escrituras, celebrando a Eucaristia, na qual se tornam novamente presentes a vitória e o triunfo de sua morte e, ao mesmo tempo, dando graças a Deus pelo dom inefável em Jesus Cristo, para louvor de sua glória, pela força do Espírito Santo (cf. SC, n. 6). Pelo

Mistério Pascal Jesus Cristo foi ao âmago da realidade do ser humano para abrir-nos à esperança de Deus. Celebrando a Eucaristia, os fiéis cristãos celebram e vivem a liberdade trazida por Deus à humanidade, não obstante os determinismos do mundo.

O mesmo se pode afirmar da celebração de todos os sacramentos e das demais celebrações litúrgicas.

O seguimento de Cristo exige o estar com ele e o viver nele (cf. Cl 2,6-7). É abandonar a velha criatura e revestir-se de Cristo (cf. Ef 4,22-24), é ter os mesmos sentimentos de Cristo (cf. Fl 2,5). Seguimento de Cristo é ser com ele sepultado no Batismo e nele ser ressuscitado pela fé no poder de Deus que o ressuscitou dos mortos (cf. Cl 2,12). É, ressuscitados em Cristo, procurar as coisas do alto, onde Cristo está sentado à direita de Deus. Pensar nas coisas do alto e não nas coisas da terra. Estar mortos, com a vida oculta com Cristo em Deus (cf. Cl 3,1-2).

Em cada Eucaristia os cristãos assumem o Mistério Pascal, identificam-se com ele. Morrem com Cristo e ressuscitam com ele. São cada vez mais divinizados.

É na liturgia que os discípulos de Cristo mais mergulham nos mistérios do Reino, é onde eles vivem da maneira mais radical a vocação de discípulos, de filhos e filhas adotivos de Deus.

Na liturgia, os discípulos professam radicalmente sua fé no Mistério Pascal, acolhem o seu Senhor e Salvador e nele vivem. Permanecendo com ele, são nele transformados. Seguindo-o, vivem sua vida como Páscoa, como passagem deste mundo para o Pai, na Páscoa do Senhor Jesus.

Assim, ao viverem a liturgia, celebrando o Mistério Pascal, os fiéis realizam de modo excelente sua vocação de discípulos. De discípulos porque vivem mergulhados em Cristo Jesus, como filhos adotivos que o Pai procura, crescendo sempre na direção da vida plena em Cristo, de modo que, finalmente, Deus seja tudo em todos (cf. *SC*, n. 48).

A liturgia, cume e fonte da vida dos missionários de Jesus Cristo

A liturgia é a fonte e o cume dos discípulos e missionários ou discípulos missionários, como prefere a CNBB nas *Diretrizes gerais da ação evangelizadora da Igreja no Brasil 2008-2010*.

A sagrada liturgia não é apenas fonte, força, impulso para a missão, mas é missão em si mesma. Podemos distinguir entre discípulo e missionário, mas não separar. Sendo discípulo, já se é missionário. O cristão discípulo é cristão missionário. Não vive somente para si, mas tem a missão de testemunhar, de anunciar, de evangelizar. Quem é abençoado é chamado a abençoar: "De graças recebestes, de graça dai" (cf. Mt 10,8). Celebrando o Mistério Pascal, ele anuncia o Evangelho, anuncia o Mistério Pascal, anuncia Jesus Cristo.

Isto acontece particularmente na vida litúrgica. Existe, na verdade, a ação da Igreja antes e depois da ação litúrgica.

> A própria liturgia, por seu turno, impele os fiéis, que, saciados dos "sacramentos pascais", sejam "concordes na piedade"; reza que "conservem em suas vidas o que receberam pela fé; a renovação da Aliança do Senhor com os homens na Eucaristia solicita e estimula os fiéis para a caridade imperiosa de Cristo. Da Liturgia, portanto, mas da Eucaristia principalmente, como de uma fonte, se deriva a graça para nós e com a maior eficácia é obtida aquela santificação dos homens em Cristo e a glorificação de Deus, para a qual, como a seu fim, tendem todas as demais obras da Igreja" (SC, n. 10).

Por sua vez, a própria celebração litúrgica é presença viva da missão do ressuscitado entre nós. Cada ação litúrgica traz ao hoje e anuncia ao mundo o Evangelho: que Cristo ressuscitou e está presente vivo na Igreja e no mundo. Celebrando a fé, a Igreja professa a fé na Trindade Santa presente e atuante no mundo. Professa e anuncia a fé no Cristo Senhor e Salvador. Celebrando toda fé, a sagrada liturgia anuncia todo o conteúdo do plano de Deus da salvação, todo o mistério da fé, conforme o conhecido adágio: *Legem credendi statuat lex orandi*, ou simplesmente: *lex orandi, lex credendi*.

A liturgia é por sua natureza evangelizadora. Vivendo-a, a Igreja é missionária, como afirma a *Sacrosanctum concilium:*

> Por isso, enquanto a liturgia cada dia edifica em templo santo no Senhor, em tabernáculo de Deus no Espírito, aqueles que estão dentro dela [a Igreja], até a medida da idade da plenitude de Cristo, ao mesmo tempo admiravelmente lhes robustece as forças para que preguem Cristo. Destarte, ela mostra a Igreja aos que estão fora como estandarte erguido diante das nações, sob o qual se congreguem num só corpo os filhos de Deus dispersos, até que haja um só rebanho e um só pastor (SC, n. 2).

A liturgia é a manifestação, a epifania da Igreja, do Evangelho, de Cristo Jesus. Na ação litúrgica, a Igreja é missionária de diversas formas. Eis algumas manifestações dessa ação missionária através da ação litúrgica:

A *assembleia reunida*

Os fiéis, ao se reunirem em assembleia, em Igreja (*ecclesia*) convocada pela Palavra de Deus, constituem o corpo de Cristo e o testemunham. Celebrando o Mistério Pascal, a Igreja anuncia a salvação em Cristo Jesus e dá testemunho do verdadeiro culto prestado a Deus. O próprio fato de os fiéis se reunirem em assembleia constitui uma evangelização dos próprios participantes e dos que estão fora.

A *presidência das ações litúrgicas*

Cristo está presente e é anunciado na pessoa do ministro que preside a ação litúrgica, exercendo a função de Cristo, cabeça da Igreja, mediador entre Deus e os seres humanos.

Os *sacramentos*

Ensina o Concílio Vaticano II:

> Os sacramentos destinam-se à santificação dos seres humanos, à edificação do corpo de Cristo e, ainda, ao culto a ser prestado a Deus. Sendo sinais, des-

tinam-se também à instrução. Não só supõem a fé, mas por palavras e coisas também a alimentam, a fortalecem e a exprimem. Por esta razão são chamados sacramentos da fé. Conferem certamente a graça, mas sua celebração também prepara os fiéis do melhor modo possível para receberem frutuosamente a graça, cultuarem devidamente a Deus e praticarem a caridade (SC, n. 59).

Cristo está presente por sua força e é anunciado nos sacramentos. Pela sua celebração são anunciados os mistérios de Cristo, que acompanham, nas diversas etapas da vida, os eventos pascais das pessoas.

Na celebração dos sacramentos, sempre se faz memória de todo o Mistério Pascal de Cristo, sintetizado em sua morte e ressurreição. Mas, além do mistério de sua morte e ressurreição, nos diversos sacramentos comemoram-se aspectos diversos do mistério de Cristo. Comemorando esses mistérios, a Igreja também os testemunha e anuncia. Podemos dizer que os sacramentos constituem ações simbólicas proféticas dos mistérios de Cristo. Em cada um deles manifesta-se a comunhão com Cristo, o discipulado. Essa comunhão vivida é testemunhada e leva ao testemunho ou à missão.

Em cada sacramento distinguem-se três elementos: o fato valorizado, que se apresenta como páscoa-fato; a expressão significativa ou o rito, formado por um conjunto de símbolos; e a intercomunhão solidária ou a vivência do mistério celebrado ou, simplesmente, o mistério.

Além disso, em cada celebração, podemos distinguir três momentos ou três tempos: o fato passado, objeto da comemoração, o presente, como representação ou atualização desse fato, e o futuro prefigurado na realidade presente. Temos sempre uma memória do passado, uma vivência do presente e uma projeção para o futuro. Não só para o futuro escatológico, mas para o futuro imediato, o tempo após a celebração.

Podemos dizer que a expressão significativa, ou os sinais da celebração, têm sempre três dimensões: é rememorativa do passado, demonstrativa do presente e prognóstica ou profética do futuro. Essas três dimensões geram ainda uma quarta dimensão: a empenhativa, isto é, o compromisso de viver de acordo com o que se celebrou.

Assim, nos sacramentos a Igreja comemora os mistérios de Cristo e da Igreja, torna-os presentes, participando deles; prefigura ou anuncia o que um dia se há de realizar plenamente e procura viver de acordo com eles. Por isso os sacramentos constituem ações simbólicas proféticas da Igreja. Como tais, são evangelizadores.

Surge daí toda uma espiritualidade dos sacramentos. Eles não são simplesmente "administrados e recebidos" para ser colocados nos guardados, mas para ser celebrados e vividos no dia-a-dia.[2]

O Batismo

Além *do* Mistério Pascal como um todo, o Batismo apresenta-se como celebração do mistério da ressurreição. Pelo Batismo o cristão é inserido no Povo de Deus como profeta, sacerdote e rei. Para o cristão, o Batismo não é algo apenas recebido ou vivido no passado. Ele continua presente na vida do cristão. Cria-se uma mística batismal, que gera uma espiritualidade que impele a viver permanentemente no mistério de morte para o mal e ressurreição para o bem. O cristão está num permanente processo de morte e de ressurreição. Na celebração do Batismo de seus filhos e filhas, a Igreja testemunha sua fé no Cristo morto e ressuscitado, celebra a fé, celebra a justificação trazida por Deus, expressa pela água e pelo Espírito Santo. Celebrando e testemunhando a justificação pela fé e pelo Batismo, a Igreja já está sendo missionária.

A Crisma

O mesmo se diga da Crisma. Sua celebração não constitui um fato acontecido e relegado ao esquecimento. É a Igreja que celebra o mistério de Pentecostes na vida de seus filhos e filhas. Celebrando o mistério de Pentecostes, infunde-se no batizado o Espírito Santo, o Dom de Deus, para que ele possa compreender o Evangelho, todo o mistério de Cristo,

---

[2] Cf. BECKHÄUSER, A. *Os sacramentos na vida diária*. Petrópolis: Vozes, 1998.

e levar à plenitude da perfeição sua vocação e a missão de batizado no exercício de sua função messiânica de profeta, sacerdote e rei.

A Eucaristia

Na Eucaristia, a Igreja celebra sempre todos os mistérios de Cristo, todo o mistério da fé. Celebrar a Páscoa em ação de graças participando da ceia do Senhor é anunciar a morte e a ressurreição do Senhor até que ele venha. O Cristo todo é anunciado pela oração eucarística. Por ela a Igreja faz memória e torna presente o sacrifício pascal de Cristo sob as espécies do pão e do vinho, sinal permanente de sua missão de Salvador do mundo. A celebração eucarística é a mais perfeita epifania da Igreja.

Todos os sacramentos vitalizam divinamente a vida do ser humano. Consagram-na no seu todo, como o Batismo e a Crisma. Sustentam estados de vida, como a Ordem e o Matrimônio, ou renovam situações particulares, como a Penitência e a Unção dos Enfermos.

A Eucaristia, por sua vez, é a celebração da vida nas pausas do caminho, para que todo o caminho se torne Eucaristia. Podemos dizer que a Eucaristia é um sacramento de iniciação permanente à vida cristã.

A Eucaristia é o sacramento da vida por excelência. Ela celebra e, assim, torna presente todo o mistério da fé, todo o mistério de Cristo, a Páscoa de Cristo e da Igreja.

Pela Eucaristia toda a vida humana adquire em Cristo um caráter pascal. Torna-se uma permanente passagem para a vida plena em Cristo Jesus. No caminho para a terra prometida somos alimentados pelo pão do céu, o pão da vida, Cristo Jesus.

Assim, a Eucaristia não está vinculada a um determinado momento da vida. Ela perpassa toda a vida. É celebrada na experiência da páscoa semanal e, mesmo, diária. Faz com que todos os momentos da vida se tornem pascais, se transformem em ação de graças.

Ação de graças e ceia do Senhor, eis os dois aspectos básicos do sacramento da Eucaristia. Através desses dois aspectos da Eucaristia os cristãos, celebrando-a e vivendo-a, exercem a função de discípulos missionários.

Como Ceia do Senhor, ela é expressão de festa. Apresenta-se como banquete do amor fraterno e da vida feliz, que permanecem para sempre. Apresenta-se também como alimento para o caminho até a realização plena da vida feliz em Deus.

Como ação de graças, já realiza a vocação última do ser humano, como diz são Paulo: "Em todas as circunstâncias dai graças, porque esta é a vosso respeito a vontade de Deus em Jesus Cristo" (1Ts 5,18). O sacramento da Eucaristia faz com que, marcando os diversos passos, todo o caminho da vida cristã se transforme numa grande ação de graças. Deus comunica sua vida aos seres humanos, seus filhos e filhas, e estes, por sua vez, se dão a Deus num grande amplexo de amor. Realiza-se o mistério de ação de graças da Santíssima Trindade: comunhão de amor e de vida.

A partir da Eucaristia celebrada, toda a vida cristã, vivida no amor, também se transforma numa ação de graças. Será, a exemplo de Cristo, corpo dado e sangue derramado para a vida dos irmãos e irmãs. A vida de cada cristão e cristã transforma-se numa fonte de graça e de bênção para o próximo, pelo serviço fraterno, pelo lava-pés. Não só. Será uma bênção também para toda a natureza criada.

A vida cristã assim vivida será objeto de celebração na seguinte pausa do caminho, como ação de graças. Será um sacrifício de louvor a Deus porque reconhece que tudo dele provém e tudo para ele converge por Cristo, com Cristo e em Cristo.

Celebrar a Eucaristia e ser Eucaristia, eis o cume e fonte da vida do discípulo missionário. Em cada celebração eucarística o confessamos: "Anunciamos, Senhor, a vossa morte e proclamamos a vossa ressurreição. Vinde, Senhor Jesus!" Ou: "Todas as vezes que comemos deste pão e bebemos deste cálice, anunciamos, Senhor, a vossa morte, enquanto esperamos a vossa vinda".

O sacramento da Penitência ou da Reconciliação

Na celebração do sacramento da Reconciliação, a Igreja anuncia o Deus de bondade, o Deus misericordioso. Celebra o mistério do Cristo que perdoa os pecadores arrependidos que reconhecem o seu pecado.

Pode acontecer que o cristão faça a experiência da infidelidade à sua vocação e missão de batizado. Percebe que, diante da proposta do amor de Deus, ele é ingrato. Pode até estar dizendo um não à aliança batismal e à vida em comunidade eucarística. A Igreja celebra, então, a misericórdia de Deus, manifestada em Cristo Jesus. Comemora o Cristo, que perdoou os pecados daqueles que o procuravam buscando a libertação dos espíritos maus ou das doenças. Jesus diz: "Vai e não peques mais".

Quando, na celebração da Penitência, a Igreja comemora o Cristo que perdoou, é ele que se torna presente, é ele que está perdoando e comunicando o dom, o Espírito Santo, para que, em sua força, o reconciliado possa viver em atitude de conversão. É a experiência pascal da queda e da reconciliação. A misericórdia de Deus, celebrada no sacramento da Reconciliação, deve levar à prática da misericórdia para com o próximo, e a um processo permanente de conversão, sob a ação do Espírito Santo.

Dessa forma, a Igreja testemunha a realidade do pecado, denuncia o pecado e dá aos de fora o testemunho da reconciliação de toda a humanidade com Deus, entre si e com as criaturas todas. Sendo discípula pela conversão contínua, ela está sendo missionária.

A Unção dos Enfermos

Na celebração da Unção dos Enfermos, entra a experiência pascal da enfermidade na esperança da saúde. A Igreja celebra o mistério do Cristo que conforta, cura e perdoa os enfermos. Não é o sacramento da morte ou da agonia, mas da enfermidade, para que, nessa experiência, as pessoas possam viver sua vocação e missão de batizados. A comunidade eclesial, solidária, envolve o doente, para com ele celebrar o Cristo médico. Quando a Igreja se reúne em torno do doente, Cristo se torna presente a atuante através do seu Espírito Santo. Pela oração e pela unção, o doente recebe o dom do Espírito Santo, para o conforto, o alívio e a cura, se for da vontade de Deus, e para o perdão dos pecados.

Recebe a força do Espírito Santo, para que, na situação de enfermo, possa viver sua vocação e missão batismal, possa unir o seu sofrimento à Paixão redentora de Cristo, possa, enfim, ser um bom doente, na esperança da saúde, mas também na conformidade com a vontade de Deus. A Igreja, portanto, proclama sua fé no sentido da dor e do sofrimento humanos. Anuncia o Evangelho da consolação e da vida. Anuncia ainda que, mesmo nas dores e sofrimentos, o ser humano, na força do Espírito Santo, é chamado a ser discípulo missionário de Jesus Cristo.

A Ordem

No sacramento da Ordem temos o serviço da salvação, continuação do serviço messiânico de Jesus Cristo, profeta, sacerdote e rei. Neste sacramento a Igreja celebra e torna presente o Cristo que veio para servir e não para ser servido, como profeta, sacerdote e rei, anunciando a Boa-Nova do Evangelho, santificando e guiando o Povo de Deus para a pátria definitiva. A celebração do sacramento da Ordem manifesta o mistério da Igreja, sinal e instrumento de salvação.

Pela Ordem, pessoas são chamadas e enviadas para exercer a função de gerar o corpo de Cristo no âmbito de toda a humanidade, suscitando as igrejas particulares e a Igreja universal como Templo de Deus neste mundo.

Celebrando este sacramento, a Igreja manifesta sua fé no Cristo Mediador entre Deus e a humanidade, mediação continuada na história através de toda a Igreja, mas especialmente através dos seus ministros ordenados. Proclama ainda sua fé na própria Igreja como Povo de Deus sacerdotal, profético e real, como corpo de Cristo. Proclama, também, o caráter ministerial de toda a Igreja.

O Matrimônio

No sacramento do Matrimônio temos outra experiência humana importante: o amor entre um homem e uma mulher, fonte de vida, reflexo do amor em Deus e do amor de Deus para com a humanidade, manifestado, sobretudo, em Cristo Jesus. Este amor é fiel, é de aliança, é amor que, dando a vida, gera vida. Quando a Igreja celebra o Matrimônio, torna-se presente no casal cristão este amor em Deus e este amor de Deus para com a humanidade.

Os esposos participam permanentemente do amor em Deus, na Trindade Santa, e do amor de Deus à humanidade, manifestado, sobretudo, em Cristo Jesus, e o manifestam ao mundo. Através do seu amor, eles são chamados a ser presença viva de Jesus Cristo e do seu amor fiel no mundo.

Assim, eles também são fonte de espiritualidade para os outros. Quando vêem um casal cristão, discípulos e discípulas de Cristo são lembrados do amor de Jesus Cristo, amor-doação, amor fecundo. Alargando o círculo, o casal proclama o Deus amor, o amor de Deus à humanidade e o amor fiel e de aliança de Cristo, para a sociedade e para fora da Igreja. O testemunho do amor mútuo é a primeira forma de apostolado dos esposos cristãos. Vivem como discípulos missionários de Jesus Cristo.

O Ano litúrgico

O Ano litúrgico é com certeza uma expressão forte do discipulado e da missão da Igreja.

A Santa Mãe Igreja julga seu dever celebrar em certos dias, no decurso do ano, com piedosa recordação, a obra salvífica de seu divino esposo. Em cada semana, no dia que ela chamou domingo, comemora a Ressurreição do Senhor, celebrando-a uma vez também, na solenidade máxima da Páscoa, juntamente com sua sagrada Paixão. No decorrer do ano, revela todo o Mistério de Cristo, desde a Encarnação e Natividade até a Ascensão, o dia de Pentecostes e a expectação da feliz esperança e vinda do Senhor. Relembrando destarte os mistérios da redenção, franqueia aos fiéis as riquezas do poder santificador e dos méritos de seu Senhor, de tal sorte que, de alguma forma, os torna presentes em todo o tempo, para que os fiéis entrem em contato com eles e sejam repletos da graça da salvação (SC, n. 102).

Vivendo o Ano litúrgico, cujo centro é o domingo, os cristãos vivem de maneira intensa como discípulos, ouvindo o Mestre, vivendo nele, e "revelam", dão testemunho e anunciam "todo o mistério de Cristo". Na vivência do Ano litúrgico, os discípulos seguem o seu Senhor e são enviados sempre de novo para anunciar a obra salvífica do seu divino esposo. O Ano litúrgico possui caráter sacramental, pois "franqueia aos fiéis as riquezas do poder santificador e dos méritos de seu Senhor". É função da catequese litúrgica e de uma celebração autêntica levar os fiéis a ser missionários pelo testemunho dos mistérios de Cristo vividos através do Ano litúrgico.

A Liturgia das Horas

Quando a Igreja se reúne para celebrar o Mistério Pascal pela oração, é Cristo quem reza ao Pai, é a Igreja toda, a humanidade inteira que entra em comunhão com Deus. A Igreja reunida em oração vive em Cristo, em sua comunhão com o Pai, testemunha-o e anuncia-o ao mundo. Ao mesmo tempo que é discípula, é também missionária.

A celebração das exéquias

Na páscoa derradeira de seus filhos, a Igreja celebra o mistério da sepultura do Senhor, a certeza da ressurreição dos mortos em Cristo ressuscitado. Professa sua fé na vida eterna feliz. Uma pedra foi rolada do sepulcro vazio, pois o Senhor da vida vive glorioso. A celebração das exéquias, particularmente o sepultamento, testemunha o seguimento de Cristo até a morte e para além da morte. Celebrar a páscoa derradeira dos cristãos é anunciar que o Cristo vive e que seus discípulos vivem com ele e nele e são chamados a viver eternamente em Deus.

A Igreja reconhece que, mesmo após a morte, as testemunhas de Cristo continuam a missão apostólica de anunciar o Mistério Pascal. A

Igreja o expressa também na comemoração da Virgem Maria e dos santos, pois "nos natalícios dos Santos [a Igreja] prega o Mistério Pascal vivido pelos santos que com Cristo sofreram e foram glorificados, e propõe seu exemplo aos fiéis, para que atraia por Cristo todos ao Pai e por seus méritos impetre os benefícios de Deus" (SC, n. 104. Cf. tb. n. 103).

A profissão religiosa

Na profissão religiosa, a Igreja celebra a aliança de amor eterno de Deus com a humanidade, a vocação de todos à santidade. Dá testemunho das realidades escatológicas já experimentadas pelos religiosos e pelas religiosas neste mundo, verdadeiro sacramento do Deus santo e das núpcias eternas da humanidade com Deus. Os religiosos pregam aos de dentro da Igreja e aos de fora a vocação ao amor eterno e à santidade.

A celebração da Palavra de Deus ou a Palavra de Deus celebrada

"Cristo está presente pela sua palavra, pois é ele mesmo que fala quando se lêem as Sagradas Escrituras na igreja" (cf. SC, n. 7). Isso vale tanto para a Palavra de Deus celebrada no contexto dos sacramentos, em outras celebrações, como as exéquias, as celebrações de bênçãos, quanto na celebração da Palavra de Deus em si mesma.

Pelo fato de a Palavra de Deus ser celebrada, toda ela tem caráter memorial dos mistérios de Cristo, do Mistério Pascal, toda ela possui caráter sacramental. Não é catequese nem grupo de reflexão da Palavra de Deus. A celebração da Palavra de Deus é anúncio e realização do plano de Deus da salvação. Nela os cristãos são discípulos missionários da Palavra de Deus, do Evangelho, de Jesus Cristo.

A celebração de bênçãos

Sim, celebração de bênçãos. É assim que a reforma proposta pelo Concílio Vaticano II considera as bênçãos. Elas são celebradas e não simplesmente dadas. A Igreja celebra o Deus de bondade, de quem procede toda bênção, todo bem. Por isso o *Ritual de bênçãos* reformado pede que as bênçãos tenham um caráter comunitário, pois é celebração da Igreja. Pede ainda que nas celebrações de bênçãos haja a proclamação da Palavra de Deus, pela qual se faz memória do Deus da bênção, e que na prece de bênção, antes de serem invocadas novas bênçãos, se bendiga a Deus ou se dêem graças a Deus pelos seus benefícios.

Em relação aos "sacramentais", diz o Concílio:

> Por isso, a liturgia dos sacramentos e sacramentais consegue para os fiéis bem dispostos que quase todo acontecimento da vida seja santificado pela graça divina que flui do Mistério Pascal da paixão, morte e ressurreição de Cristo, do qual todos os sacramentos e sacramentais adquirem sua eficácia. E quase não há uso honesto de coisas materiais que não possa ser dirigido à finalidade de santificar o ser humano e louvar a Deus (SC, n. 61).

Assim, também através da celebração de bênçãos o Deus da bênção é glorificado enquanto os seres humanos são abençoados. Temos, novamente, o testemunho e o anúncio da fé no Deus de bondade que nos abençoou com toda a bênção espiritual em Cristo (cf. Ef 1,3).

Os textos eucológicos da liturgia

As celebrações litúrgicas, particularmente os sacramentos, constituem ações simbólicas proféticas da Igreja. Nas diversas celebrações, também os textos eucológicos traduzem a vida dos discípulos no seguimento de Cristo e na vida em comunhão com ele. Expressam a fé na Trindade Santa e no Senhor morto e ressuscitado. Constituem um testemunho e, por isso, um anúncio dos fiéis, dos missionários de Cristo.

As expressões mais fortes são certamente o Batismo e a proclamação do mistério da fé na celebração da ceia do Senhor, a Eucaristia. Toda a oração eucarística constitui um texto profético. E toda a assembleia eucarística explicita esse testemunho e o anúncio da fé na aclamação:

Anunciamos, Senhor, a vossa morte e proclamamos a vossa ressurreição. Vinde, Senhor Jesus!

Textos eucológicos intensamente proféticos são também as orações de tipo coleta, particularmente as orações depois da comunhão, que lançam os fiéis na missão por meio do testemunho de vida e da ação da caridade. Alguns exemplos:

- *Coleta da sexta-feira na oitava da Páscoa:* "Deus eterno e todo-poderoso, que no sacramento pascal restaurastes vossa aliança, reconciliando convosco a humanidade, concedei-nos realizar em nossa vida o mistério que celebramos na fé".
- *Oração depois da comunhão do segundo domingo do Tempo Comum:* "Penetrai-nos, ó Deus, com o vosso Espírito de caridade, para que vivam unidos no vosso amor os que alimentais com o mesmo pão".
- *Décimo quinto domingo do Tempo Comum:* "Alimentados pela vossa Eucaristia, nós vos pedimos, ó Deus, que cresça em nós a vossa salvação cada vez que celebramos este mistério".
- *Vigésimo primeiro domingo do Tempo Comum:* "Ó Deus, fazei agir plenamente em nós o sacramento do vosso amor, e transformai-nos de tal modo pela vossa graça, que em tudo possamos agradar-vos".
- *Vigésimo segundo domingo do Tempo Comum:* "Restaurados à vossa mesa pelo pão da vida, nós vos pedimos, ó Deus, que este alimento da caridade fortifique os nossos corações e nos leve a vos servir em nossos irmãos e irmãs".
- *Vigésimo quinto domingo do Tempo Comum:* "Ó Deus, auxiliai sempre os que alimentais com o vosso sacramento para que possamos colher os frutos da redenção na liturgia e na vida".
- *Vigésimo sexto domingo do Tempo Comum:* "Ó Deus, que a comunhão nesta Eucaristia renove a nossa vida para que, participando da Paixão de Cristo neste mistério, e anunciando a sua morte, sejamos herdeiros da sua glória".
- *Vigésimo sétimo domingo do Tempo Comum:* "Possamos, ó Deus onipotente, saciar-nos do pão celeste e inebriar-nos do vinho

sagrado, para que sejamos transformados naquele que agora recebemos".

- *Trigésimo domingo do Tempo Comum:* "Ó Deus, que os vossos sacramentos produzam em nós o que significam, a fim de que um dia entremos em plena posse do mistério que agora celebramos".

A íntima relação entre Liturgia e vida vem belamente expressa numa oração do *Sacramentário Veronense*: "Louvem-te, Senhor, as nossas vozes, louve a alma e louve a vida; e porque é teu o obséquio do que somos, seja teu tudo quanto vivemos" (n. 1329).

Outro elemento expressivo desta relação entre fé celebrada e fé vivida, ou Eucaristia celebrada e Eucaristia vivida, são os ritos de encerramento da celebração eucarística. Quem é abençoado é chamado e enviado a abençoar: "Ide em paz e o Senhor vos acompanhe. Graças a Deus!". Entre os elementos do rito de encerramento, temos "a despedida do povo pelo diácono ou pelo sacerdote, para que cada qual retorne às suas boas obras, louvando e bendizendo a Deus" (*IGMR*, n. 90b). Ele parte com a missão de, em todas as circunstâncias, dar graças, de viver em ação de graças (cf. 1Ts 5,18).

Na ação antes e depois da celebração

Como vimos, a liturgia leva ao compromisso de vida em conformidade com aquilo que o cristão celebrou: ser discípulo e missionário de Cristo em todo o seu ser e agir, na ação da caridade, no serviço a Deus, ao próximo e a todo o criado. Trata-se de viver o memorial testamentário, o mandamento que resume toda a lei no amor a Deus e ao próximo (cf. Coleta do vigésimo quinto domingo do Tempo Comum).

Aqui, no sentido etimológico da palavra *liturgia*, trata-se da liturgia vivida ou da vida transformada toda ela em liturgia, em serviço de salvação, em culto agradável a Deus, conforme as palavras de são Paulo: "Irmãos, eu vos exorto, pela misericórdia de Deus, a que ofereçais os vossos corpos como sacrifício vivo, santo, agradável a Deus. Este é o vosso culto espiritual" (Rm 12,1). Ou conforme são Tiago:

"A religião pura e imaculada diante de Deus e Pai é esta: assistir os órfãos e as viúvas em suas aflições e conservar-se sem mancha neste mundo" (Tg 1,27).

Importa compreender como toda a ação da Igreja, antes que ela se reúna para celebrar o mistério pascal, para comer a ceia do Senhor e, depois da ação litúrgica ritual, é perpassada e animada pela sagrada liturgia.

Para tanto podemos apresentar duas razões. Primeiro, em toda a ação da Igreja, antes e depois da celebração, está presente o próprio Cristo pela força do Espírito Santo, que vai formando o corpo místico de Cristo. Essas ações da Igreja constituem mistérios de Cristo no tempo da Igreja.

Antes: Pensemos no anúncio: é Cristo que anuncia; pensemos na missão: a Igreja continua a ser o Cristo enviado do Pai (dimensão missionária); pensemos na pregação da fé e da penitência aos que creem através dos diversos ministérios a serviço da comunidade (dimensão comunitária e participativa); pensemos na catequese: é Cristo exercendo sua missão de Mestre no aprofundamento dos mistérios do Reino (dimensão catequética).

Depois da celebração: é a caridade de Cristo que se atualiza na ação dos cristãos, acolhendo e valorizando tudo de bom que Deus opera nos irmãos separados e nos que na boa vontade buscam a Deus (dimensão ecumênica e de diálogo religioso). Depois, toda a ação dos cristãos no mundo, consagrando-o a Deus, gerando uma sociedade justa e fraterna (dimensão sociotransformadora). Ora, todas essas ações da Igreja constituem fatos pascais no tempo da Igreja, fatos de passagem de uma situação para outra melhor, por ação de Deus, como ensinaram Paulo VI, na *Populorum progressio*, e a Conferência de Medellín. A passagem de situações menos humanas para mais humanas constituem verdadeiras páscoas,[3] mistérios de Cristo no tempo da Igreja.

---

[3] Cf. *PP*, nn. 20-21. DM, introdução às conclusões, n. 6.

O segundo aspecto a considerar é o seguinte: as páscoas-fatos dos cristãos constituem objeto de celebração da Igreja. A Igreja celebra as páscoas dos cristãos na Páscoa de Cristo. No dizer de João Paulo II, aos bispos do Regional Sul-1:

> Na Liturgia, especialmente na Eucaristia, celebra-se a *realidade fundamental da Páscoa*: morte e ressurreição de Jesus Cristo, morte e ressurreição do batizado com Cristo. Na ação litúrgica, devem encontrar espaço todas as realidades da vida cotidiana do cristão, pois é com todos os aspectos de sua pessoa que também ele tem de "passar deste mundo ao Pai". Ao participar da celebração, o cristão terá presente suas aspirações, alegrias, sofrimentos, projetos, bem como os de todos os seus irmãos. E porá todas essas intenções na oração que sua comunidade, com toda a Igreja, dirige ao Pai, por Cristo Salvador, na unidade do Espírito Paráclito.[4]

Assim sendo, toda a ação da Igreja, antes e depois da ação litúrgica, é objeto da celebração. Na ação litúrgica, a Igreja faz memória dessas ações pascais de toda a Igreja. Em outras palavras: a Igreja acolhe e expressa na sua ação litúrgica todas as dimensões da vida da Igreja.

Convém explicitar como as dimensões da vida e da ação da Igreja se fazem presentes no momento da celebração, ou seja, na liturgia, considerando que cada dimensão tem sua identidade própria.

A dimensão comunitária e participativa

A expressão maior da comunidade é o momento do culto, mas os cristãos e a ação da Igreja não existem somente no momento do culto ritual ou nos mistérios do culto. No culto, a Igreja celebra sua vocação de viver como comunidade, celebra os carismas que lhe são dados a serviço da vivência de uma crescente comunhão de vida e de amor, faz das diversas vocações e carismas motivos de sua ação de graças, de sua celebração.

---

[4] *Diretrizes aos bispos do Brasil, Documentos pontifícios*. São Paulo: Loyola, 1991. pp. 44-45. Respeito à pureza e dignidade da liturgia: via privilegiada de evangelização, n. 9.

A dimensão missionária

Toda a Igreja é missionária por vocação batismal. Já no Batismo expressaram-se as três dimensões messiânicas do cristão: profética, sacerdotal e real. Mas a ação missionária em si não se realiza propriamente no momento ritual. É o antes e o depois da ação cultual ritual. Pela comunicação da Boa-Nova, o ser humano chega à fé que ele celebra e, tendo-a celebrado, faz-se portador da mesma mensagem que celebrou, isto é, a ação missionária torna-se também uma ação cultual em sentido amplo. A dimensão missionária está presente em toda celebração cristã, mas a ação missionária não é específica da celebração; a ação litúrgica é missionária por aquilo que ela é, isto é, celebração.

Em geral, os cristãos recebem a missão através de e numa celebração. Isso se faz nas ordenações e no envio missionário e na provisão dos catequistas. Celebra-se o mistério do Cristo enviado pelo Pai a este mundo. Além disso, em cada sacramento existe a dimensão missionária. No fim de cada celebração da Eucaristia, renova-se o envio do cristão. Se esta dimensão fosse suficientemente valorizada na liturgia, não haveria necessidade de um "mês missionário".

A dimensão catequética

A catequese deve aprofundar todas as dimensões da vida da Igreja. Trata-se de uma iniciação teórica e prática em toda a vida da Igreja. A catequese encontra-se em todas as dimensões, sem, contudo, perder sua característica e sem reduzir qualquer outra dimensão à catequese. Catequese é catequese e não missão, ou liturgia, ou transformação social. A catequese tem a função de levar os fiéis a aprofundar e a viver todas as dimensões da vida da Igreja.

Desde as origens da Igreja, a catequese foi dada num contexto cultual. Mas a catequese não se reduz à liturgia, nem pode instrumentalizá-la para a catequese. Além disso, uma liturgia bem celebrada e vivida tem por si mesma um caráter catequético, mas não tem como objetivo ser catequese.

A *dimensão ecumênica e de diálogo religioso*

A dimensão ecumênica e de diálogo religioso terá de tomar em consideração as demais dimensões da vida da Igreja. A liturgia faz objeto do culto a presença e a ação de Deus em todos os seres humanos de boa vontade. Toda ação salvadora da Igreja no mundo leva os fiéis a respeitar a todos os seres humanos como filhos e filhas de Deus e pede para que todos sejam um e haja um só rebanho e um só pastor:

> João lhes disse: "Mestre, vimos alguém expulsar demônios em teu nome e o proibimos, porque não nos segue". Jesus, porém, disse: "Não o proibais, pois não há ninguém que faça um milagre em meu nome e fale mal de mim. Quem não está contra nós está a nosso favor. E quem vos der um copo de água porque sois de Cristo, em verdade vos digo, não perderá sua recompensa" (Mc 9,38-41).

A *dimensão sociotransformadora*

Aqui, parece que devemos distinguir dois aspectos em sua relação com a liturgia: a liturgia em si mesma, na sua dimensão sociotransformadora, e a dimensão sociotransformadora como um momento distinto da ação litúrgica, mas muito ligada a ela e objeto de celebração na liturgia.

Primeiro, a liturgia é sociotransformadora por aquilo que ela é. A Palavra de Deus lida na assembleia celebrante é palavra viva que anuncia o Reino, que denuncia o que se opõe a ele e convida à renúncia de si mesmo e à conversão, exigindo uma atitude de compromisso com a palavra ouvida. A liturgia bem celebrada leva a uma transformação pessoal. Esta transformação pessoal conduzirá o cristão a uma ação transformadora da sociedade para que ela seja mais justa, mais fraterna, mais de acordo com a comunidade escatológica vivenciada na celebração.

Outra questão é a dimensão sociotransformadora na ação do cristão na construção de uma sociedade justa e fraterna. A ação sociotransformadora constitui um momento distinto da liturgia. Trata-se do agir sociotransformador do cristão em todo o âmbito de sua vida: no trabalho, no lazer, nas artes, na comunicação, no estudo, na solidariedade com os necessitados, na política, na construção da cidade dos seres humanos, cada qual contribuindo com suas aptidões, sendo sal da terra e luz do mundo. As conquistas nesta ação sociotransformadora, que constituem experiências pascais, apostolado próprio e prioritário dos fiéis leigos, tornam-se, no momento do culto ritual — a liturgia — objeto de celebração.

O que não corresponde à natureza da liturgia é transformar o momento celebrativo em mero instrumento de mentalização da vocação sociotransformadora do cristão. O momento próprio para isso é a catequese inicial e permanente, a formação permanente. A liturgia ajuda e deve ajudar, mas não é esta a sua finalidade, ou não pode ser reduzida a isso.

A dimensão litúrgica

Chegamos, assim, à dimensão litúrgica ou celebrativa da vida da Igreja. Ela possui um caráter privilegiado entre as demais. É chamada cume e fonte de toda a vida da Igreja. Não pode estar desvinculada das demais dimensões. Pelo contrário, deve abranger a todas e dar vida a elas.

Sendo a liturgia ação sagrada de Cristo e da Igreja, ou mistério do culto de Cristo e da Igreja, é-lhe próprio colocar o ser humano em contato com o Absoluto, em comunhão com Deus, bem como realizar a experiência do mistério, compreendido o mistério como comunhão de vida e de amor com Deus, a exemplo de Jesus Cristo no mistério da encarnação, comunhão de amor e de vida realizada por ele e nele.

Nesta perspectiva do Mistério Pascal de Cristo, a liturgia acolhe e expressa as demais dimensões da vida da Igreja. A dimensão litúrgica celebra os mistérios de Cristo, manifestados nas demais dimensões da vida da Igreja.

Onde se manifesta a vida da Igreja está presente Jesus Cristo. Nas diversas dimensões da vida da Igreja revelam-se os mistérios de Cristo celebrados na liturgia.

Na dimensão comunitária e participativa, a Igreja celebra o Cristo que veio congregar todos os seres humanos para que todos sejam um como ele e o Pai. Nos diversos serviços, a Igreja celebra o Cristo que veio não para ser servido, mas para servir. Dessa forma, o próprio Jesus Cristo torna-se presente em atitude de serviço nos cristãos.

Na dimensão missionária, a liturgia contempla, celebra e, assim, torna presente o Cristo, enviado do Pai.

Na dimensão catequética, a Igreja celebra o Cristo Mestre, que passou três anos com seus apóstolos e discípulos aprofundando a fé, os mistérios do Reino.

Na dimensão ecumênica, celebra-se o Cristo bom pastor, reunindo a todos, para que haja um só rebanho e um só pastor, dialogando e respeitando o caminhar de cada um. A Igreja celebra as maravilhas de Deus, realizadas em todo ser humano de boa vontade.

Na dimensão sociotransformadora, a Igreja celebra o Cristo que mostra seu amor preferencial para com os pobres e marginalizados, trazendo a libertação e a realização humana para todos.

Algumas exigências para que a liturgia seja, realmente, o cume e a fonte da vida dos discípulos e missionários de Jesus Cristo

* É preciso investir na formação litúrgica integral do clero, introduzindo-o em sua compreensão teológica, espiritual e pastoral.
* Aprofundar a questão da religiosidade/piedade popular e sua relação com a sagrada liturgia. Todo o esforço pastoral da nova evangelização não surtirá efeito se não partirmos das expressões religiosas populares do nosso povo. Importa conhecer, valorizar e participar das devoções populares ou da piedade popular, que o povo

conhece, aprecia e tem como suas para eventualmente purificá-las, iluminá-las pela Palavra de Deus e centrá-las no Mistério Pascal de Cristo, centro de toda expressão do culto cristão.

- Lançar um olhar sobre a cultura da pós-modernidade ou da modernidade tardia. A Igreja deverá estar sempre atenta aos sinais dos tempos ou às exigências dos tempos atuais. A cultura do nosso tempo, chamada de modernidade ou pós-modernidade, ou, ainda, de modernidade tardia, marcada pelo relativismo, constitui um grande desafio para a vida litúrgica nos nossos dias. A sociedade padece hoje de falta de valores; tudo é relativizado. Os valores que davam sentido à vida, como a fé, a religião, Jesus Cristo como Senhor e Salvador, a sacralidade da vida, a vida eterna, são substituídos por novos "deusinhos", verdadeiros ídolos, como o consumo, a riqueza, o culto do corpo, o esporte, enfim, tudo que favorece o poder, o ter e o prazer.

Diria que o único valor que conta é o que oferece o gozo, o prazer imediato. Até a religião é considerada na perspectiva da satisfação do gozo. É uma religião de supermercado. As pessoas apelam para a religião que satisfaz no momento. Passamos de uma cultura e prática religiosa rural para uma cultura urbana. Isso, naturalmente, tem influência sobre a compreensão do sagrado e do religioso e sua linguagem. A questão é como fazer com que a sociedade atual, sempre sedenta do sagrado, do transcendente, possa encontrar na liturgia o verdadeiro sentido da vida do ser humano, que se realiza somente em Deus. Creio que um primeiro suposto é celebrar bem, celebrar de tal modo que a celebração seja de fato um encontro, uma comunhão com o sagrado, com o divino, com o mistério. Daí também a necessidade de levar em consideração, na liturgia, a mentalidade do ser humano da cultura moderna tardia: suas aspirações, seu modo de expressar o religioso, o sagrado.

- Trabalhar para que o povo encontre na liturgia a satisfação dos verdadeiros valores que levam à felicidade: Jesus Cristo, a salvação, o amor, a vida eterna feliz em Deus.

- Importa incentivar e ajudar o clero a celebrar bem, acreditando naquilo que faz, dando testemunho da fé no modo de presidir. Ter-se-á de trabalhar a espiritualidade e a mística da presidência litúrgica. Aprofundar o ministério litúrgico do sacerdote presidente, presença viva e atuante de Cristo na presidência da sagrada liturgia.[5]

- Será importante investir na qualidade de nossas assembleias celebrativas. Que a assembleia reunida seja verdadeiramente uma epifania da Igreja como Povo de Deus, como corpo místico de Cristo com seus ministérios e funções. Que a assembleia litúrgica manifeste todas as dimensões da vida da Igreja.

- Ajudar o povo a compreender o que seja participação consciente, ativa e plena, em vista de uma participação eficaz ou frutuosa da sagrada liturgia e iniciá-lo na abrangência da participação ativa na liturgia, onde entram todas as faculdades e sentidos, as pessoas de corpo inteiro, de corpo e alma. Iniciá-lo na linguagem simbólica, na vivência do rito, todo ele simbólico.

- Outra exigência será trabalhar a relação que tem a sagrada liturgia com o discipulado e a missão do cristão, bem como com todas as dimensões da vida e da ação da Igreja, antes e depois da celebração.

- Trabalhar o caráter celebrativo da Palavra de Deus na liturgia. A celebração da Palavra de Deus tem toda ela caráter sacramental; é toda ela memória dos mistérios de Cristo.

- Insistir na instrução litúrgica em toda ação pastoral (cf. SC, n. 14).

- Levar a sério a catequese litúrgica, bem como a dimensão celebrativa na catequese, sobretudo na catequese da iniciação cristã. Que a catequese seja lugar e meio de uma iniciação teórica e prática na vida litúrgica da Igreja e na globalidade da vida da Igreja.

- Levar os fiéis à compreensão do caráter catequético e missionário da própria celebração litúrgica sem, no entanto, instrumentalizá-la para a catequese e a missão.

---

[5] BECKHÄUSER, A. Celebrar bem. Petrópolis: Vozes, 2008.

- Cultivar nos fiéis a relação entre liturgia e vida. Ajudar os fiéis a abrirem-se para todas as dimensões da vida da Igreja, até mesmo para sua dimensão sociotransformadora.
- Fazer com que a liturgia realmente esteja presente em toda a ação pastoral da Igreja, em todas as pastorais.
- Trabalhar permanentemente o caráter iniciático e mistagógico da sagrada liturgia, tanto na iniciação à vida cristã, que é coroada pelos sacramentos do Batismo, da Crisma e da Eucaristia como um todo, como no desenvolvimento da vida cristã, compreendendo a vida cristã como iniciação permanente no Mistério Pascal de Cristo.
- Levar os fiéis à compreensão da dimensão pascal de toda a vida cristã.[6]
- Levar à compreensão do sacrossanto mistério da Eucaristia como iniciação permanente à vida cristã. A Eucaristia constitui a expressão maior da formação permanente do cristão. A Eucaristia é, por excelência, expressão da vida dos discípulos e missionários do Senhor Jesus, donde haurem e vivem a plenitude da vida em Cristo e a partilham com o próximo. Portanto, levar os fiéis a viver a sua fé na centralidade do Mistério Pascal de Cristo por meio da Eucaristia, de tal modo que toda a vida dos fiéis se torne cada vez mais vida eucarística.
- Na liturgia em geral e na Eucaristia em particular, os discípulos missionários vivem de modo sacramental o que ensina o apóstolo são João: "Nisto conhecemos o amor: que ele deu sua vida por nós. Também nós devemos dar a vida pelos irmãos" (1Jo 3,18).

---

[6] Id. *Vida pascal cristã e seus símbolos*. Petrópolis: Vozes, 2006.

Liturgia "fria" ou "quente"

*Gregório Lutz**

Nas páginas que seguem, não aparece, na medida em que existe também no Brasil, a liturgia autêntica, renovada, adaptada e inculturada. Isso se deve à limitação da nossa reflexão que o tema impõe: a partir de um ver e analisar as celebrações deficientes "frias", chegar a mostrar caminhos que podem levar a uma liturgia autenticamente cristã e inculturada no Brasil "quente".

Nossas liturgias deficientes

a) Observando as celebrações litúrgicas que se fazem em nossas comunidades e igrejas, constatamos que, *de um lado*, sobretudo, muitas missas são celebradas seguindo-se rigorosamente o missal, às vezes só o folheto dominical. A liturgia parece, então, entendida, como antes do Concílio Vaticano II e do movimento litúrgico, como mera exceção de um conjunto de ritos e cerimônias prescritas nos livros litúrgicos. Nem desapareceu totalmente a mentalidade de ver a liturgia celebrada como ação da Igreja, quando o padre tem a intenção de fazer o que a Igreja prescreve, para que a ação litúrgica tenha validade e confira a graça que se espera.

Talvez com exceção de um ou outro leigo que, por exemplo, na missa lê uma leitura, puxa um canto ou toca um instrumento musical, a assembleia assiste a essa ação ritual sem envolver-se nela, a não ser interiormente e rezando ou cantando junto com todos os outros.

---

* Padre Gregório Lutz é membro fundador e ex-presidente da ASLI. É doutor em Liturgia e lecionou na Pontifícia Faculdade de Teologia Nossa Senhora da Assunção, em São Paulo, até se tornar emérito. Tem prestado assessoria à CNBB e atendido muitas solicitações nesse campo.

Como sabemos, a partir da Idade Média, quando o povo não entendia mais a língua latina, na qual se celebrava a liturgia, e esta se tornou em geral ação do clero, a participação da assembleia devia limitar-se ao olhar para o altar, sobretudo à hóstia consagrada no momento da elevação. Nem a comunhão eucarística era mais costume. Era necessário estabelecer por lei que se comungasse pelo menos uma vez por ano.

No entanto, não se pode negar que, mesmo assim, muitas pessoas participavam da celebração rezando e se oferecendo com Jesus ao Pai, de modo que também assim a liturgia, particularmente a Eucaristia, era um caminho para chegar à santidade. Os numerosos e grandes santos da Idade Média dos tempos modernos são as melhores provas disso. Mas não era mais como nos primeiros séculos do cristianismo, pela participação ativa na ação litúrgica, e sim por devoção é que se aquecia o coração dos fiéis. As devoções surgiram ao lado da liturgia e, largamente, a própria liturgia, especialmente a missa, se tornou devoção.

A reforma litúrgica do Concílio Vaticano II devolveu ao povo cristão, a todos os batizados, seu direito e dever de não ser apenas expectador nas celebrações litúrgicas, mas seu agente celebrante, embora às vezes, como, por exemplo, na missa, sob a presidência de um sacerdote ordenado. Também ficou claro que a liturgia não é somente cerimônia e ritual, mas celebração do mistério de Cristo, particularmente de sua morte e ressurreição. Este Cristo é o Cristo glorioso, é o Cristo cabeça do seu corpo místico, do qual os batizados são os membros. Embora sempre ação ritual, a liturgia é também ação espiritual e salvífica, porque nela a salvação, operada por Jesus Cristo uma vez por todas, é levada a efeito ao longo da história e em todas as pessoas em comunidade e individualmente, até todas as criaturas.

Mas não todos os católicos acolheram plenamente a reforma litúrgica do Concílio Vaticano II. Não me refiro com isso só aos que celebram a missa exclusivamente em latim e segundo o missal de Pio V. Muitos outros também, comunidades e paróquias, embora celebrem a liturgia na língua do povo, parecem ter compreendido e estar realizando muito pouco daquilo que o Concílio ensinou em sua constituição *Sacrosanctum concilium*, sobre a sagrada liturgia: Certo, ele abriu a porta para a língua vernácula, mas insistiu mais na participação ativa, externa e interna, consciente, plena e frutuosa.

Não menos importante é o fundamento teológico que o Concílio mostrou: a dignidade sacerdotal de todos os batizados em Jesus Cristo Sacerdote, a liturgia mesma como celebração do mistério de Cristo em ritos e palavras que nos santifica e glorifica a Deus, que, toda ela realizada por força do Espírito Santo, é momento da história da salvação.

b) Continuando o nosso ver, constatamos, do *lado oposto* daqueles que celebram rigorosamente seguindo os livros litúrgicos oficiais, aqueles que celebram uma liturgia, como dizem, criativa, popular. Achando, e não sem razão, que uma liturgia que se contenta com exercer o que é prescrito seja fria, procura tornar as celebrações mais quentes. No entanto, muitas vezes não conhecem ou mal sabem o que é celebração e o que é uma liturgia autêntica.

Como na Idade Média se procurou saciar a sede de Deus, que não podia mais ser estancada pela liturgia clerical e em língua e ritos não compreendidos, nas devoções, agora, eles inventam e criam outros substitutivos de uma liturgia autêntica, por exemplo, em conscientização, ensino e moralização, em devoções sentimentalistas, individualistas e esotéricas, até em *show*, onde eles talvez celebrem mais a si mesmos do que Jesus Cristo e seu mistério.

Quem tiver tal visão da liturgia e a celebra assim compreendeu do Concílio Vaticano II que ele, além de permitir a língua vernácula, pôs fim ao fixismo secular da liturgia. Mas o Concílio não abriu as portas para uma criatividade sem critérios litúrgicos. Ele fala de adaptações que devem ser feitas pelas e em comunhão com as autoridades competentes, que são a Sé Apostólica e as conferências nacionais dos bispos. Os livros litúrgicos pós-conciliares indicam ainda adaptações que podem ser feitas pela comunidade celebrante e seus agentes.

É verdade que deveriam ter acontecido mais numerosas e profundas adaptações nos livros litúrgicos nas línguas nacionais do que de fato ocorreu também no Brasil. Pelos novos livros litúrgicos, elaborados nos anos depois do Concílio para o mundo inteiro, queria-se voltar às fontes. Sobretudo no caso da missa, recuperou-se a liturgia clássica do fim da antiguidade cristã, que era sóbria, sucinta e densa, como era o estilo da Igreja romana nos séculos V e VI. Os novos livros apresentaram, em geral, uns mais e outros menos, algo como que um esqueleto da nova liturgia, que nas diversas partes do mundo devia ser revestido de carne, precisamente por meio das adaptações necessárias e oportunas. Este trabalho cabe, sobretudo, às conferências episcopais, na tradução e adaptação do modelo romano à realidade do respectivo território.

Infelizmente, também no Brasil, não se realizaram em nível nacional a adaptação e inculturação desejável dos nossos livros litúrgicos. Também este fato é motivo para muitos celebrantes, ordenados e leigos, adaptarem os livros litúrgicos conforme às ideias próprias, que frequentemente são individuais ou comunitariamente subjetivas e não condizem com a natureza da liturgia e os princípios autênticos de sua celebração. Para enfrentar e solucionar esses problemas, houve grandes esforços de formação litúrgica em todos os níveis de Igreja.

Muito se conseguiu, mas muitos também acham que sabem o que é liturgia e como ela deve ser celebrada, por isso não sentem necessidade de uma formação específica no campo da liturgia. E quando se promove tal formação, às vezes ela não é oferecida conforme os princípios da constituição *Sacrosanctum concilium* e as ulteriores orientações do magistério, ou também em conformidade com bons livros didáticos e subsídios elaborados em sintonia com os documentos oficiais da Igreja e a realidade das comunidades celebrantes.

O resultado de tudo isso são, também no Brasil, "celebrações" tão frequentes que se consideram não mais "frias", porque deixam à assembleia vibrar. No entanto, as palavras bonitas e as músicas empolgantes, sobretudo as individualistas e sentimentais, não levam a assembleia para dentro do ministério de Cristo. Tais celebrações não podem ser chamadas de "liturgia quente", porque nem são liturgia autêntica.

Liturgia "quente" autêntica

Sem dúvida, podemos chamar de liturgia quente a última ceia de Jesus e o acontecimento de Emaús. Eu acrescentaria a esses exemplos bíblicos, que na realidade são bem mais numerosos, o encontro de Moisés com Deus na sarça ardente. Já no caminho para Emaús "ardia" o coração dos dois discípulos quando Jesus lhes explicava as Escrituras. E o reconhecê-lo na fração do pão significa que na fé e para a vida entraram em íntima comunhão com ele. Na sarça ardente, Moisés encontrou Deus. Como este encontro era íntimo e profundo, percebe-se pela pergunta de Moisés e a resposta que recebeu acerca do nome de Deus.

Da própria ceia do Senhor no cenáculo não fomos informados explicitamente qual era a repercussão dela no coração dos apóstolos, mas, pelo Evangelho, nos discursos de despedida de Jesus, fica evidente que eles ficaram profundamente tocados.

Tal encontro em comunhão existencial com o Senhor e, através dele, com o Pai no Espírito Santo, é a meta e o resultado indispensável de uma liturgia quente. Mas há ainda pelo menos um outro elemento constitutivo para uma liturgia que merece ser considerada como quente: Ela não é invenção daqueles que a celebram, mas é fundamentada na tradição da Igreja, que no caso da missa remonta, evidentemente, até a última ceia do Senhor.

São Paulo deixa bem claro que a Eucaristia é essencialmente tradição, quando escreve na Primeira Carta aos Coríntios: "Eu mesmo recebi do Senhor o que vos transmiti: na noite em que foi entregue, o Senhor Jesus tomou o pão e, depois de dar graças, o partiu e disse: 'Isto é o meu corpo, que é para vós; fazei isto em memória de mim'" (11,23s). Portanto, a ação memorial da Eucaristia tem seu fundamento numa tradição que

Paulo recebeu e transmitiu à comunidade de Corinto; e esta a transmitiu de geração em geração às igrejas dos séculos futuros.

Estando nós hoje nesta tradição, seu conteúdo e também suas formas essenciais de ação (Jesus tomou o pão, deu graças, o partiu e deu) não têm sua origem em nós, nos celebrantes de hoje. Elas nos vêm de fora, precisamente da tradição da Igreja.

Surge, no entanto, ainda outro problema: Como se relaciona o objeto que recebemos da tradição com o sujeito que hoje o celebra, que o deve fazer seu, de modo que se encontre com Jesus e com Deus na assembleia litúrgica, como os discípulos na última ceia ou em Emaús? Podemos experienciar, como os dois discípulos de Emaús, os apóstolos na última ceia e Moisés diante da sarça ardente, a presença de Deus, e isso de tal modo que nossa vida mude e assumamos a missão para a qual Deus nos chama? Isso seria tradição e celebração quente hoje, para nós.

Tal experiência de um encontro vital e existencial com Deus na liturgia normalmente não é possível se a vida e a história da respectiva pessoa ou comunidade não fornecem o chão propício para ela. É como com a liturgia em geral: Ela é o ponto culminante para o qual tende toda a vida e ação da Igreja e de seus membros.[7]

a) Deve haver de um lado a fé madura das pessoas e das comunidades para poder brotar deste chão uma celebração autêntica do Mistério Pascal. Essa fé deve ser fé em Jesus Cristo, o Glorioso, que venceu por sua morte a nossa e o pecado. E essa fé deve ser vivida no amor a Deus e aos irmãos. Deve ser celebração daquilo que somos e vivemos filhos e filhas de Deus e irmãos e irmãs uns dos outros. Quem celebra deve ser uma comunidade de tais filhos que vivem essa fé individual e comunitariamente, não apenas para conseguir a salvação de si mesmos, portanto não são apenas discípulos, mas também missionários. O amor verdadeiro não é um amor só de si mesmo, nem em sentido comunitário.

---

[7] Cf. SC, n. 10.

Quero dizer que uma comunidade eclesial não deve viver só para edificar-se e aperfeiçoar-se a si mesma, mas deve viver e trabalhar pela salvação do mundo. Tal era o amor de Jesus Cristo, que é o amor do Pai do céu que se deve viver agora na Igreja, na força e na comunhão do Espírito Santo. Tais cristãos, tais comunidades podem celebrar o mistério do amor de Deus, do Deus que é amor. Se este amor for vivido, ele pode ser celebrado nos momentos culminantes da vida, que são celebrações litúrgicas, sobretudo a missa, a celebração da entrega de Jesus pela nossa salvação, entrega na qual entramos, como se diz às vezes na oração eucarística explicitamente: "Aceitai-nos, ó Pai, com vosso Filho".

b) Se do lado do sujeito da celebração há tal fé, por outro lado a liturgia que nos foi transmitida desde o cenáculo e a época dos apóstolos pode facilmente ser acolhida. Sem grandes dificuldades podemos fazê-la nossa e expressar nossa fé e nossa vida em comunhão com Deus e com os irmãos e irmãs em Cristo, nas palavras e ritos que nos foram legados. Com essas palavras e ritos, estou pensando naquilo que é essencial na liturgia da Igreja, aquilo que a *Sacrosanctum concilium* (n. 21) chama de parte imutável, divinamente instituída, ao passo que outras partes são suscetíveis de mudança.

Este último é o campo de adaptação e inculturação, que foi usado como tal ao longo da história e deve ser aproveitado para o mesmo fim também hoje e sempre, e isso em todos os níveis da Igreja, desde a Igreja universal até a menor das nossas comunidades que celebram a liturgia. Não se deve mudar o que é imutável, e as adaptações devem em cada época e lugar salientar ritualmente aquilo que é o mais essencial na celebração, o Mistério Pascal, o mistério do Cristo todo, cabeça e membros.

Devemos celebrar não apenas a morte e a ressurreição do Cristo de dois mil anos atrás, mas na Páscoa de Cristo também a páscoa do povo aqui e agora. Não é tarefa fácil realizar tais celebrações realmente "quentes". Elas exigem muito e, às vezes, profunda adaptação em inúmeros elementos nos ritos, no canto e na música, no espaço litúrgico e em tudo o que pode levar a assembleia a penetrar mais profundamente no mistério celebrado.

Como conseguir celebrações quentes?

Na apresentação das deficiências de muitas das nossas celebrações frias e sobretudo nas reflexões sobre uma liturgia autenticamente quente, várias vezes já foram dadas dicas que nos podem ajudar num agir que visa à superação da frieza e à promoção do calor na liturgia.

Lembremos mais uma vez que a liturgia é o ponto culminante da vida e ação cristã e que, por isso, ela deve ser celebração ritual daquilo que vivemos e fazemos, como indivíduos e como comunidade. Não adianta querer construir nas alturas quando não existe um fundamento. Quem quer uma liturgia quente deve preocupar-se em primeiro lugar com os sujeitos da celebração para que sejam "quentes" em sua fé e vida. Só assim poderemos conseguir liturgias quentes. Mas vamos agora ver algumas sugestões mais práticas:

a) Nem deveria ser necessário observar que o caminho procurado não pode ser aquele de fazer "aquilo de que o povo gosta" ou "de que está acostumado". Lembremos que os gostos e os costumes que se criaram durante o milênio passado em grande parte eram resultado de evoluções negativas em vista de uma liturgia autêntica. Não é tudo sem valor o que se criou ao lado da liturgia, mas as devoções e a piedade popular não são, agora, objeto do nosso estudo.

Meta dos nossos esforços também não pode ser encher as igrejas e até praças de pessoas que vibram aqui umas horas, mas não têm convivência em suas comunidades eclesiais e não assumem compromissos com a Igreja e o mundo.

b) Sem dúvida, devemos reforçar a base de fé das nossas comunidades. Tal esforço já deve ser feito nas famílias, quando existem e merecem este nome. Na maioria das vezes, elas têm pouca ou nenhuma capacidade de transmitir uma fé verdadeiramente cristã.

Colocar e reforçar em nossas comunidades a fé é tarefa principalmente dos catequistas. No entanto, eles têm uma fé autêntica, vivem-na e são capazes de transmiti-la? Sobretudo na iniciação à Eucaristia, não se deve visar apenas ao ensino de uma doutrina, mas, além de uma iniciação à vida cristã, também iniciação à Eucaristia e outros tipos de celebração. Afinal, a Eucaristia é antes de tudo uma ação, e ação se aprende agindo, em exercícios práticos. Evidentemente, nem todos os catequistas são preparados para tal catequese. Portanto, devemos cuidar também da formação cristã e litúrgica dos catequistas.

c) Não somente nossos catequistas, mas também outros agentes de pastoral deveriam ter uma formação adequada em liturgia, porque a liturgia é a culminância de todas as atividades da Igreja. Falta de formação litúrgica sente-se até em muitos padres, assim como nos diáconos permanentes. Disso se queixam, e muitas vezes não sem razão, frequentemente, os agentes leigos que estão engajados na liturgia. Portanto, formação litúrgica específica deve ser oferecida em todos os níveis da Igreja, aos leigos e aos ordenados. É claro que essa formação deve ser teórica e prática e em vista de uma liturgia quente.

d) Além de não termos no Brasil número suficiente de formadores no campo da liturgia nos diversos níveis, nem a qualidade deles sempre satisfaz, embora se tenha conseguido grandes avanços na formação, também dos formadores. Além do Centro de Liturgia da Pontifícia Faculdade de Teologia Nossa Senhora da Assunção, em São Paulo, merece ser mencionada neste contexto a ASLI, a Associação dos Liturgistas do Brasil, que promove cada ano um curso de formação litúrgica, especialmente para os que ensinam a liturgia. Aqui não é o lugar para elencar todos os cursos de formação litúrgica que se oferecem no Brasil, mas, para os interessados, é fácil obter as informações desejadas.

e) Menos ainda aqui é o lugar para apresentar uma bibliografia que ajudará a promover liturgias quentes. A oferta é realmente grande, embora não tanto de livros escritos no Brasil. Mas muitos dos livros traduzidos de outros países e de outras línguas estão à disposição. No entanto, também aquilo que se escreve sobre liturgia deve ser visto com olhar crítico, porque nem tudo promove a liturgia que desejamos com o Concílio Vaticano II e para o Brasil.

f)   Todas as sugestões práticas que aqui são dadas para a pastoral litúrgica em geral devem ser entendidas para as três áreas da mesma: a da celebração, a da música e do canto e a do espaço celebrativo. Não se deve subestimar a importância, sobretudo, do canto, particularmente da sua letra, que deve expressar o mistério que se celebra e não ideias ou sentimentos quaisquer, mesmo que sejam religiosas. O espaço litúrgico deve ser funcional, mas também deve expressar o mistério que nele se celebra.

Nenhuma comunidade e nenhum celebrante pode dominar com absoluta perfeição a arte de celebrar. Mas na medida em que avançamos no caminho indicado nestas páginas chegaremos, sem dúvida, sempre mais perto de celebrar com o coração ardente a liturgia que nos foi legada e que é expressão da nossa vida e da nossa história, uma liturgia que leva a efeito aqui e agora a salvação nossa e do mundo.

A teologia do Mistério cristão na perspectiva trinitária da celebração litúrgica da Igreja

Joaquim Cavalcante*

Toda a linguagem humana é inadequada para expressar a totalidade do Mistério, por isso o discurso teológico pode ser definido como a sistematização da linguagem análoga para falar sobre Deus.[1] Com essa linguagem, procura-se estudar e desenvolver a teologia do mistério cristão e da sua celebração eclesial na perspectiva do dinamismo trirrelacional: Trindade, Igreja e liturgia. Aqui se estuda, também, a teologia litúrgica e sacramentária analisando os pressupostos da natureza escatológica da liturgia a partir das intuições do *Catecismo da Igreja Católica*, da *Sacrosanctum concilium* e do documento *Animação da vida litúrgica no Brasil*. Confronta-se com os escritos e as reflexões teológicas de liturgistas e sacramentólogos contemporâneos.

Busca-se acentuar a categoria teológica da liturgia como ação de Cristo, ao Pai, pelo Espírito, na Igreja. Sabe-se que o Concílio Vaticano II despertou interesse sobre a pesquisa teológica, e muitas são as investigações desenvolvidas acentuando a relação Trindade, Igreja e liturgia.[2] Esta pesquisa aborda algumas premissas fundamentais do discurso da teologia

---

* Joaquim Cavalcante é associado da ASLI. Estudou no Pontifício Instituto Litúrgico Sant'Anselmo, Roma, onde se graduou como mestre em Liturgia. É presbítero da Diocese de Itumbiara, Goiás. Leciona no Instituto Teológico de Juiz de Fora e na Universidade Estadual de Goiás.

[1] Cf. PASTOR, F. A. *La lógica del inafable*. Roma: Pontifícia Università Gregoriana, 1986. p. 284.

[2] Na maior parte das investigações aparecem as temáticas trinitária, eclesiológica e eucarística, porém, normalmente, quando se fala sobre esses temas, se pressupõe o transfundo litúrgico. Como, por exemplo: FORTE, B. A *igreja é ícone da Trindade, breve eclesiologia*. São Paulo: Loyola, 1987. Id. *La Chiesa della Trinità. Saggio sul mistero della Chiesa, communione e missione*. Milano: San Paolo, 1995. HAMMAN, A. La Trinità nella liturgia e nella vita Cristiana. In: FEINER, J.; LOHRER, M. (Ed.). *MySal*. Brescia: Queriniana, 1976. v. III, pp. 306-328. VAGAGGINI, C. *Il senso teologico della liturgia*. Roma: Paoline, 1965.

• • • 171 • • •

litúrgica hodierna, versando sobre ação escatológica transcendental e ação do povo sacerdotal; o simbolismo sacramental na perspectiva do setenário com alguns acenos cosmológicos; os sacramentos como sinais proféticos e demonstrativos da dialética do Reino "já" presente, mas "ainda não" consumado na história.

Interessa-se pelas quatro partes fundamentais da estrutura do *Catecismo*: a *Regula Fidei*, a celebração litúrgico-sacramental do Mistério de Deus, a implicação ética dos sacramentos na vida cristã e a dimensão orante-celebrativa que indica o desfecho de todo o agir e sustentáculo da vida da Igreja.[3] Nas primícias desta pesquisa, sentiu-se a necessidade de mover-se no âmbito da *Sacrosanctum concilium* para poder falar sobre a teologia litúrgica e sacramentária no *Catecismo* e em alguns documentos do episcopado brasileiro, singularmente o documento *Animação da vida litúrgica no Brasil*. A partir dessas considerações, podem ser delineados alguns aspectos que pareceram mais relevantes no curso da pesquisa.

A dimensão cosmológica dos sacramentos

Estudando a teologia litúrgica do *Catecismo*, surpreende-se com a falta de aprofundamento por parte deste sobre a dimensão cosmológica dos sacramentos. No processo da pesquisa, percebe-se que, ao sistematizar a teologia litúrgica e sacramentária, o *Catecismo* quase nada fala sobre esse aspecto. Levanta-se uma pergunta: seria negligência ou dificuldade de acolher a interpretação que a sacramentária contemporânea, tanto na América Latina como em outros continentes, tem procurado dar, no processo de valorização do aspecto cosmológico dos sacramentos?

Tal processo da teologia sistemática requer uma visão que evoca uma eclesiologia que reflita o novo modo de plasmar a vida eclesial, exer-

---

[3] Desse modo, a autenticidade da vida cristã está ancorada na sacramentalidade da Igreja inserida na globalidade do mistério cristão, onde os sacramentos são sinais da graça eficaz que operam na fé, manifestando a bondade e a misericórdia de Deus para com toda a humanidade (Tt 2,11), fortificam a esperança, dinamizam e fecundam a vivência do amor. A centralidade da pessoa de Cristo e o protagonismo do Espírito Santo na Igreja fazem que a liturgia seja *eventus salutis*.

cer a missão pastoral e um modo mais expressivo de celebrar o mistério da salvação. A articulação entre *práxis* celebrativa e teologia litúrgica requer uma visão conjugada de fé e vida (Tg 2,18), porque o que diz respeito à ação sacramental da Igreja diz respeito à teologia, à liturgia e à vida. A liturgia, como *locus theologicus*,[4] é o espaço da interpretação coletiva da Palavra de Deus. A liturgia amplia o horizonte para falar de uma interpretação orante da Palavra, porque na celebração sacramental é, ao mesmo tempo, sinal da presença de Cristo e lugar privilegiado da ressonância da Palavra de Deus (Tg 1,22-25).

A assembleia litúrgica, como diz santo Inácio de Antioquia, expressa a vocação dos cristãos de viver unidos e congregados pela fé "como em um único templo de Deus".[5] A assembleia é, por assim dizer, a experiência da unidade e da fraternidade consumada na diversidade. Seu caráter festivo e teofânico é ícone e sinal sacramental da comunhão e do gozo da assembleia escatológica.[6] Ela é, na dinâmica da fé, a imagem antecipada da Igreja do céu.[7] A assembleia explicita a natureza da Igreja, isto é, ser sacramento de Cristo onde quer que ela se faça presente. Diz a constituição dogmática *Lumen gentium*:

> Esta Igreja de Cristo está verdadeiramente presente em todas as legítimas comunidades locais de fiéis, que, unidas com seus pastores, são também elas, no Novo Testamento, chamadas "igrejas" (At 8,1; 14,22-23). Estas são, em seu lugar, o povo novo chamado por Deus, no Espírito Santo e em grande plenitude (1Ts 1,5). Nelas se reúnem os fiéis pela pregação do evangelho de Cristo. Nelas se celebra o mistério da ceia do Senhor, "a fim de que, comendo e bebendo o corpo e o sangue do Senhor, toda a fraternidade se una intimamente".
>
> Em toda a comunidade de altar unida para o sacrifício, sob o ministério sagrado do bispo, manifesta-se o símbolo daquela caridade e unidade do corpo

---

[4] TRIACCA, A. M. Liturgia locus theologicus o Theologia locus liturgicus? Da un dilemma verso una sintesi. In: FARNEDI, G. (Org.). *Pasquale mysterium*: studi in memoria dell'abate prof. Salvatore Marsili (1910-1983). Roma: Centro Studi S. Anselmo, 1986. pp. 193-233.

[5] SANTO INÁCIO DE ANTIOQUIA. *Epistula ad Magnesios*, 7,2, Schr 10, 100. BAC 65, 463.

[6] A assembleia não só é sinal profético da constituição do novo Povo de Deus como também sacramento da unidade dos crentes e da comunhão destes entre si e com Deus. Segundo A.G. Martimort, a assembleia litúrgica é a expressão mais forte da verdadeira epifania da Igreja (*La Iglesia en oración, introducción a la liturgia*. Barcelona: Herder, 1992. p. 119).

[7] MARTIMORT, A. G. *La Iglesia en oración, introdución a la liturgia*, cit., p. 121.

místico, sem a qual não pode haver salvação. Nessas comunidades, embora muitas vezes pequenas e pobres, ou vivendo na dispersão, está presente Cristo, por cuja virtude se congrega a Igreja una, santa, católica e apostólica. Pois "a participação do corpo e do sangue de Cristo não faz outra coisa senão transformar-nos naquilo que somos".[8]

Nela, o Verbo se faz vida, recria e dá vigor à vida da criação. Assim, o conceito de liturgia alarga-se na compreensão criteriológica da hermenêutica cristã e os sacramentos assumem a dimensão cosmológica da criação como realidade divinizada pelo toque do *Logos* na economia da encarnação.[9] Isso induz a falar teologicamente dos sacramentos não como instrumentos, mas como mediações, isto é, meios que expressam e comunicam a totalidade do Mistério que é a graça da Trindade salvífica. Assim, a história, na sua unicidade, é sempre a mesma fecundada pelo germe do Verbo, que a faz sempre história de salvação.

A celebração será sempre lugar onde o Mistério abraça e atua na história e, por sua vez, esta se transforma num grande cenário litúrgico. Assim, a concepção de sacramento acentuada como encontro com Cristo não pode prescindir ou ignorar a dimensão cósmica do Mistério.[10] Pois Cristo é o centro para onde converge tudo o que está na esfera das criaturas. Nele e por ele, toda a criação é recapitulada (Cl 1,15-20). Nesse sentido, a Igreja, inserida no mistério e na missão de Cristo, é sacramento histórico da salvação. Assim, o horizonte sacramental aponta a Igreja como sacramento do Reino na história e os sacramentos da Igreja como símbolos proféticos do Reino.[11]

---

[8] LG, n. 26. Este texto da *Lumen gentium* se inspira e cita as seguintes fontes patrísticas e litúrgicas: SANTO INÁCIO DE ANTIOQUIA. *Epistula ad Smyrnaeos*, 8,1. Id. *Traditio Apostolica Hippolyti*, 2-3. SANTO AGOSTINHO. *Contra Faustum manichaeum*, 1220: PL 42, 265. Id. *Sermones* 67,7: PL 38, 389. SÃO LEÃO MAGNO. *Sermão* 63,7: PL 54, 357. SÃO TOMÁS DE AQUINO. *Summa Theologica* III, q. 73, a 3. *Oração moçárabe*, PL 96, 759. Percebe-se que a teologia da assembleia litúrgica tem sua fundamentação na tradição bíblica, patrística e litúrgica, de tal modo que, falando sobre ela, refere-se à Igreja na totalidade do seu mistério.

[9] Segundo J. Ratzinger, o conceito de mistério na fé cristã é inseparável daquele de *Logos*, pois os mistérios cristãos são mistérios do *Logos*. (RATZINGER, J. *Cantate al Signore un canto nuovo*. Milano: Jaca Book, 1982. p. 163).

[10] Cf. ibid.

[11] VIDELA, R. *Desde la tradición de los pobres*. México: [s.ed.], 1978. p. 213.

Diante disso, podemos fazer duas considerações: urge recuperar a compreensão de sacramento como sinal que comunica a graça e exige compromisso e responsabilidade social. A experiência da graça vivida na gratuidade da vida e das relações sociais deve preceder a celebração sacramental. Ela habilita a comunidade para assumir o processo de transformação. Urge igualmente resgatar o sentido da liturgia como celebração do Mistério de Deus, pela comunidade eclesial, que muitas vezes é ofuscado por uma concepção de liturgia como ação meramente humana.

A Igreja é mais que administradora dos sacramentos, ela se autoexpressa neles, exprime sua sacralidade no serviço da administração deles e se afirma na condição de peregrina e guardiã do depósito da fé e da graça. Ela é humana e divina. Por isso Mistério não é concebido como segredo e sim como realidade que se revela e se comunica na tríplice experiência articulada pela fé trinitária, a filiação em Cristo e a celebração eclesial. Desse modo, os sacramentos, como celebração do Mistério de Deus, radicam "numa vida de seguimento de Jesus, vida que os precede, a eles se orienta e neles se expressa, e recriam essa vida, aprofundam, alimentam e incentivam".[12] A celebração do mistério cristão na perspectiva sacramental revela a eclesialidade da ação e a sacralidade da festa na presença do Senhor.

A celebração do Mistério cristão

A celebração do Mistério de Deus revela a dimensão bíblica do mistério do culto cristão centralizado na glorificação da Trindade. Assim, o *kairós* do culto cristão é o ininterrupto louvor da Igreja celebrando o mistério de Cristo, por meio do qual ela se expressa como corpo de Cristo e constitui sua vida na caridade, pois Cristo deu plenitude à Lei com a Lei do amor (Rm 13,8-10). O culto cristão se caracteriza por ser um

---

[12] TABORDA, F. *Sacramentos, praxis e festa*: para uma teologia latino-americana dos sacramentos. Petrópolis: Vozes, 1990. p. 174.

instrumento de Cristo e da Igreja, por meio do qual a Igreja é santificada em Cristo e, por ele, rende glorificação a Deus Pai, no Espírito.[13]

Retomando o *Catecismo da Igreja Católica* e suas fontes, pode-se dizer que a teologia litúrgico-sacramentária que emerge dele está em continuidade com a tradição eclesial. A Sagrada Escritura,[14] os Padres da Igreja oriental e ocidental,[15] a liturgia, o magistério, os concílios ecumênicos, a vida e os ensinamentos dos mártires e dos santos e santas constituem o grande tecido do subsolo do *Catecismo*. O Concílio Vaticano II e o papa João Paulo II são citados extensivamente. Tais referências mostram a continuidade da fé que a Igreja professa e celebra de geração em geração, no transcurso dos séculos no espaço temporal desses dois mil anos.[16]

---

[13] ABAD IBAÑEZ, J. A.; CARRIDO BONAÑO, M. *Iniciación a la liturgia de la Iglesia*. Madrid: Palabra, 1988. p. 24.

[14] As fontes bíblicas mostram que depois de Pentecostes a Igreja nunca deixou de celebrar este Mistério de Deus como mistério de fé e como memorial salvífico. Os evangelhos sinóticos destacam as orações da comunidade dos fiéis, dando relevância a alguns hinos que certamente eram cantados durante a celebração da Igreja primitiva, como, por exemplo, o *Magnificat*, o *Benedictus*, *Gloria in excelsis Deo*, *Nunc dimittis* e os hinos cristológicos neotestamentários. Há também as narrativas referentes à celebração da Eucaristia (At 2,46,20; 1Cor 11,17), as orações para a eleição de Matias (At 4,24-30), a imposição das mãos (At 8,15-17; 13,2-3), oração de confissão de fé (At 4,24; 14,15; 17,24). A Carta de Pedro pode ser interpretada como uma descrição da liturgia batismal (1Pd 1,2), onde se apresenta um hino litúrgico (1Pd 1,3-12) e sublinha-se a confissão de fé cristológica (1Pd 3,18-22), cujo conteúdo aparece também em 1Tm 3,16; 2Tm 2,11; Hb 10,22-23. Outros elementos litúrgicos aparecem evidentes na literatura neotestamentária, como a doxologia (1Pd 4,11; 5,11; 1Tm 6,15-16; Rm 11,36; Gl 1,5; 1Tm 4,18; Hb 13,21), o beijo da paz (1Pd 5,4), o rito da unção dos enfermos (Tg 5,13-16), No contexto celebrativo aparecem as primeiras confissões trinitárias da fé (2Cor 13,13), o "amém", como aclamação e adesão de fé (1Cor 14,16; 2Cor 1,20), e as exortações à fraternidade nas assembleias litúrgicas (Tg 2,1-9).

[15] Depois da Sagrada Escritura, tem-se o testemunho da *Didaqué*, que fala sobre a preparação e a celebração do Batismo, a celebração da Eucaristia e a oração do pai-nosso. Em seguida vem o testemunho de são Clemente, com uma oração semelhante à *Shemoneh Esréh* rezada pelos judeus três vezes ao dia, alguns hinos e uma oração anaforal (LODI, E. *Enchiridion fontium liturgicarum*. Romae: Libreria Editrice Vaticana, 1979. pp. 151-162. ABAD IBAÑEZ, J. A. *La celebración del misterio cristiano*. Navarra: EUNSA, 1976. p. 33).

[16] Esse tempo pode ser chamado de tempo de Cristo e da Igreja porque, enquanto Cristo cumpre sua obra de salvação, nasce a Igreja e esta é constituída como prolongamento da ação de Cristo, para comunicar ao mundo, até a consumação dos tempos, a eficácia da obra salvífica de Cristo. Assim, a economia salvífica aparece como a realização temporal do plano trinitário salvador através da ação da Igreja. Desse modo, o projeto salvífico de Deus se unifica e se realiza na história em três momentos sucessivos: o momento dos profetas, o momento de Cristo e o da Igreja (ABAD IBAÑEZ, J. A.; CARRIDO BONAÑO, M. *Iniciación a la liturgia de la Iglesia*, cit., p. 26). O prolongamento das ações salvadoras de Deus, que tem seu lugar especial na liturgia, mesmo sem ser a única realidade eclesial portadora e comunicadora da salvação, sem dúvida é a mais importante, porque, segundo o *Sacrosanctum concilium*, dela derivam e para ela convergem todas as ações da Igreja (SC, n. 10).

O *Catecismo* é o mais novo compêndio de exposição dos conteúdos da fé cristã e suas implicações éticas e celebrativas na vida do crente. Pode ser considerado como um dos maiores esforços do magistério universal para colocar dentro do coração do mundo a mensagem salvífica de Cristo. Ele chegou como uma resposta às necessidades da fé nos dias de hoje. Ele expõe a verdade sobre o mistério cristão, a verdade sobre a Igreja e sua tradição à luz do Concílio Vaticano II. Por isso o *Catecismo* é um dom espiritual da Igreja pós-Concílio Vaticano II ao mundo. Ele, como todo o Concílio, favorece positivamente a reflexão teológica contemporânea, a vida eclesial, e marcará o futuro dos séculos que virão.

A economia da celebração do mistério cristão se sustenta no princípio de que Deus revelou sua realidade como Uno e Trino. Por essa razão, todo o agir celebrativo da Igreja se dá em nome do Pai, do Filho e do Espírito Santo. Como Criador e Pai, Deus sustenta tudo que existe, a humanidade é redimida por Cristo, e na ação do Espírito é santificada. Assim, a compreensão do mistério cristão no *Catecismo* desenvolve-se, implícita ou explicitamente, na perspectiva trinitária. O Mistério eterno é Deus revelado por Cristo, no Espírito, e celebrado, na liturgia, pela Igreja.

Com efeito, falar sobre a celebração do mistério cristão implica refletir teologicamente a natureza da liturgia como evento, onde o Mistério eterno e redentor, na força do Espírito, é atualizado pela Igreja dentro do marco celebrativo instituído por Cristo. A pesquisa procura mostrar que na teologia do mistério cristão está o fundamento e a compreensão do conceito de liturgia, de tal modo que seja superada a concepção rubricista defendida por muitos e a proliferação da radicalização subjetivista dogmatizada por outros.

Na verdade, a liturgia não se situa dentro da conceituação teológica que pode reduzi-la a aparatos estéticos, à interpretação alegórica ou a gostos pessoais; sua natureza teândrica revela a centralidade que ela ocupa dentro da história da salvação,[17] como evento que torna presente,

---

[17] A Igreja e a liturgia são, analogamente, realidades "teândricas" porque participam e revelam a vida que brota do Pai, comunicada por Cristo mediante a ação do Espírito.

na dinâmica trinitária e no tempo da Igreja, a incessante ação salvífica de Deus. A liturgia é evento salvífico, porque se situa no marco fulcral da ação salvadora de Deus, que é o mistério pascal de Cristo. Pode-se dizer que a partir da Páscoa de Cristo como atuação máxima do Mistério de Deus na história a liturgia se reveste de sete dimensões interligadas entre si, a saber: a dimensão cristológica,[18] eclesiológica,[19] pneumatológica, cosmológica, cultual, sacramental e escatológica.[20]

Contudo a teologia rigorosamente não define o que é a liturgia, porque esta, antes de tudo, é mistério, é uma realidade transcendente na história. Sabe-se que ela é a fonte principal de alimento para a fé eclesial, escola primária do múnus sacerdotal de Cristo[21] continuada pela Igreja, para congregar e formar o Povo de Deus como povo redimido pelo sangue da nova Aliança (Lc 22,20; 1Cor 11,25).[22] Por conseguinte, a liturgia é *locus* privilegiado para a reflexão teológica, lugar do encontro gratuito, diálogo fecundo, amoroso e salvífico do ser humano com Deus.[23] Nesta

---

[18] O pressuposto cristológico da doutrina litúrgica da *Sacrosanctum concilium* se fundamenta na doutrina do Concílio de Trento, o qual ensina que o divino sacrifício que se realiza na celebração da Eucaristia contém de modo incruento o próprio Cristo que se ofereceu uma só vez de modo cruento sobre o altar da cruz (*DS*, n. 1743). A *Sacrosanctum concilium* se inspira também na encíclica *Mediator Dei*, a qual ensina que em cada ação litúrgica, junto com a Igreja, está presente seu fundador, Jesus Cristo. Ele se faz presente tanto no sacrifício do altar como na pessoa do seu ministro. Está presente nos sacramentos, fazendo com que estes sejam instrumentos eficazes de santidade, está presente no louvor e na súplica da Igreja dirigidos a Deus Pai, pois "onde estão dois ou três reunidos em meu nome, eu estou no meio deles" (Mt 18,20) (PIO XII. Litterae encyclicae *Mediator Dei*, n. 528).

[19] Efetivamente, o tema da Igreja como "sacramento" aparece na *Sacrosanctum concilium* como um dos primeiros frutos da morte de Cristo na cruz (SC, n. 5). Por isso ela é o "sacramento da unidade" (SC, n. 26), porque continua no mundo a missão de Cristo, eliminando os muros que provocam as divisões e fazendo que os múltiplos povos se tornem um único Povo de Deus.

[20] ABAD IBAÑEZ, J. A. *La celebración del misterio cristiano*, cit., p. 83.

[21] "Etsi Missa magnam contineat populi fidelis eruditionem" (*DS*, n. 1749).

[22] A *Sacrosanctum concilium* se refere à pedagogia da liturgia como instrumento eficaz no processo de educação da fé do Povo de Deus. "Embora a liturgia seja principalmente culto da Majestade Divina, encerra também grande ensinamento ao povo fiel. Pois na liturgia Deus fala a seu povo. Cristo ainda anuncia o Evangelho. E o povo responde a Deus, ora com cânticos ora com orações [...] os sinais que a sagrada liturgia usa para significar as coisas divinas invisíveis foram escolhidos por Cristo ou pela Igreja. Portanto, "não só enquanto se lêem aquelas coisas que foram escritas para o nosso ensinamento" (Rm 15,4), mas também enquanto a Igreja reza, ou canta ou age, é que se alimenta a fé dos participantes e suas mentes são despertadas para Deus, a fim de lhe prestarem um culto racional e receberem com mais abundância sua graça" (SC, n. 33).

[23] Cf. CASTAÑO VERGARA, G. *El Pentecostés de la hora tercia, contribución a la pneumatología a la liturgia de las horas*. Roma, 1997. p. 273. Tese doutoral pelo Pontifício Instituto Litúrgico Santo Anselmo, de Roma.

dinâmica vai-se plasmando a mística cristã, que nada mais é que viver na gratuidade o Mistério revelado, que é Cristo.

A reflexão sobre o mistério cristão indica, por meio da linguagem sacramental, como o Mistério divino opera o mistério da redenção humana e manifesta-se como dom salvífico e, ao mesmo tempo, mostra como a Igreja, por meio da sua celebração, participa deste Mistério com sua linguagem litúrgico-sacramental. Desse modo, ela não só expressa analogamente o sentido da realidade celebrada como insere o celebrante no mistério que celebra. Assim sendo, a celebração do Mistério de Deus envolve o mundo, a vida, a cultura e as relações humanas, por isso a celebração do Mistério, na economia sacramental, é linguagem e evento salvífico.

De fato, o evento celebrativo pode ser definido como monumento iconográfico da comunicação dinâmica do mistério trinitário. O evento do mistério de Cristo entra no tempo presente e plasma-se nas culturas mediante a linguagem sacramental da liturgia; neste caso a celebração litúrgica é em si mesma a forma mais elevada de linguagem, por meio da qual o evento salvífico se exprime, tece e sustenta a comunhão na história. Assim, a celebração do Mistério eterno de Deus Uno e Trino transcorre e se comunica na força simbólica dos ritos, na alteridade das atitudes, na eloquência das ações e na fascinação dos gestos e sinais como evocação à comunhão plena e universal.

O Mistério de Deus trinitário envolve tudo e a tudo dá sentido e vigor. Sustenta a *koinonia* e a missão da Igreja, pois esta é sacramento universal da comunhão e depósito da verdade salvífica, enquanto intérprete da Palavra da divina revelação[24] e sacramento da comunhão trinitária que é a vida de Deus. A importância e a centralidade deste tema no marco da reflexão teológica suscitam múltiplas impostações, no campo da linguagem parcial e análoga do discurso sobre o mistério cristão.

---

[24] Segundo J. D. Zizioulas, a Palavra de Deus é verdade não como uma série de proposições ou de afirmações querigmáticas tomadas em si mesmas, mas como vida e comunhão. Assim, a Igreja não só é o lugar onde a Verdade é depositada, mas toda ela é uma realidade da Verdade, por isso o seu ser é autenticamente comunhão e sinal sacramental da vida de Deus (La dimensione pneumatologica della Chiesa. *Communio* (I) 8 [1973] 473).

Liturgia: um serviço à comunhão eclesial e à santificação dos fiéis

A singularidade da liturgia na perspectiva da celebração do Mistério de Deus Uno e Trino é manifestar a simbiose entre o corpo eclesial e o mistério trinitário pelo caráter escatológico e sacramental da própria Igreja como mistério[25] e da liturgia[26] como "cume e fonte da vida da Igreja",[27] por isso mesmo é evento de santificação de homens e mulheres. Pode-se assegurar que a liturgia compreendida assim constitui o eixo da eclesiologia litúrgica e sacramental animada pelo Espírito que comunica e sustenta a comunhão trinitária na comunidade eclesial e vai ampliando a compreensão da Igreja como comunidade sacramental, cuja celebração litúrgica comunica a vida trinitária.

A liturgia autenticamente renovada, celebrada e vivida na dinâmica trinitária pela comunidade dos batizados é fonte de santificação e de unidade entre todas as igrejas. Não uma unidade sem diversidade, porque a Igreja não é um corpo inerte. Também não se pode sonhar com um pluralismo sem unidade que faz da *unam sanctam catholicam et apostolicam Ecclesiam* um corpo fracionado. A Igreja é uma unidade relacional,[28] sua unidade implica viver na dinâmica trinitária sem ser vencida pelo uniformismo que asfixia a *koinonia*; implica acolher as diferenças culturais como manifestação do Espírito que suscita, na variedade das nações, a multiplicidade de dons e carismas (1Cor 12,4ss) e manifesta a dilatação do Mistério terno e fecundo que abraça o mundo na encarnação do Verbo (Cl 1,18-20).

Negar as diferenças é revelar a incapacidade de dilatar-se na comunhão, é negar a participação que intensifica o processo de construção

---

[25] "E porque a Igreja é em Cristo como que o sacramento ou o sinal e instrumento da íntima união com Deus e da unidade de todo o gênero humano, ela deseja oferecer a seus fiéis e a todo o mundo um ensinamento mais preciso sobre sua natureza e sua missão universal, insistindo no tema de concílios anteriores" (*LG*, n. 1).

[26] *CIC*, n. 1090.

[27] *SC*, n. 10.

[28] ZIZIOULAS, J. D. La dimensione pneumatologica della Chiesa, cit., p. 475.

da unidade querida por Jesus; é fechar às provocações que o Espírito vem realizando em favor da superação das feridas históricas que geram rupturas e dividem o mundo. Nessa perspectiva deve situar-se a celebração eclesial do mistério cristão, pois a Trindade, sendo comunhão em si mesma, é modelo, fonte e fim da comunhão eclesial comunicada na celebração litúrgica. Assim, a liturgia revela a sacerdotalidade cristológica da Igreja, uma vez que esta opera com Cristo cabeça (Cl 1,18) e revela seu agir pneumático, porque age na força do Espírito Santo. A dimensão pneumatológica é constitutiva do mistério da Igreja.[29] Portanto, pode-se falar de uma eclesiologia litúrgica trinitária e de uma liturgia trinitária eclesiológica.

Nesta perspectiva, procura-se desenvolver a lógica que emerge da autocomunicação de Deus Uno e Trino na relação com a Igreja e a liturgia fazendo ver que a celebração eclesial é uma profissão de fé que afirma o amor e a comunhão na unidade da Trindade.[30] Assim, a Igreja como comunidade cultual entra em comunhão com a Trindade eterna e, tanto mais ela vive esta comunhão, torna-se, mediante a liturgia, *aletheia* do arquétipo trinitário. Se, por um lado, o mistério da Santíssima Trindade é o mistério de Deus em si mesmo, pode-se dizer que ele é, também, o mistério da Igreja e da liturgia. Neste prisma, a celebração como evento marcado pelo trinômio Trindade, Igreja e liturgia pode ser considerada o espaço primário detentor da experiência do mistério cristão.

Dessa experiência nasce a idealização da santidade traçada no labirinto dos passos dados na dinâmica da conversão e pode-se chegar à realidade da comunhão na mística litúrgico-trinitária da celebração eclesial. Na dialética da mística trinitária, Deus se autorrevela "em, com, por" Cristo, no Espírito, de modo único e definitivo na história. A Trindade, na totalidade do seu mistério, operou na encarnação do Verbo como opera na celebração eclesial, isto é, as Três Pessoas divinas e eter-

---

[29] Ibid. p. 470.

[30] A comunhão que se manifesta na celebração eclesial é sinal sacramental do amor, da unidade e da comunhão recíproca entre as Pessoas divinas.

nas constituem uma única realidade, uma única vida, um único espírito, uma só essência.[31] Desse modo, a Trindade opera a salvação na história e na liturgia como uma realidade tripessoal e dá à celebração eclesial o caráter de teofania do inefável Mistério de Deus.

Por isso a liturgia é evento de santificação, porque é o Mistério em ação operando a salvação do ser humano, da Igreja e do mundo. A liturgia, principalmente a celebração da Eucaristia, não só fortalece, como plasma a vida dos fiéis sobre o modelo da comunhão trinitária.[32] Na pedagogia do culto cristão, Deus Criador é adorado como Deus Pai e, se para a teologia o Pai é princípio de tudo, na celebração eclesial é o destinatário da doxologia litúrgica.[33] Deus eterno e Trino não necessita do louvor da Igreja, pois este nada acrescenta à sua majestade divina, conforme vem sublinhado na liturgia: "Ainda que nossos louvores não vos sejam necessários, vós nos concedeis o dom de vos louvar. Eles nada acrescentam ao que sois, mas nos aproximam de vós".[34]

A comunhão trinitária celebrada na liturgia

Deus Pai é o manancial do amor e da gratuidade, tal que, até o louvor da Igreja, em Cristo, é dom suscitado por ele, no Espírito. Como o Filho e o Espírito Santo que procede do Pai e do Filho para a redenção e santificação da humanidade, tudo, na celebração litúrgica do mistério cristão vem de Deus Pai e tende a Deus Pai. Na ortodoxia trinitária e na *euloghia* litúrgica, o Pai eterno aparece como a origem, fim e a meta

---

[31] "Quapropter quando invecem a singulis et tota omnia capiuntur, aequalia sunt tota singula totis singulis, et tota singula simul omnibus totis; et haec tria unum, una vita, una mens, una essentia» (SANTO AGOSTINHO. *De Trinitate* 10,11,18).

[32] ROCCHETTA, C. Teologia narrativa. Per una rilettura della nozione teologica di efficacia sacramentale. *Ricerche Teologiche* 2 (1992) 235-274.

[33] Dentro da tradição autêntica dos escritores cristãos, constata-se o aceno trinitário da oração. Orígenes menciona esse tema recomendando que se faça uma doxologia no final da oração (*De Orationem*, 33,1,6, GCS 3, 402), acentuando que toda oração seja dirigida ao Pai por meio de Jesus Cristo (Ibid. 15, 1. Id. *Contra Celsum* 3,34; 5,4-5; 7,46; 8,13.26.34).

[34] *MISSAL ROMANO*. Prefácio comum IV, 450.

de todo louvor e da oração da Igreja, conforme ensina o Concílio de Hipona, no Norte da África: *Cum altari assistitur, semper ad Patrem dirigatur oratio.*[35] Por sua vez, o Filho é o Mediador e Sumo Sacerdote, que pontifica, com o marco da sua Paixão, Morte e Ressurreição, a salvação do gênero humano.

O Espírito Santo aparece como dínamo que gera e potencia a vida, santifica e diviniza a criação. Assim, o mistério salvífico de Deus Uno e Trino dá-se na dialética do eterno e puro movimento descendente e ascendente: tudo vem do Pai, pelo Filho, no Espírito, e tudo volta ao Pai, pelo Filho, no Espírito. O movimento descendente está bem evidente no cânon romano, nas palavras que antecedem a doxologia final: "Por ele não cessais de criar e santificar estes bens e distribuí-los entre nós".[36] Por sua vez, a doxologia final, que é a expressão máxima do louvor ascendente e conclusão da anáfora, diz: "Por Cristo, com Cristo e em Cristo, a vós Deus Pai todo-poderoso, na unidade do Espírito Santo, toda honra e toda glória, agora e para sempre".

A celebração do Mistério divino é marcada pelo intercâmbio de dons entre o céu e a terra. Tudo acontece na gratuidade e no amor recíproco entre o Pai, o Filho e o Espírito Santo, na Igreja. O Filho crucificado na carne, verdadeiro Deus e Senhor da glória, é um da Trindade.[37] Nele e por ele pode-se entender que amar é tão divino quanto deixar-se amar e receber é tão sublime quanto doar-se. Por isso, na semântica do mistério trinitário o Espírito aparece, nada mais, nada menos, como o vínculo da eterna caridade, do eterno amor entre o Amante e o Amado.[38] A economia do mistério trinitário elucida-se na dinâmica da celebração sacramental como mistério eterno de fé e de amor. Desse modo, a comunhão eclesial-litúrgica é pressuposto pedagógico que

---

[35] *BREVIARIUM HIPONENSE*, c. 21, ed. C. Munier, CCL 259, 39. Desse modo, pode-se constatar que a Igreja pré-nicena não concebe que a oração eucarística seja dirigida a Jesus Cristo, tampouco às três Pessoas divinas, mas somente ao Pai (OÑATIBIA, I. Eucaristia y Trindade en la Iglesia prenicena. *Estudios Trinitarios* 7 [1973] 37).

[36] *MISSAL ROMANO*. Oração eucarística I.

[37] *DS*, n. 432.

[38] SANTO AGOSTINHO. *De Trinitate*, 9,5,8.

suscita no cristão o desejo de conhecer a Deus e chegar à plenitude da sua *oikonomia* trinitária.[39]

Procurando delinear uma reflexão sobre a vida sacramental, coloca-se em relevo o mistério trinitário na vida, pois, quando a comunidade dos fiéis se reúne para celebrar o sinal da graça, ela entra no movimento de comunhão trinitária. Inserida nesse movimento escatológico, a vida do fiel e da comunidade eclesial gravita em torno dos sacramentos,[40] por isso adquire a forma que testemunha e vai estruturando a comunhão nas relações humanas e no mundo (At 2,42; Jo 15,5). A assembleia reunida para a celebração sacramental é sinal profético e ícone trinitário porque é o lugar privilegiado para a manifestação da Trindade na história.

Ao mesmo tempo, a celebração sacramental operada pela Igreja local,[41] no Espírito do Senhor ressuscitado, é catolicizada porque é celebração plena do Mistério de Deus. Neste sentido, a assembleia entra na categoria das realidades simbólicas, pois ela tem uma mediação inaludível na ordem da comunicação do Mistério. Pela mediação desta, a celebração tonifica a existência e a vida do cristão e epifaniza a unidade, a santidade, a catolicidade, a apostolicidade e o mistério da Igreja, corpo de Cristo,[42] esposa fiel do Senhor, a qual, desde o evento de Pentecostes, nunca deixou de celebrar o memorial sacramental salvífico que o Senhor lhe confiara às vésperas da sua Paixão redentora (1Cor 11,25-26).[43]

---

[39] Um dos aspectos decisivos e relevantes da teologia trinitária de santo Agostinho é a busca da imagem da Trindade no íntimo do ser humano. Segundo Catherine M. Lacugna, ele defende como regra de vida a tese que, se cada ser humano contém na própria alma os traços da Trindade, não se pode deixar de fazer outra coisa que olhar dentro de si mesmo para descobrir Deus e a sua *oikonomia* (LACUGNA, C. M. *Dio per noi, la Trinità e la vita cristiana*. Brescia: Queriniana, 1997. nn. 106-107).

[40] *SC*, n. 6. *CIC*, n. 1113.

[41] Pode-se falar de uma eclesiologia sacramental estruturada sob a teologia da Eucaristia como sacramento dos sacramentos, a teologia do episcopado como protoministro da Eucaristia e a teologia da Igreja local como manifestação e realização da Igreja na sua universalidade (COMISSIONE Mista Internazionale per il Dialogo tra la Chiesa Cattolica Romana e la Chiesa Ortodossa. Il mistero della Chiesa e dell'Eucaristia alla luce del mistero della santa Trinità. Monaco, 1982. *Il Regno-doc.* 27 [1982] 542-545. GONZÁLEZ MONTES, A. Il dialogo della Chiesa cattolica con le confessioni protestanti. In: RODRÍGUEZ, P. (Ed.) *L'ecclesiologia trent'anni dopo la "Lumen gentium"*. Roma: Armando Editore, 1995. p. 241).

[42] "Nesse corpo difunde-se a vida de Cristo nos crentes, que, pelos sacramentos, de modo misterioso e real, são unidos a Cristo morto e glorificado" (*LG*, n. 7).

[43] *SC*, n. 6.

Com efeito, os sacramentos são eventos que salvam enquanto constituem a essencialidade da vida cristã e se realizam na dinâmica pericorética: Trindade, Igreja e liturgia. Sendo "obras-primas de Deus",[44] os sacramentos emanam da realidade da comunhão trinitária para a qual converge a *koinonia* eclesial e é plasmada a comunhão cósmica.

Tendo feito uma menção à liturgia fundamental a partir dos princípios bíblicos e da Tradição, pode-se dizer que a liturgia aparece sistematizada na categoria dos sete sacramentos, em que esta vem refletida com a linguagem dos sinais visíveis, por meio dos quais se vivem os mistérios de Cristo celebrados no espaço temporal no curso do Ano litúrgico. Inserida nesse mistério, a celebração sacramental abraça da humanidade mortal do Verbo eterno à teofania da transfiguração, que é a prefiguração da plenitude da comunhão com o Cristo ressuscitado. Celebrar sacramentalmente o mistério cristão é entrar em comunhão com o corpo de Cristo glorificado presente no mesmo espaço e no corpo da assembleia dos fiéis.

A liturgia como fonte de espiritualidade

Com este estudo, pretendeu-se delinear alguns elementos estruturantes de uma espiritualidade litúrgica, cujo arquétipo seja a própria liturgia celebrada e vivida na dinâmica do eterno Mistério de Deus Uno e Trino. Na liturgia, a espiritualidade toma forma e corpo e, por sua vez, é revigorada. Por conseguinte, acredita-se que tenha sido apresentada, parcialmente, uma visão que possa ajudar a compreender a natureza da liturgia, dentro da proposta da reforma litúrgica do Concílio Vaticano II, do *Catecismo da Igreja Católica* e do documento *Animação da vida litúrgica no Brasil*.

Nem todas as definições de liturgia justificam sua natureza, seu arquétipo, seu fim último. Tudo converge para o Mistério Pascal de Cristo,

---

[44] CIC, n. 1091.

LITURGIA: PEREGRINAÇÃO AO CORAÇÃO DO MISTÉRIO

que é a plenitude da revelação do Mistério de Deus. Esse mistério vem atualizado pelo Espírito Santo, que o faz núcleo constitutivo do evento litúrgico-celebrativo.[45] Por si mesma, a natureza da liturgia não permite compreendê-la como mera ação de um povo qualquer que se reúne para celebrar os acontecimentos da vida.

O povo celebrante é um povo sacerdotal. Está unido a Cristo pelo Batismo e tem a consciência de que é Deus que toma a iniciativa de convocar este povo e de constituí-lo em assembleia na realidade nova da aliança eterna. O ser humano que celebra em comunidade reconhece que não há liturgia sem pessoas, mas sabem que não são as pessoas a fonte, nem o fim último da liturgia. A liturgia é lugar de santificação das pessoas, é cume de convergência da vida cristã e da vida da Igreja. Celebrando, santifica-se, porque em especial comunhão com a Trindade Santa, fonte e fim de toda santidade e fonte e fim da liturgia em si mesma.

Da natureza da liturgia emergem algumas exigências compreendidas como necessárias para a impostação de uma espiritualidade litúrgica, que é o exercício da vida cristã, vivida segundo a moção do Espírito, que é dom do Ressuscitado. Por isso são indicados três princípios que podem ser considerados indispensáveis para uma espiritualidade litúrgica.

O primeiro é uma liturgia viva e encarnada na realidade de quem celebra. Se a liturgia "é fonte e cume"[46] da vida espiritual da Igreja e meio pelo qual a Igreja se manifesta, deve sê-lo não pelas múltiplas celebrações que se realizam, nem pelas inflamadas reflexões teóricas que se fazem, mas na realidade vivida e concretizada no rito da vida pessoal e no ritmo da vida comunitária dos cristãos. A liturgia deve ser para cada cristão e

---

[45] A Igreja, obedecendo à ordem do seu Senhor "fazei isto em memória de mim" (Lc 22,19; 1Cor 11,24-25), apresenta o Cristo não só como sujeito da celebração eucarística, mas de toda a ação litúrgica. Ela louva e glorifica ao Pai pela salvação realizada, no Filho, na força criadora do Espírito Santo. Por isso a liturgia é, antes de tudo, obra da Santíssima Trindade. O arquétipo fundante da natureza da liturgia é a vida trinitária que se manifesta na totalidade do Mistério Pascal de Cristo atualizado pelo Espírito no tempo da Igreja. É o Espírito que potencia o ensinamento de Jesus e dá vigor à sua missão, continuada na ação da Igreja. Por isso a liturgia é, ao mesmo tempo, a ação epifânica da Igreja e o lugar onde a Igreja se faz e se constitui como comunidade inserida na realidade da Páscoa de Cristo e de seu mistério. A ação pedagógica da liturgia é uma contínua preparação da Igreja para a páscoa definitiva e para a plenitude da comunhão com a Trindade Santa no santuário escatológico.

[46] SC, n.10.

cada comunidade uma fonte de espiritualidade, de tal modo que a vida da comunidade celebrante se torne, pela liturgia, vida pascalizada na Páscoa de Cristo.

Que seja recuperado o caráter de mistério da liturgia e o paradigma celebrativo dos Padres da Igreja,[47] pois uma celebração que não permite transparecer o caráter de mistério e a dimensão cósmica da liturgia pode ser considerada deformação da reforma litúrgica do Concílio Vaticano II.

O segundo é uma liturgia participada, ativa e consciente, mais eclesial e menos privada.[48] A *Sacrosanctum concilium* considera a participação ativa e consciente um princípio determinante da própria natureza da liturgia. Nesta tão importante e necessária participação ardentemente desejada pela Igreja está explícito o direito e o dever da comunidade que celebra.[49] Não é justo negligenciar esses sábios princípios do Concílio. Impõe-se uma urgente e contínua formação dos agentes de pastoral e dos fiéis em geral, para que eles possam "haurir o espírito verdadeiramente cristão",[50] que emerge dos mistérios celebrados na liturgia. Todo empenho e todo esforço deve ser feito para realizar o objetivo do Concílio.

Urge a formação litúrgica, não só intelectual e ritual, mas levando em consideração a existência e as condições dos participantes, contanto que todos sejam iniciados e acompanhados na formação litúrgica para melhor participar daquilo que a liturgia celebra: o mistério da salvação que o Pai realiza em Cristo, na força do Espírito Paráclito pela mediação da Igreja. De fato, a liturgia atualiza o Mistério Pascal de Cristo. Por isso os cristãos devem celebrá-la com a devida consciência que gera a necessária participação ativa e frutuosa.

O terceiro princípio é uma liturgia que celebre o Mistério de Cristo ligado à criação, à vida e à existência dos cristãos. Assim, evidencia-se que não é a vida dos que celebram que dá a razão de celebrar, mas o mistério

---

[47] RATZINGER, J. *Cantate al Signore un canto nuovo*, cit., p. 164.

[48] SC, nn. 26-27.

[49] SC, n. 14.

[50] SC, n. 14

da vida de Cristo na vida de quem celebra. O Mistério de Cristo vivido e celebrado dá sentido à vida de cada pessoa e de cada comunidade na sua específica circunstância histórica e social. A memória litúrgica deve inserir quem celebra no memorial de Cristo e, ao mesmo tempo, atualizar o memorial celebrado no hoje histórico da comunidade que celebra.

Homens e mulheres, crianças, jovens e adultos devem sentir-se envolvidos no evento celebrado. Uma liturgia assim não pode ser vista como uma ação alienadora, mas como um evento onde se prova o transcendente sem alienar-se da história e sem deixar de ouvir os gemidos desferidos pela existência de cada homem e de cada mulher.[51] Que a celebração do mistério cristão se expresse como a ininterrupta confissão da fé que cada fiel professou no dia do seu Batismo, pois, segundo são Basílio, cada um deve crer e viver como foi batizado.[52]

À guisa de conclusão

Depois da constituição litúrgica, pode-se constatar uma consolidação teológica progressiva sobre o sujeito, a natureza, o sentido e a origem da liturgia da Igreja. Para o *Catecismo*, a liturgia é obra da Trindade Santa, mas a celebração não acontece sem a mediação da Igreja, sem a mediação pedagógica dos símbolos e sinais, muito menos sem o protagonismo do Espírito Santo. É o Espírito que dá sentido e vida à Palavra, no *hoje* da liturgia, e dá sentido à celebração do mistério cristão. Assim, a celebração sacramental é um tecido de mediações que ajudam a celebrar o eterno Mistério de Deus na vida, na história e nas culturas de todos os povos.

---

[51] A celebração litúrgica deve ser o momento potencializador da existencialidade humana. Nela se recebe a força que vem da Palavra de Deus proclamada, anima-se com a presença de irmãos e irmãs que partilham a vida e a mesma fé no Cristo ressuscitado, recebe-se o alimento, que é corpo e sangue do Senhor, santifica-se pela intensa ação do Espírito Santo sobre os dons e sobre as pessoas. Pensa-se uma liturgia que, ao celebrar os mistérios de Deus, não negue a existência humana. Assim, ela é, realmente, a celebração do mistério salvífico de Cristo no mistério da vida dos cristãos. Parece mais sensato que a celebração passe pela experiência vivida pelas pessoas para que a liturgia se torne a passagem desejada pelas pessoas para fazerem a experiência do mistério.

[52] Cf. SÃO BASÍLIO. De Saint Espirit. *SChr.* 17, 238.

A celebração acontece pela ação de dois sujeitos, o Espírito Santo e a Igreja, como ressalta o documento *Animação da vida litúrgica no Brasil*.[53] É compreensível o avanço da teologia litúrgica no campo pneumatológico, como se constata no documento do episcopado brasileiro e no *Catecismo da Igreja Católica* em relação à *Sacrosanctum concilium*. O transcurso dos anos favoreceu a maturação daquilo que na constituição litúrgica está explícito ou implícito. Assim, esses dois documentos puderam desenvolver aspectos que não foram aprofundados na Carta Magna da liturgia. O decorrer dos anos permitiu tanto ao documento litúrgico brasileiro como ao *Catecismo da Igreja Católica* servirem-se das experiências pastorais e das reflexões teológicas que brotaram ao longo desse período pós-conciliar.

Se para a *Sacrosanctum concilium* a liturgia é ação de Cristo e da comunidade eclesial, quem celebra a liturgia é Cristo todo cabeça e membros.[54] A Igreja, obedecendo ao mandato do Senhor, atualiza na celebração litúrgica, pela sua insubstituível mediação, o memorial de todo o Mistério Pascal de Cristo. O Espírito dá sentido ao tempo da Igreja e a faz prolongar e atualizar no tempo, o mistério da salvação do mundo.

Para o documento *Animação da vida litúrgica no Brasil*, o ser humano é chamado a celebrar, porque a celebração o coloca em sintonia com o sobrenatural e dá sentido à sua vocação de sujeito celebrante. Celebrar é algo que está intimamente ligado à vida humana.[55] Do ponto de vista da fé, quando a Igreja celebra, ela injeta na ação cíclica do tempo os raios fulgurantes do mistério celebrado, cumprindo, assim, o mandato do seu Senhor: "Fazei isto em memória de mim" (1Cor 11,25-26).

No documento sobre a vida litúrgica no Brasil, vem ressaltado o aspecto de que a liturgia é ação da Igreja e do Espírito do Senhor ressuscitado. Mostra que, se o Mistério Pascal de Cristo é conteúdo principal

---

[53] CNBB. *Animação da vida litúrgica no Brasil*. São Paulo: Paulinas, 1989. Doc. 43, nn. 49 e 54.

[54] *SC*, n. 7.

[55] CNBB. *Animação da vida litúrgica no Brasil*. n. 37.

da liturgia,[56] é o mesmo Espírito Santo que atua com a Igreja[57] e atualiza o mistério da redenção na história. A Igreja é o sujeito da celebração enquanto corpo espiritual de Cristo (1Cor 15,44)[58] e santuário do Espírito Santo, somente neste prisma entende-se sua participação na atualização da obra salvífica do Pai em Cristo.

Considera-se que há uma coerência lógica no tema estudado e uma contribuição que pode ser pensada a partir das acentuações dos conteúdos doutrinais e teológicos do *Catecismo*, em que se evidencia seu avanço significativo sobre a compreensão da natureza da liturgia e da teologia da celebração do mistério cristão em relação à *Sacrosanctum concilium* e o documento *Animação da vida litúrgica no Brasil*.

a) Dá-se um enfoque à teologia litúrgica que vem acentuada nesses três documentos, considerando que lugar ocupa o mistério do culto em cada um deles. Destacam-se as ressonâncias e incidências da teologia litúrgica que emanam deles na vida da Igreja no Brasil.

b) Procura-se mostrar que a teologia litúrgica e sacramentária do *Catecismo* situa-se no âmbito da perspectiva trinitária. A Trindade é fonte e fim de tudo o que a Igreja celebra. Mostra-se que o *Catecismo* não acentua os componentes de realidade cósmica nem incentiva a reflexão da teologia sacramentária na perspectiva cosmológica, tal poderia ser feito sem perder a preponderância da fé. Contudo, não exclui a compreensão da relação dialética desse dado como uma pluralidade de sinais que permite compreender e aceitar a vontade salvífica de Deus nas obras das suas mãos.

c) Reconhece-se o contributo da teologia sacramentária do *Catecismo* e de suas fontes estribadas no paradigma trinitário, pelo qual se alude

---

[56] Ibid. n. 48.

[57] Na verdade, o mistério da Igreja nasce do evento cristológico pneumático na sua integridade, isto é, o ser relacional de Cristo e da Igreja se revela no Espírito (ZIZIOULAS, J. D. La dimensione pneumaticologica della Chiesa, cit., p. 469).

[58] Sabe-se que a Igreja, no Novo Testamento, vem apresentada como o corpo de Cristo. Segundo J. D. Zizioulas, o termo "corpo espiritual" é usado por Paulo referindo-se à ressurreição (1Cor 15,44). Este termo não pode ser aplicado à eclesiologia em sentido estrito, mesmo sabendo que a ressurreição, por si mesma, é um evento cristológico e eclesiológico, pelo menos na teologia de Paulo (ZIZIOULAS, J. D. La dimensione pneumaticologica della Chiesa, cit., p. 468).

à primazia do Pai, à missão salvadora do Filho e à ação santificadora do Espírito. Contudo, há que admitir uma lacuna constituída pela falta de abertura à elaboração de novos paradigmas de reflexão da celebração do mistério cristão na dimensão ecológica que contribuam para a libertação do mundo, do ser humano e de toda a criação. Constatando-se, no mundo, a situação de injustiça e de pecado, pode-se promover uma reflexão que ajude a reconciliação do ser humano com o seu semelhante, com a criação e com Deus. O espaço para uma nova teologia da criação pode encontrar maior consistência tomando por base a teologia dos sacramentos na perspectiva trinitária.

d) O *Catecismo* apresenta a pessoa de Jesus Cristo como a máxima densidade da sacramentalidade de Deus Pai. A encarnação inseriu o Filho de Deus dentro do mundo limitado, espaciotemporal. A ressurreição universalizou sua inserção no cosmo. Após a sua ascensão, a Igreja assumiu a densidade sacramental de Cristo, tornando-se o seu sacramento na história e celebrando seus mistérios na liturgia. Os sete sacramentos fundamentam a estrutura sacramental da própria Igreja concretizada nas várias situações da vida. Assim, só a realidade setenária não é toda a riqueza sacramental da Igreja, tudo o que ela faz possui uma densidade sagrada, porque ela é, fundamentalmente, sacramento de Cristo e obra da Trindade.

Desse modo, o fiel vive a mística da *sequela Christi* em sintonia com "a vontade do Pai eterno, imitando no tempo a sua eterna perfeição e bondade (Mt 5,48; Lc 6,36)".[59] E qual é a vontade de Deus Pai sobre o ser humano? Segundo santo Inácio de Loyola, Deus quer ele se salve, mediante o louvor, a adoração e o serviço.[60] Por isso a Igreja canta numa sinfonia incessante: *Te Deum laudamus, Te Dominum confitemur.*[61] Toda a terra vos adora, Pai eterno onipotente. A ti Deus Criador, Pai de amor e eterno Mistério de comunhão, Deus Uno e Trino, Pai, Filho e Espírito

---

[59] Cf. PASTOR, F. A. Io credo in Dio Padre. In: FISICHELLA, R. (Ed.). *Catechismo della Chiesa Cattolica. Testo integrale e commento teologico.* Casale Monferrato: Piemme, 1993. p. 673.

[60] Cf. SANTO INÁCIO DE LOYOLA. *Exercícios.* Rio de Janeiro: Agir, 1968. n. 23.

[61] *OFFICIUM Divinum.* Roma: Libreria Editrice Vaticana, 2000. Liturgia Horarum, v. I, Te Deum, p. 536.

Santo, a Igreja e o mundo, em adoração, cantam a glória de teu nome e a Tua infinita majestade. Em ti, Mistério inefável, a comunhão é consumada na relação e na unidade das Pessoas. Santíssima Trindade, eterno Mistério de amor, diante do qual a inteligência humana se aterra.

Tu, que outrora operavas como um Mistério envolvido em silêncio desde os séculos eternos, te revelaste em teu Filho Jesus, dando a conhecer a todas as nações (Rm 16,25-2). Tu fecundas a celebração da Igreja, operando na liturgia, como operaste no mistério da encarnação. Deus Uno e Trino, Pai de amor, manancial de misericórdia, prostrada em adoração, a Igreja unida à ininterrupta liturgia das milícias celestes,[62] na força do Espírito, Dom da tua infinita bondade, canta a honra do teu nome proclamando o *trisagion* reservado a ti, porque santo, santo, santo, és tu, Senhor Deus do Universo. Só tu, Pai eterno, és fonte de toda santidade, princípio e fim de tudo, a ti o louvor das criaturas, traduzido na doxologia solfejada pela Igreja no mistério da sua liturgia.

Como fiel intérprete da criação, ela te louva pelo mundo que tu criaste e redimiste com o sacrifício da nova e eterna Aliança, centrado no Mistério Pascal do teu Filho unigênito, gerado desde a eternidade e que contigo é Deus e Senhor: Jesus Cristo, o Salvador, Rei imortal, luz da luz, por meio do qual o mundo vê o esplendor do teu Mistério. Por ele, com ele, na unidade do Espírito Santo, a ti sejam dadas a honra, a glória, o culto e a adoração da Igreja no transcurso dos séculos e na assembleia eterna do santuário escatológico da Jerusalém celeste. Amém.

---

[62] *CIC*, n. 1090.

Comunhão: ápice da celebração e da participação na Eucaristia

*Manoel João Francisco**

Os *Ritos de comunhão*, ao mesmo tempo que constituem a última parte, são também o ápice da participação na liturgia eucarística. Correspondem ao gesto de partir o pão e de distribuí-lo aos discípulos, feito por Jesus na última ceia.

Conforme o testemunho de são Justino, que morreu no ano 150, a comunhão acontecia imediatamente após o *Amém* que concluía a oração eucarística. Tendo-se referido às orações dos fiéis, disse:

> Depois de terminadas, como já dissemos, oferece-se pão, vinho e água, e o presidente, conforme suas forças, faz igualmente subir a Deus suas preces e ações de graças e todo o povo exclama: "Amém". Vem depois a distribuição e participação feita a cada um dos alimentos consagrados pela ação de graças e seu envio aos ausentes pelos diáconos.[1]

Com o tempo, o *Rito de comunhão* foi sendo acrescido de orações e gestos simbólicos. Hoje, compõe-se de três momentos: ritos de preparação, ritos de execução e ritos de conclusão.

Ritos de preparação

João Paulo II observa que, "se a ideia de banquete inspira familiaridade, a Igreja nunca cedeu à tentação de banalizar esta intimidade com

---

* Dom Manoel João Francisco é bispo de Chapecó-SC. É membro fundador e ex-presidente da ASLI. Foi presidente da Comissão Episcopal de Liturgia da CNBB (CEPL).

[1] SÃO JUSTINO DE ROMA. *Apologia* I, 67. São Paulo: Paulus, 1995.

seu esposo" (*EE*, n. 48), por isso sempre buscou orientar seus fiéis para que se aproximem da comunhão devidamente dispostos. Outra não é a finalidade do pai-nosso, do rito da paz, da fração do pão e do cordeiro-de-Deus.

Pai-nosso

No século IV, conforme testemunhos da época, o pai-nosso já fazia parte dos *Ritos de comunhão*. Tendo-se referido à oração eucarística, Cirilo de Jerusalém afirmou: "Depois disso, tu dizes aquela oração que o Salvador transmitiu aos discípulos".[2] E santo Agostinho também diz que "logo, pois, que se terminou a santificação, rezamos a oração do Senhor".[3]

A inserção do pai-nosso entre as orações de preparação à comunhão fundamenta-se provavelmente na relação que, desde os tempos de Tertuliano e de são Cipriano, se viu entre o pão cotidiano que se pede no pai-nosso e o pão da Eucaristia.

> Na verdade, devemos entender, antes, em sentido espiritual o pedido: "Dainos hoje o nosso pão cotidiano". O Cristo, com efeito, é nosso pão, porque o Cristo é vida, e o pão também é vida. Aliás, ele disse: "Eu sou o pão da vida" (Jo 6,35), e um pouco antes: "O pão é a Palavra do Deus vivo, que desceu do céu" (cf. Jo 6,32). Ademais, como ele disse: "Isto é o meu corpo" (Lc 22,19), cremos que o seu corpo está presente no pão. Assim, pedindo pão cotidiano, rogamos a Deus viver sempre em Cristo e inseparáveis do seu corpo.[4]
>
> Prosseguindo a oração dizemos: "O pão nosso de cada dia nos dai hoje". Podemos tomar este pedido tanto no sentido espiritual como no literal, pois um e outro modo de entender aproveitam, com utilidade divina, para a nossa salvação. Pois o Cristo é o pão da vida, e este pão não é de todos, mas nosso. E assim como dissemos "Pai nosso", porque é Pai dos que entendem e creem, dizemos também: "pão nosso", porque é pão para aqueles que comem o seu corpo. E pedimos que este pão nos seja dado diariamente a fim de que nós que estamos

---

[2]   SÃO CIRILO DE JERUSALÉM. *Catequeses mistagógicas* V,11. Petrópolis: Vozes, 1977.

[3]   SANTO AGOSTINHO DE HIPONA. Sermão 227. In: *Antologia litúrgica*. Fátima: Secretariado Nacional de Liturgia, 2003. p. 919.

[4]   TERTULIANO. A Oração 6,2. In: *Tratado sobre a oração*. Juiz de Fora: Mosteiro da Santa Cruz, 1996. p. 8.

no Cristo e recebemos diariamente a Eucaristia como alimento de salvação não venhamos a ser separados do corpo do Cristo.[5]

Outro motivo pelo qual o pai-nosso encontra-se entre as orações de preparação à comunhão é, sem dúvida, a invocação: "Perdoai-nos as nossas ofensas...". Nesse sentido escreve santo Agostinho:

> Por que motivo a dizemos antes de receber o corpo e o sangue de Cristo? Porque assim o pede a fragilidade humana: a nossa mente pode ter concebido o que não devia, a língua pode ter dito o que não convinha, os olhos podem ter-se fixado onde não queriam...; se por acaso contraímos outras manchas, fruto da tentação deste mundo e da fragilidade da vida humana, limpamo-las com a oração dominical ao dizer: "Perdoai-nos as nossas ofensas". Desse modo, aproximamo-nos com a esperança de que não comemos nem bebemos para nossa condenação aquilo que recebemos.[6]

Num outro sermão, santo Agostinho afirma que, ao recitar o pai-nosso, nós lavamos o rosto antes de comungar e receber o corpo e o sangue de Cristo. Por isso, em Hipona, sacerdotes e fiéis, ao pronunciar a invocação do perdão, se batiam no peito.[7] O mesmo ensinamento é também expresso por são João Crisóstomo: "Reconciliemo-nos mutuamente e façamos desaparecer a inimizade que existe entre nós [...]. Se fizermos isto, poderemos aproximar-nos de coração limpo desta mesa santa e venerável e dizer com toda confiança as palavras da oração".[8]

Tenha-se em conta que na Igreja primitiva, até o século VI, eram submetidos ao sacramento da Penitência apenas os pecados de assassinato, apostasia e adultério. Os demais pecados eram absolvidos por outros gestos e orações, inclusive pelo pai-nosso.

Tal interpretação é também retomada pela *Instrução Geral do Missal Romano* com estas palavras: "Na oração do Senhor pede-se o pão

---

[5]   SÃO CIPRIANO DE CARTAGO. A oração do Senhor 18. In: *Tratado sobre a oração*, cit., p. 48.

[6]   SANTO AGOSTINHO DE HIPONA. Sermão 229, 3 = Denis 6; Sermão 17,5. In: *Antologia litúrgica*, cit., n. 3890.

[7]   Cf. SANTO AGOSTINHO DE HIPONA. Sermão 351, 6. In: *Antologia litúrgica*, cit., nn. 3603, 4066.

[8]   SÃO JOÃO CRISÓSTOMO. Homilias sobre o Gn 27,9. In: *Antologia litúrgica*, cit., n. 2602.

de cada dia, que lembra para os cristãos antes de tudo o pão eucarístico, e pede-se a purificação dos pecados, a fim de que as coisas santas sejam verdadeiramente dadas aos santos" (n. 81).

O pai-nosso pode ser rezado em voz alta ou cantado (*IGMR*, n. 81). Se for cantado, recomenda-se que seja por todos ou pela maioria. Embora o canto seja muito apto para expressar a solidariedade cristã e a comunhão entre irmãos, a recitação pode suscitar uma participação mais intensa de toda a assembleia, até mesmo dos afônicos e desafinados, bem como dos que estão de passagem e não conhecem a melodia do canto.

Os bispos do Brasil lembram que, "por ser a oração que o Senhor nos ensinou, não deve ser nunca substituída por outros cantos" (CNBB. *Animação da vida litúrgica no Brasil.* São Paulo: Paulinas, 1989. Doc. 43, n. 310).

O pai-nosso é precedido de uma monição, que, como todas as outras monições, pode ser adaptada. Por exemplo: pode-se relacionar este momento com a liturgia da Palavra, especialmente com o Evangelho do dia. No entanto, deve-se atentar para a brevidade (*IGMR*, n. 31). A monição também pode ser cantada (*IGMR*, n. 81). A edição brasileira do *Missal* apresenta cinco fórmulas, todas muito ricas de significado. A primeira já estava no *Missal* de Pio V e nos antigos sacramentários romanos. Expressa um profundo respeito pelo pai-nosso, a única oração que o Senhor nos ensinou. Nos tempos antigos, só os cristãos podiam conhecê-la. Não era escrita para não cair nas mãos dos pagãos. Os catecúmenos aprendiam-na momentos antes de serem batizados, quando, então, se tornavam filhos de Deus.

"O sacerdote profere o convite e todos os fiéis recitam a oração com o sacerdote" (*IGMR*, n. 81), inclusive as duas primeiras palavras: "Pai nosso". Infelizmente, na maioria das vezes, o padre faz a monição e imediatamente encadeia a oração, sem dar à assembleia a possibilidade de recitá-la desde o início.

As rubricas não preveem nenhum gesto para a assembleia, mas também não o proíbem. O sacerdote, por isso, pode ter a liberdade de sugerir. Por exemplo: mãos erguidas para o céu para expressar nossa atitude filial para com Deus, nosso Pai; ou mãos dadas para expressar nossa solidariedade para com os irmãos e irmãs.

Uma glosa que tecnicamente se chama embolismo amplia o último pedido do pai-nosso: "Livrai-nos de todos os males, ó Pai, e dai-nos hoje a vossa paz...". Encerra-se o embolismo com uma aclamação muito antiga: "Vosso é o reino, o poder e a glória para sempre!" Esta aclamação, que já se encontra na *Didaqué*, é usada na liturgia bizantina e nos cultos evangélicos. Certamente, os responsáveis pela reforma litúrgica quiseram dar um sentido ecumênico a este momento da Eucaristia.

Rito da paz

O rito da paz é o segundo na ordem de preparação à comunhão, tanto na missa quanto na celebração dominical da Palavra (*DCDAP*, n. 48). Por meio dele "a Igreja implora a paz e a unidade para si mesma e para toda a família humana e os fiéis exprimem entre si a comunhão eclesial e a mútua caridade, antes de comungar do sacramento" (*IGMR*, n. 82). Segundo João Paulo II, o sinal da paz "é um gesto particularmente expressivo, que os fiéis são chamados a realizar como manifestação do consenso que o Povo de Deus presta a tudo o que se realizou na celebração, e do empenho de amor recíproco que se assume ao participar do único pão" (*DD*, n. 44). No Brasil,

> nossas comunidades, de forma muito espontânea, acolheram e perceberam o rito de saudação da paz como momento de confraternização alegre em Cristo. É momento privilegiado para realçar o compromisso da comunicação da paz a todos indistintamente. Paz recebida como dom (CNBB. Doc. 43, n. 312).

O rito da paz consta de três elementos:

Oração do presidente

"Senhor Jesus Cristo, dissestes aos vossos apóstolos: eu vos deixo a paz, eu vos dou a minha paz..." Esta oração foi composta por volta do século XI. Era recitada apenas pelo presidente da celebração, em voz baixa, como preparação pessoal à comunhão. Com a reforma do Concílio Vaticano II, por desejo expresso do papa Paulo VI, passou a ser uma oração presidencial, dita em nome de toda a assembleia. Segundo P. Jounel, o papa quis dar-lhe um alcance ecumênico, por causa de sua conclusão: "Não olheis os nossos pecados, mas a fé que anima a vossa Igreja; dai-lhe, segundo o vosso desejo, a paz e a unidade".[9]

Saudação-anúncio de paz

"A paz do Senhor esteja sempre convosco." Trata-se, portanto, da paz que o Senhor concedeu-nos como dom pascal (cf. Jo 20,21) e não de uma paz meramente humana, psicológica ou social, conquistada através do nosso esforço. Só Cristo "é a nossa paz". Foi ele quem de dois povos fez um só, destruindo o muro de inimizade que os separava (cf. Ef 2,14). Este é o momento central do rito da paz. O *Missal* prevê que seja cantado. Convém, por isso, que lhe seja dada a maior expressividade possível.

Abraço da paz

O convite é feito pelo diácono, ou, na sua ausência, pelo próprio presidente da celebração, ou por um dos concelebrantes (*IGMR*, n. 239). Na verdade, é mais do que um convite. É uma ordem: "Irmãos e irmãs, saudai-vos em Cristo". Trata-se, portanto, de um gesto eficaz, performativo e não apenas manifestativo. O modo de realizar deve ser estabelecido pelas conferências episcopais, atendendo à índole e aos costumes dos povos. Pede-se, porém, que seja de forma sóbria e apenas aos que estão próximos (*IGMR*, n. 82). Embora deva ser feito com alegria e sorriso nos lábios, com certeza, não é um momento de "recreio". A CNBB decidiu que fosse feito por cumprimento entre as pessoas do modo como elas se cumprimentam em qualquer lugar público. Não existe uma fórmula de saudação.

O *Cerimonial dos bispos* sugere aquela clássica: "A paz esteja contigo" (n. 103). Entre nós, introduziu-se o costume de acompanhar a saudação

---

[9] JOUNEL, P. *La misa ayer y hoy*. Barcelona: Centre de Pastoral Litúrgica, 1988. pp. 143-144.

com um canto. Não é uma total novidade, pois no rito moçárabe existe esta prática. No entanto o canto, neste momento, não é de todo conveniente, mormente se o texto, como sói acontecer, não expressa o verdadeiro sentido do rito. O abraço da paz não é obrigatório. O *Missal* diz: "Se for oportuno". O papa Paulo VI, no entanto, teria desejado o contrário. Em suas observações às propostas da Comissão responsável pela reforma do *Missal*, se perguntou: "Tirar o 'se for oportuno?'".[10] Sem dúvida, este é um gesto de grande significado. Por isso algumas conferências episcopais legislaram que seja omitido apenas quando houver sérios inconvenientes.[11]

Fração do pão

A fração do pão é o terceiro rito de preparação à comunhão. Embora, ordinariamente, não lhe sejam dadas a importância e a relevância que merece, trata-se de um rito de profundo valor simbólico e sacramental, ou seja, trata-se de uma das ações que constituem o núcleo sacramental da Eucaristia. Foi o gesto feito por Cristo na última ceia (Mt 26,26-28; Mc 14,22-24; Lc 22,19-20; 1Cor 11,23-25). Foi também o gesto com que os discípulos de Emaús reconheceram o Ressuscitado (Lc 24,30.35). Nos tempos apostólicos, a expressão "fração do pão" foi usada para significar toda a celebração eucarística (At 2,42.46; 20,7.11; 1Cor 10,16). Por causa de sua importância, deve ser realizado pelo presidente da celebração, ajudado, se for o caso, pelo diácono ou por um dos concelebrantes (*IGMR*, n. 83).

A fração do pão tem sua origem na liturgia judaica, especialmente na ceia pascal, onde o pai de família pronuncia uma bênção, parte o pão e o distribui entre os convivas. Como já vimos, Jesus praticou o mesmo gesto na última ceia, e os discípulos, atendendo à sua ordem, continuaram a fazê-lo em sua memória.

Nos primeiros séculos, a fração do pão acontecia imediatamente após a oração eucarística, conforme a sequência dos atos realizados por Jesus, que tomou o pão e, depois de dar graças, o partiu.

---

[10] BUGNINI, A. *La riforma litúrgica* (1948-1975). Roma: Ed. Liturgiche, 1983. p. 375.

[11] SECRETARIADO Nacional de Liturgia (Espanha). *Nota sobre o rito da paz.*

LITURGIA: PEREGRINAÇÃO AO CORAÇÃO DO MISTÉRIO

Sabe-se que até o século VII continuava sendo um rito muito solene, acompanhado por todos os participantes com o canto do cordeiro-de-Deus. A partir do século XII, com a introdução das hóstias pequenas para os fiéis, a pouca participação do povo na comunhão e a prática de comungar fora da missa, a fração do pão foi perdendo sua importância e degradando-se num conjunto de meras cerimônias, ou em vazias exortações, como a que o bispo fazia ao neopresbítero no dia de sua ordenação: "Antes de celebrar a Eucaristia, deves aprender diligentemente de outros sacerdotes doutos o conjunto dos *ritos da missa, a maneira de consagrar e o modo de fazer a fração do pão...*".[12]

A reforma litúrgica prescrita pelo Concílio Vaticano II, em suas orientações, voltou a dar-lhe grande importância. Na prática, porém, o rito continua sem força simbólica e sem chamar a atenção da maioria dos fiéis.

Sem excluir as hóstias pequenas, quando o número de comungantes ou outras razões pastorais o exigirem, o *Missal* pede que a matéria da celebração eucarística se pareça realmente um alimento. Em outras palavras: que seja pão também na aparência. A distinção entre hóstia grande para o padre e hóstias pequenas para o povo sugere dois tipos de comunhão: uma importante, a do padre, que não pode faltar, e outra menos importante, a do povo, que não faria falta se, por acaso, não fosse feita. A força e a importância do sinal exigem mesmo a abolição da patena pequena. Todas as hóstias devem ser colocadas numa única bandeja. O pão, de fato, deve ser partido em diversas partes e distribuído ao menos a alguns dos fiéis. Trata-se de partir para repartir. Fica, por isso, abolido o costume de somente o presidente comungar da hóstia grande. Alguns sacerdotes, ao apresentar a hóstia ao povo, unem de novo as duas metades. Tal prática faz da fração do pão uma mera cerimônia. Fica também abolida a prática de distribuir a comunhão com hóstias já consagradas. Inicia-se a fração do pão depois do abraço da paz, durante o canto do

---

[12] BENTO XIV; LEÃO XIII. *Pontificale Romanum*. Mechliniae H. Dessain, Bélgica, 1958, Ordenação de Presbítero, monição antes da pós-comunhão, p. 96.

• • • 200 • • •

cordeiro-de-Deus. "Na estrutura da ceia, é aqui o lugar próprio da fração como gesto ritual de fazer o que Cristo fez e não durante a narrativa da instituição" (CNBB. Doc. 43, n. 315).

Todas estas orientações encontram-se na *Instrução Geral do Missal Romano*, que, pelo menos em três momentos, faz questão de explicitar o significado do rito:

> Pela fração do pão e pela comunhão, os fiéis, embora muitos, recebem o corpo e o sangue do Senhor de um só pão e de um só cálice, do mesmo modo como os apóstolos, das mãos do próprio Cristo (n. 72).
>
> O gesto da fração [...] significa que muitos fiéis, pela comunhão no único pão da vida, que é o Cristo, morto e ressuscitado pela salvação do mundo, formam um só corpo (1Cor 10,17) (n. 83).
>
> O gesto, porém, da fração do pão, [...] manifestará mais claramente o valor e a importância do sinal da unidade de todos em um só pão e da *caridade fraterna*, pelo fato de um único pão ser repartido entre os irmãos (n. 321).

O cordeiro-de-Deus

Durante a fração do pão, como já foi dito, a assembleia canta o cordeiro-de-Deus, prece de origem bíblica dirigida a Cristo, Cordeiro Pascal que se imola pelos seus e tira o pecado do mundo (cf. Jo 1,29.36; 1Cor 5,7; 1Pd 1,18-19; Ap 5,6.12; 19,9).

Seu objetivo é acompanhar o gesto da fração do pão. Por isso pode ser repetido enquanto durar o rito. "A última vez conclui-se com as palavras: 'Dai-nos a paz'" (*IGMR*, n. 83). É um canto em forma de ladainha. Deve ser entoado por um solista ou grupo de cantores e respondido pela assembleia. O que preside está autorizado a recitá-lo somente nas missas sem participação do povo (*IGMR*, n. 267). Não pode ser substituído por outro canto (*IGMR*, n. 366), exceto nas missas com crianças, onde é permitido usar traduções populares, mesmo que não estejam de acordo com o texto oficial (*DMC*, n. 31).

Não se sabe quando o cordeiro-de-Deus passou a integrar a celebração eucarística. O primeiro documento a respeito é uma determinação do papa Sérgio I, cujo pontificado durou de 687 a 701. Naquela época a fração do pão era um rito solene e prolongado. A assembleia participava da comunhão em grande número. O pão não era ázimo nem estilizado como hoje. Vários ministros eram envolvidos no rito. Não convinha, por isso, que o povo ficasse em silêncio, como simples expectador.

No século IX, Floro de Lião, em sua obra *Explicação da missa*, faz o seguinte comentário:

> Entre estas coisas todos cantam e cantando rezam dizendo: "Cordeiro de Deus que tirais o pecado do mundo...". Quando derramou por nós o seu sangue na cruz, ou quando cada um de nós foi lavado no mistério de sua Paixão pelo Batismo de água, então verdadeiramente, foram tirados os pecados do mundo, e continua a lavar-nos dos nossos pecados cotidianos no seu sangue, quando, no altar, fazemos memória da sua santíssima Paixão.[13]

A partir do século X, o povo já não comunga mais em todas as missas. Desde então não havia necessidade de partir o pão, consequentemente o rito perdeu sua importância. Converteu-se em mera cerimônia. O cordeiro-de-Deus passa, por isso, a ser recitado somente pelo sacerdote, como se fosse uma espécie de ato de contrição feito antes da comunhão.

O Concílio Vaticano II reconhece que, com o decorrer do tempo, alguns ritos foram adulterados por outros que não correspondem à natureza íntima da liturgia e determina que sejam restaurados (SC, n. 21). À luz dessa orientação, o *Missal Romano* retoma o sentido original do cordeiro-de-Deus, estabelecendo que seja cantado pelo povo durante a fração do pão. Para deixar bem clara tal orientação, o *Missal Romano* lembra também que a matéria da celebração eucarística deve parecer realmente um alimento e que, na missa com o povo, o sacerdote possa de fato partir a hóstia em diversas partes e distribuí-las ao menos a alguns dos fiéis. Orienta ainda que as hóstias pequenas somente sejam usadas se o exigirem o número de fiéis e outras razões pastorais (*IGMR*, n. 321).

Infelizmente, essa orientação ainda na foi "recebida". Talvez por causa do tipo de pão, talvez por causa do hábito, talvez, ainda, por falta

---

[13] FLORO DE LIÃO. Explicação da missa, 90 In: *Antologia litúrgica*, cit., p. 1475.

de formação, o rito da fração do pão continua sem expressão e o canto do cordeiro-de-Deus continua sendo omitido ou substituído por outro que nada tem a ver com o rito.

Ritos de execução

A celebração eucarística atinge seu ponto mais alto no momento da distribuição e recepção das sagradas espécies do pão e do vinho, o corpo e o sangue de Cristo. Por esse gesto se concretiza o mandamento do Senhor: "Tomai e comei, isto é o meu corpo que será entregue por vós"; "tomai e bebei, isto é o cálice do meu sangue... que será derramado por vós...". Comendo do pão e bebendo do cálice, anunciamos a morte do Senhor e proclamamos sua ressurreição (aclamação anamnética, cf. 1Cor 11,26). Segundo bons exegetas, anunciar a morte e proclamar a ressurreição do Senhor não significa uma simples recordação psicológica, mas uma volta real, embora mística, àqueles acontecimentos.

> Celebrando a Eucaristia, recebendo a comunhão, todo domingo ou todo dia, vamos ao Calvário e ao sepulcro vazio: não vamos fisicamente, mas no memorial, mediante a retomada ritual do signo profético do pão e do cálice, por meio de uma ação figurativa e, portanto, sacramental, por isso absolutamente real.[14]

Para expressar essa realidade tão profunda, a liturgia romana reservou algumas orações e alguns ritos muito simples.

Oração em silêncio

"O sacerdote prepara-se, por uma oração em silêncio, para receber frutuosamente o corpo e o sangue de Cristo. Os fiéis fazem o mesmo, rezando em silêncio" (IGMR, n. 84).

Para o sacerdote, o Missal Romano apresenta duas opções. São orações com forte tom penitencial, resquício dos tempos medievais. Para os

---

[14] GIRAUDO, C. Redescobrindo a Eucaristia. São Paulo: Loyola, 2003. p. 82.

fiéis, não foi previsto nenhum formulário. Eles podem ficar simplesmente em silêncio, o que é preferível, tendo em conta o caráter comunitário do silêncio. Mas podem também fazer alguma oração mental ou em voz baixa, expressando seus sentimentos e sua fé.

Apresentação da hóstia

"A seguir, o sacerdote mostra aos fiéis o pão eucarístico sobre a patena ou sobre o cálice e convida-os ao banquete de Cristo; e, unindo-se aos fiéis, faz um ato de humildade, usando as palavras prescritas do Evangelho" (*IGMR*, n. 84).

Alguns sacerdotes costumam dizer: "Felizes *somos nós* os convidados para a ceia do Senhor" ("para o banquete nupcial do Cordeiro", primeira opção alternativa). Com todo o respeito à reta intenção, é preciso constatar que eles cometem um grave erro. Empobrecem e reduzem o significado da fórmula proposta pelo *Missal*, que tem perspectiva universalista e includente. O contexto do Apocalipse (19,9) e do evangelho de Lucas (14,15-24), que inspiram a fórmula, refere-se a uma grande multidão, especialmente de pobres, aleijados, cegos e coxos, já que os primeiros convidados tinham rejeitado o convite para sentarem-se à mesa do Reino.

A edição brasileira apresenta mais quatro fórmulas, todas muito profundas e inspiradas em textos bíblicos:

1) Eu sou a luz do mundo; quem me segue não andará nas trevas, mas terá a luz da vida.

2) Quem come minha carne e bebe meu sangue permanece em mim e eu nele.

3) Provai e vede como o Senhor é bom; feliz de quem nele encontra seu refúgio.

4) Eu sou o pão vivo, que desceu do céu: se alguém come deste pão, viverá eternamente.

Embora essas fórmulas sejam antecipadas pela expressão: "Pode-se usar estas palavras ou outras semelhantes", nada impede que o sacerdote, retomando uma antiga tradição romana que relaciona a Palavra proclamada com a sua interiorização plena no banquete eucarístico, crie outras fórmulas calcadas no Evangelho do dia. Por exemplo: no quinto domingo da Páscoa, seria razoável escutar o seguinte convite: "Eu sou o caminho, a verdade e a vida. Ninguém vai ao Pai senão por mim" (Ano A). "Eu sou a videira, vós os ramos. Quem permanece em mim eu nele produz muito fruto" (Ano B). "Amai-vos uns aos outros como eu vos amei" (Ano C).

Aqui se deve ter muito cuidado para não transformar a fórmula ritual em discurso exortatório.

Procissão e canto de comunhão

"Enquanto o sacerdote recebe o sacramento, entoa-se o canto da comunhão... O canto prolonga-se enquanto se ministra a comunhão dos fiéis" (*IGMR*, n. 86).

O canto de comunhão é o canto processional mais antigo da missa. Toda a assembleia deve participar deste canto, ao menos do refrão, pois ele "expressa, pela unidade das vozes, a união espiritual dos comungantes, demonstra a alegria dos corações e realça mais a índole comunitária da procissão para receber a Eucaristia" (*IGMR*, n. 86).

Deve ser um canto adequado para a comunhão e deve estar em sintonia com o tempo litúrgico. Nas missas com crianças, é preciso ter em conta a índole delas. As orientações indicam como formas adequadas para este canto a antífona do *Gradual Romano* com salmo ou sem salmo, a antífona do *Gradual Simples* com o seu salmo, ou um outro canto.

Recepção do corpo de Cristo

O sacerdote ou o ministro, "mostrando a hóstia um pouco elevada aos que vão comungar, diz a cada um: 'O corpo de Cristo'. O que vai comungar responde: 'Amém'" (*MR*, n. 135).

Esse gesto deve ser feito com calma e tranquilidade. O ministro deve olhar para o fiel enquanto fala com ele, e só depositar a hóstia na mão ou na língua do fiel depois que ele tenha respondido "amém". O fiel, de sua parte, em vez de ter os olhos fechados e a cabeça inclinada, deve olhar para a hóstia que lhe é apresentada. Em seguida, olhar para a mão que já segura a hóstia. A cabeça poderá fazer uma leve inclinação e, ali mesmo, diante do ministro, levar a hóstia à boca com calma e tranquilidade. Em toda a celebração, mas aqui de modo especial, deve-se evitar que o rito se torne uma ação mecânica, como muito bem lembram os documentos antigos. Vamos citar um deles, a título de exemplo:

> Ao te aproximares da comunhão, não vás com as palmas das mãos estendidas, nem com os dedos separados; mas faze com a mão esquerda um trono para a direita como quem deve receber um rei e no côncavo da mão espalmada recebe o corpo de Cristo, dizendo: "Amém". Com segurança, então, santificando teus olhos pelo contato do corpo sagrado, toma-o e cuida de nada se perder. Pois se algo perderes é como se tivesses perdido um dos próprios membros. Dize-me: se alguém te oferecesse lâminas de ouro, não as guardarias com toda a segurança, cuidando que nada delas se perdesse e fosses prejudicado? Não cuidarás, pois, com muito mais segurança de um objeto mais precioso que ouro e pedras preciosas, para dele não perderes uma migalha sequer?.[15]

Receber a comunhão na mão ou na boca, de pé ou de joelho, é opção do fiel que deve ser respeitada (*IGMR*, nn. 160-161). Contudo é bom lembrar que a prática de receber a comunhão na boca e de joelhos foi introduzida na Idade Média, depois do século IX, e não começou em Roma. Muitas razões podem ser aduzidas para justificar esta prática. A mais provável, porém, foi a clericalização da liturgia, que separou os ministros ordenados dos simples fiéis. A partir de então, apenas mãos ungidas e consagradas podiam tocar o corpo de Cristo, assim como somente o padre podia ungir os enfermos, e conferir bênçãos aos objetos. É desta época também o desaparecimento da oração dos fiéis, da procissão de oferta e o surgimento de balaústres separando a nave do presbitério.

---

[15] SÃO CIRILO DE JERUSALÉM. Catequeses mistagógicas, V,21, cit.

A comunhão na mão foi prática da Igreja durante todo o primeiro milênio. Sua restauração, depois de muitos pedidos, se fundamenta nos seguintes motivos:

1) Comunhão na boca é um gesto infantil. Muitas pessoas não se sentem bem ao fazer em público um gesto antiestético e que lhes apequena.

2) As pessoas, em nossos dias, são mais sensíveis a certas atitudes de higiene. De fato, não é nada agradável ter os dedos umedecidos por saliva de diversas pessoas, uma depois da outra, sem purificá-los.

3) Comungar na mão é tão digno quanto comungar na boca. Aliás, segundo são Tiago, peca-se mais com a língua do que com a mão (Tg 3,1-12).

4) A comunhão na mão permite uma participação mais ativa do fiel que comunga, expressa mais claramente a dignidade do cristão, faz crescer a fé na grande realidade do corpo e do sangue do Senhor.

5) Facilita o diálogo que acompanha o gesto: o "amém" não se diz enquanto se abre a boca, mas enquanto se recebe na mão.

Recepção do sangue de Cristo

"A comunhão realiza mais plenamente o seu aspecto de sinal quando sob as duas espécies" (*IGMR*, n. 281).

Até o século XII, com raríssimas exceções, pode-se dizer que a comunhão sob as espécies de pão e de vinho foi o normal na Igreja. Aliás, a comunhão somente sob a espécie de pão foi condenada por dois papas: "Com boca indigna recebem o corpo de Cristo, mas se abstêm totalmente de tomar o sangue da nossa redenção".[16]

> Sabemos que algumas pessoas, na mesma região, tomam apenas um pedaço do corpo sagrado e se abstêm do sagrado sangue do cálice. Não tenho dúvida em afirmar, uma vez que desconheço qual a superstição que os manda abster-se, que, ou devem receber os sacramentos integralmente, ou devem afastar-se

---

[16] SÃO LEÃO MAGNO. Sermão 43. In: *Textos eucarísticos primitivos* II. Madrid: BAC, 1954. p. 505.

deles integralmente, pois não é possível dividir o mesmo mistério sem cometer um grave sacrilégio.[17]

Na Idade Média, por motivos teológicos e de funcionalidade, a prática foi caindo em desuso, até que, em 1584, foi totalmente abolida pelo papa Gregório III.[18] Durante quatro séculos o assunto virou tabu em nossa Igreja. Qualquer tentativa de retomá-lo era considerada sinal de heresia. Foi preciso acontecer o Concílio Vaticano II para que gradualmente se voltasse ao costume primitivo. Hoje, os sacerdotes, devidamente autorizados pelo bispo diocesano, podem distribuir a comunhão sob as duas espécies sempre que lhes parecer oportuno, "contanto que os fiéis tenham boa formação a respeito e esteja excluído todo o perigo de profanação do sacramento, ou o rito se torne mais difícil por causa do número de participantes, ou por outro motivo" (*IGMR*, n. 282).

Existem quatro modos de distribuir o sangue do Senhor: diretamente do cálice, por intinção, com uma cânula ou uma colher (*IGMR*, n. 245). Os dois últimos modos não são nada práticos, por isso a própria *Instrução geral do Missal Romano* os descarta no momento em que detalha as orientações práticas (nn. 284-287).

Tomar diretamente do cálice é, sem dúvida, mais de acordo com o gesto indicado por Cristo. No entanto, "esta maneira de proceder só deverá ser adotada, quando o rito puder ser realizado com a devida ordem e sem nenhum perigo de irreverência para com o sangue de Cristo".[19]

A intinção da hóstia no sangue é mais prática, mas desfigura o dúplice gesto de comer e beber. O papa Pascal II, ao comentar uma disposição do Concílio de Clermont, celebrado no ano de 1095, desautorizava esta forma de comungar com a seguinte justificativa: "Sabemos que o próprio Senhor deu primeiro o pão, depois o vinho. Foi-nos ensinado e recomendado para conservar sempre na Igreja tal rito, exceto

---

[17] GELÁSIO I. *Epistulae Romanorum Pontificum* (=Thiels). In: *Antologia litúrgica*, cit., n. 4549.

[18] CONTI, B. *La comunione al cálice*. Roma: Ed. Pia Unione Preziosissimo Sangue, 1981.

[19] SAGRADA Congregação para o Culto Divino. *Sacramentalii communione*. Instrução sobre a comunhão sob as duas espécies, n. 6.

quando se trata de criança pequena ou de enfermos graves que não podem deglutir o pão".[20]

A distribuição do sangue de Cristo se faz do mesmo jeito que a distribuição do corpo do Senhor. O ministro diz: "O sangue de Cristo", e o fiel responde: "Amém".

O "Amém" da comunhão não tem a importância do "Amém" que encerra a oração eucarística. Mesmo assim, seu significado é muito profundo. Vários documentos da Igreja dos primeiros tempos testemunham a seu respeito. Vamos citar apenas um:

> [...] A misteriosa realidade do que sois está posta sobre a mesa do Senhor, e o que recebeis é o vosso mistério. Ao que sois respondeis "Amém", e respondendo "Amém" subscreveis, firmais o que sois. Com efeito, ouves: "O corpo de Cristo", e respondes: "Amém". Sê membro do corpo de Cristo, para que seja verdadeiro o teu "Amém".[21]

Quantas vezes por dia se pode comungar

Com certa frequência, pessoas de comunidades de bairro ou de área rural, tendo recebido a comunhão em uma celebração da Palavra na própria comunidade, vêm perguntar se podem comungar de novo. Por trás desta pergunta existe uma preocupação com a legalidade, ou, se quisermos, com a licitude. A resposta, por isso, deve ser a partir do que diz a lei.

O *Código de Direito Canônico*, em seu cânon 917, diz que aquele que já recebeu a Eucaristia pode recebê-la "outra vez" no mesmo dia, contanto que participe da missa e a receba durante a celebração.

Na opinião dos canonistas, este cânon permite comungar várias vezes durante o dia, pois, em sua redação final, foi preferida a expressão "outra vez" àquela que estava no esquema original: "mais uma vez".

---

[20] Inserto dela *Rivista di Pastorale Liturgica* n. 123, *Bere al cálice eucarístico*, p. 36.

[21] SANTO AGOSTINHO DE HIPONA. Sermão 272. In: *Antologia litúrgica*, cit., p. 954.

No entanto, a Comissão para a interpretação autêntica do *Código* é de outra opinião. Comunga-se apenas duas vezes por dia[22] para evitar abusos por superstição, ignorância ou devoção mal orientada. É bom que se atente para o que diz o cânon. A pessoa pode receber a Eucaristia "outra vez" no mesmo dia, contanto que participe da missa e receba a comunhão durante a celebração. A lei não distingue sob que condições a Eucaristia deve ser recebida na primeira vez, somente na segunda. Se a pessoa tivesse participado de uma missa, comungado em sua comunidade e, depois, participado de uma celebração da Palavra em outra comunidade, não poderia receber "outra vez" a Eucaristia, pois não estaria participando da missa.

Pão de trigo, vinho de uva

"O pão para a celebração da Eucaristia deve ser de trigo sem mistura, recém-feito e ázimo, conforme antiga tradição da Igreja latina" (*IGMR*, n. 320). "O vinho para a celebração eucarística deve ser de uva (cf. Lc 22,18), natural e puro, isto é, sem mistura de substâncias estranhas" (*IGMR*, n. 322).

Na história da Igreja, sempre houve grupos que reivindicaram o direito de celebrar com outros elementos. Por volta de 172, Taciano, o Sírio, fundou a seita dos encratistas, que, em vez de vinho, usavam água na celebração da Eucaristia. São Cipriano, sem identificar os praticantes, condena o costume: "Fico perplexo ao pensar donde poderá ter vindo este costume de, nalguns lugares, se oferecer no cálice do Senhor, contra o ensinamento evangélico e apostólico, água, que por si só não pode exprimir o sangue de Cristo...".[23]

Os artotiritas, segundo santo Agostinho, recebem este nome porque em suas oblações oferecem pão e queijo.[24]

---

[22] *L'Osservatores Romano* 11 nov. 1984 (ed. portuguesa).
[23] SÃO CIPRIANO DE CARTAGO. Carta a Cecílio. In: *Antologia litúrgica*, cit., p. 300.
[24] SANTO AGOSTINHO DE HIPONA. Sobre as heresias. In: *Textos eucarísticos primitivos*, cit., p. 258.

Em nossos dias, a partir de reflexões de cunho antropológico-cultural, a questão tem sido levantada mais pelos africanos. Segundo eles, a Igreja desdenha do símbolo maior, a refeição, para se prender à simbologia menor do pão e do vinho. O arcebispo de Bangui (República Centro-Africana), dom Ndayen, por exemplo, assim se expressou: "Se o Cristo tivesse vindo à África central, teria utilizado o pão e o vinho, ou o vinho de coco e as bolachas de milho e de mandioca?".[25] Em Toulouse, num simpósio que teve por tema "Responsabilidade, partilha e Eucaristia", o bispo de Bobo-Dioulasso (Alto Volta), dom Anselmo Titianma Sanon, ao comentar a expressão "Fruto da terra e do trabalho humano", da oração de bênção na preparação das oferendas, afirma: "O pão que usamos na Eucaristia é fruto de uma outra terra e, sobretudo, de uma outra cultura. O pão e o vinho como elementos materiais, embora universalizáveis, não são universais e encontram concorrentes com simbolismo equivalente".[26]

Mas quem mais tem questionado a disciplina da Igreja sobre esta matéria têm sido as pessoas que não podem ingerir pão e álcool. Elas reivindicam a possibilidade de comungar hóstias feitas com outro tipo de farinha, e outra bebida que não contenha álcool. A Igreja, no entanto, não se sente autorizada para mudar sua disciplina nesta questão. O Magistério considera que se trata de "direito divino". Foi o próprio Jesus quem escolheu o pão e o vinho como matéria da Eucaristia. Não depende, portanto, de nossa opinião. Contudo, diante da insistência, a Santa Sé tem emitido algumas orientações. Foram quatro os documentos nos últimos tempos. Em seu conjunto estabeleceram estes princípios:

1. As hóstias sem nenhum gluten são matéria inválida para a Eucaristia.
2. As hóstias com glute em quantidade suficiente para obter a panificação são matéria válida para a Eucaristia.
3. O mosto da uva é matéria válida para a Eucaristia.

---

[25] Entrevista por F. Matthey, *Peuples du monde*, jun. 1980, pp. 12-14.

[26] SANON, A. T. Dimensions anthropologiques de l'Eucharistie. In: *Documentation Catholique* 1812 (1981) 721-728.

4. O fiel que não pode ingerir pão, nem mesmo o pão com pouca quantidade de glute, pode comungar sob a espécie de vinho somente.

5. O sacerdote impossibilitado de comungar sob a espécie de pão, inclusive do pão com pouca quantidade de glute, com a licença do ordinário, pode comungar somente sob a espécie de vinho quando participa de uma concelebração.

6. O sacerdote que não pode beber nem mesmo uma pequena quantidade de vinho, no caso de dificuldade de conseguir ou conservar o mosto, com a licença do ordinário pode comungar apenas sob a espécie de pão quando participa de uma concelebração.

7. Se o sacerdote pode beber vinho, mas apenas em pequena quantidade, na celebração individual a eventual sobra de vinho pode ser consumida por um fiel que esteja participando daquela Eucaristia.

8. Os ordinários podem conceder licença para usar pão com baixo teor de glute ou mosto como matéria da Eucaristia em favor de um fiel ou de um sacerdote. A licença pode ser concedida habitualmente, enquanto dure a situação que motivou a licença.

9. No caso de uma concelebração em que o presidente esteja autorizado a usar mosto, dispor-se-á para os concelebrantes um cálice de vinho normal e, analogamente, no caso em que o presidente esteja autorizado a usar hóstia com baixo teor de glute, os concelebrantes comungarão com hóstias normais.

10. O sacerdote impossibilitado de comungar sob a espécie de pão, inclusive com pão com baixo teor de glute, não pode celebrar a Eucaristia individualmente nem presidir concelebrações.

11. Dada a centralidade da celebração eucarística na vida do padre, é preciso que se tenha muita cautela antes de admitir ao presbiterado candidatos que não podem sem grave dano ingerir glute ou álcool etílico.

12. Acompanhe-se o desenvolvimento da medicina no campo da celiaquia e do alcoolismo e se favoreça a produção de hóstias com a mínima quantidade de glute e de mosto autêntico.

Ritos de conclusão

Após a comunhão, costuma-se fazer a purificação dos vasos sagrados. O sacerdote, o diácono ou acólito instituído podem realizá-la no altar, mas seria mais conveniente se a fizessem na credência. Este é um gesto funcional, sem simbolismo, e não tem nada a ver com a celebração. Pode, por isso, ser feito após a missa. Em certos casos, seria até melhor, pois permitiria que também os ministros aproveitassem o "tempo precioso da ação de graças" (SC, n. 50). Dito de uma forma mais direta: "É altamente desejável que o sacerdote não perturbe o tempo do silêncio depois da comunhão, purificando nessa altura a patena e o cálice".[27]

Mesmo sendo um gesto funcional, a Igreja orienta que a purificação seja acompanhada de uma oração silenciosa por parte do sacerdote. Em tal oração se pede para os comungantes a graça de conservarem num coração puro o que a boca acaba de receber e para que a preciosa dádiva da comunhão se transforme em remédio de eternidade.

Momento de silêncio ou de um salmo ou canto de louvor

"Terminada a distribuição da comunhão, se for oportuno, o sacerdote e os fiéis oram por algum tempo em silêncio. Se desejar, toda a assembleia pode entoar ainda um salmo ou outro canto de louvor ou hino" (*IGMR*, n. 88).

Embora optativo, este silêncio é muito significativo. Não é conveniente defini-lo como "ação de graças", já que toda a missa é "ação de graças". Ele permite um prolongamento contemplativo daquilo que foi celebrado e é "expressão de intimidade pessoal e comunitária com o mistério".[28] Com outras palavras: "Facilita a plena ressonância da voz do Espírito Santo nos corações" (*IGLH*, n. 202). Não se expressa uma forte experiência com palavras. Apenas o silêncio ou o canto conseguem

---

[27] DEISS, L. *A missa da comunidade cristã*. Porto: Editorial Perpétuo Socorro, 1998. p. 119.

[28] CNBB. *Guia litúrgico-pastoral*. Brasília: Ed. CNBB, [s.d.]. p. 29.

fazê-lo. Por isso, após a comunhão, ou se silencia ou se canta. O canto, nesse momento, é totalmente diverso do canto de comunhão. É um "canto com outro sentido e outro caráter, um canto entoado a modo de hino, conjuntamente, sem atuação de coros e solistas, por toda a assembleia, como louvor agradecido".[29]

Oração depois da comunhão

Como a procissão de entrada e a procissão das oferendas, a procissão de comunhão também termina com a oração do presidente, que, em nome da assembleia, implora os frutos do mistério celebrado (cf. *IGMR*, n. 89). O povo faz sua esta oração por meio da aclamação: "Amém".

Desde o século IV existem testemunhos a respeito da oração depois da comunhão. Por ser uma oração presidencial, deve ser proferida em voz alta e clara a fim de ser escutada por todos com atenção. Por isso, enquanto está sendo proferida, não pode haver canto, nem toque de instrumento musical (*IGMR*, n. 32). Nas missas presididas pelo bispo, sem que ele celebre a Eucaristia, é ele quem profere esta oração, no altar ou na cátedra (*CB*, n. 184).

São muitos os frutos da Eucaristia, por isso os pedidos na oração depois da comunhão são inúmeros, quase sempre relacionados com a festa ou o mistério celebrado naquele dia. A título de exemplo, vamos citar apenas uma de cada tempo litúrgico: "Aproveite-nos, ó Deus, a participação nos vossos mistérios. Fazei que eles nos ajudem a amar desde agora o que é do céu e, caminhando entre as coisas que passam, abraçar as que não passam" (primeiro domingo do Advento).

Como se pode ver, o fruto solicitado aqui é participar do banquete celeste que o Senhor tem preparado para nós. Em vista desse banquete não tem sentido o apego exagerado às coisas da terra: "Concedei, ó Deus todo-poderoso, que sejamos sempre contados entre os membros de Cristo, cujo corpo e sangue comungamos" (quinto domingo da Quaresma).

---

[29] EXPÓSITO, M. *Conocer y celebrar la eucaristia*. Barcelona: Centre de Pastoral Litúrgica, 2005. p. 376.

Para nós, cristãos, não basta sermos seguidores de Jesus nem apenas revestidos de Cristo. O que interessa mesmo é ser membro, viver a mesma vida de Cristo; já não mais nós vivermos, mas Cristo viver em nós (cf. Gl 2,20): "Ó Deus de bondade, permanecei junto ao vosso povo e fazei passar da antiga à nova vida aqueles a quem concedestes a comunhão nos vossos mistérios" (quinto domingo da Páscoa).

Passar da antiga à nova vida, ou seja, da condição de pecado à vida nova da graça, é o que se pede nessa oração. O perdão dos pecados é, sem dúvida, um dos frutos da Eucaristia, aqui dita de forma indireta, mas muito direta em outras orações de pós-comunhão, como, por exemplo, no terceiro domingo do Advento: "Imploramos, ó Pai, vossa clemência para que estes sacramentos nos purifiquem dos pecados e nos preparem para as festas que se aproximam".

"Tende os mesmos sentimentos de Cristo", pedia são Paulo aos Filipenses. Ele mesmo dizia de si: "Já não sou eu que vivo, é Cristo que vive em mim". Identificar-se com Cristo é, com certeza, fruto da Eucaristia expresso nesta oração do vigésimo sétimo domingo do Tempo Comum: "Possamos, ó Deus onipotente, saciar-nos do pão celeste e inebriar-nos do vinho sagrado, para que sejamos transformados naquele que agora recebemos".

À guisa de conclusão

João Paulo II, todos os anos, por ocasião da Quinta-Feira Santa, escrevia uma carta aos sacerdotes. Na carta de 1980, tratou do mistério da Eucaristia na vida da Igreja e do sacerdote. No capítulo III, reflete a partir da mesa da Palavra e da mesa do pão. Três parágrafos desse último item parecem-me muito apropriados para concluir estas reflexões sobre os ritos da comunhão:

> Aos sacerdotes e aos diáconos é necessário recordar que o serviço da mesa do pão do Senhor lhes impõe obrigações particulares, que se referem: em primeiro lugar, ao próprio Cristo presente na Eucaristia; depois, a todos os atuais

e potenciais participantes na Eucaristia. Quanto ao primeiro ponto, talvez não seja supérfluo recordar que no dia da ordenação o bispo dirige ao novo sacerdote — ao mesmo tempo que lhe entrega sobre a patena e no cálice o pão e o vinho, oferecidos pelos fiéis e preparados pelo diácono — estas palavras: "Recebe a oblação do povo santo que há de ser oferecida a Deus. Repara bem no que fazes, imita o que irás tratar e conforma a tua vida ao mistério da cruz do Senhor". Esta última advertência, que lhe é feita pelo bispo, há de permanecer para o sacerdote como uma das normas mais válidas do seu ministério eucarístico.

Em tal forma deve o sacerdote inspirar a sua atitude ao tratar o pão e o vinho, que se tornarão corpo e sangue do Redentor. É preciso, pois, que todos nós, que somos ministros da Eucaristia, examinemos com atenção as nossas ações ao altar, em especial: o modo como tratamos aquela comida e aquela bebida, que são o corpo e o sangue do Senhor, nosso Deus, em nossas mãos; o modo como distribuímos a sagrada comunhão; e o modo como fazemos as purificações.

Todos esses atos têm o seu significado. Importa, naturalmente, evitar a escrupulosidade; mas que Deus nos preserve de um comportamento destituído de respeito, de uma pressa inoportuna e de uma impaciência escandalosa.[30]

---

[30] JOÃO PAULO II. Carta aos sacerdotes por ocasião da Quinta-Feira Santa de 1980. In: Id. *Sacerdócio e eucaristia. Mensagens doutrinais de João Paulo II*. Petrópolis: Vozes, 1993. v. I, p. 61.

ASLI: pinceladas de uma história de vinte anos

*Valeriano Santos Costa**

Na XX Assembleia Geral, em 2009, a Associação dos Liturgistas do Brasil — ASLI celebra vinte anos de existência. Não poderia faltar, portanto, neste livro comemorativo, uma referência histórica, mesmo que em pinceladas, para realçar a memória de uma instituição criada com o objetivo de desenvolver a ciência litúrgica na perspectiva da opção da Igreja na América Latina, articular atividades de liturgia visando à interação de forças em benefício da formação e assessoria litúrgica nas diversas regiões do país, intercambiar experiências de formação litúrgica em nível acadêmico e pastoral, estabelecer contatos e programar pesquisas e encontros com as associações de teólogos, biblistas, canonistas, moralistas e outras áreas afins.

Este texto não tem a pretensão de descrever a história da ASLI com detalhes fotográficos, tampouco mostrar se o objetivo nobre e audacioso mencionado acima foi realizado, mas apenas, depois de vinte anos de existência institucional, fazer a memória das suas origens e de alguns elementos importantes da caminhada. Isso, de certa forma, indicará se os objetivos foram minimamente cumpridos. Caso contrário, projetará para o futuro o desafio de retomá-los com novo vigor em nosso tempo.

Os elementos históricos da ASLI nucleiam-se em torno dos encontros nacionais de professores de liturgia, que geraram a ASLI, e, depois, das assembleias gerais da ASLI. Portanto, o texto divide-se em duas partes, seguindo tal lógica.

---

* Presidente da ASLI nos dois últimos mandatos. É doutor em Sagrada Liturgia pelo Pontifício Instituto de Liturgia (PIL) do Sant'Anselmo, em Roma, e leciona Liturgia na Faculdade de Teologia Nossa Senhora da Assunção da Pontifícia Universidade Católica de São Paulo (PUC-SP), e no Instituto Pio XI, da Unisal, de São Paulo.

I

Origem da ASLI: os encontros nacionais de professores de liturgia

A história da ASLI começa com o I Encontro de Professores de Liturgia, promovido pela linha 4 da CNBB, de 22 a 24 de janeiro de 1980, em São Paulo. Nesse encontro confrontou-se um levantamento da realidade do ensino da liturgia nas faculdades de teologia e nos seminários com a instrução da Sagrada Congregação para a Educação Católica sobre a *formação litúrgica nos seminários*, do dia 3 de junho de 1979. Participaram 15 professores.

A realidade litúrgica do Brasil foi analisada, sobretudo, à luz da constituição *Sacrosanctum concilium*, sobre a sagrada liturgia, do Concílio Vaticano II, bem como dos documentos de Medellín e Puebla e de alguns documentos da CNBB.

O II Encontro ocorreu em São Paulo, com a participação de 15 professores, de 6 a 14 de julho de 1981. Contou com a assessoria de Aldo Vannucchi para o tema "Liturgia e libertação". Nesse encontro foram levantados diversos questionamentos quanto à ação litúrgica no país e apontados muitos avanços desde a *Sacrosanctum concilium*. Ressaltou-se que a celebração litúrgica é momento de libertação e requer a participação de toda a assembleia celebrante.

O III Encontro ocorreu em Belo Horizonte, de 9 a 13 de julho de 1982. Tinha como tema "Revitalizar o processo de renovação litúrgica". Contou com a presença de dom Romeu Alberti, responsável pela linha 4 da CNBB, e do secretário executivo do Departamento de Liturgia do CELAM. Foi nesse encontro que se cogitou pela primeira vez a criação de uma associação dos professores de liturgia. Também se apresentaram propostas para os cursos de liturgia em faculdades e casas de formação presbiteral.

O IV Encontro deu-se em Salvador, de 7 a 11 de julho de 1983, com a assessoria de Elói Barreto, de Feira de Santana. O tema principal foi "A metodologia do ensino da liturgia". Entre outros assuntos, tais como os vinte anos da *Sacrosanctum concilium*,[1] os subsídios para a Liturgia das Horas,[2] liturgia no novo Código de Direito Canônico, mais uma vez se tocou na da proposta de uma associação dos liturgistas, mas decidiu-se congelar o assunto até o momento oportuno.

O V Encontro Nacional de Professores de Liturgia ocorreu em Petrópolis, com a participação de 18 professores, de 2 a 5 de julho de 1984. O tema principal foi "Como fazer ciência litúrgica a partir das novas práticas litúrgicas emergentes?".

Os maiores desafios apresentados foram: a necessidade de elaborar a ciência litúrgica a partir do nosso contexto eclesial e social; a falta de bibliografia em português; a dificuldade de acesso à bibliografia existente; o uso dos folhetos litúrgicos em prejuízo dos rituais; o imediatismo dos alunos e a excessiva preocupação pastoral; a necessidade do envolvimento de todos os professores de liturgia nestes encontros anuais promovidos pela linha 4 da CNBB.

O VI Encontro Nacional de Professores de Liturgia foi em São Paulo, de 11 a 14 de fevereiro de 1985. Naquela altura o presidente da linha 4 da CNBB era dom Geraldo Majella Agnelo. Nesse encontro participaram 13 professores. O tema principal foi "A situação da liturgia no Brasil como desafio para o ensino nos seminários e faculdades, particularmente no curso de pós-graduação", tema que levou os participantes a discutir a partir das respostas do questionário para avaliação dos vinte anos da constituição *Sacrosanctum concilium*, sobre a liturgia.

Uma das conclusões foi a grande deficiência na formação litúrgica e a falta de pessoas especializadas, o que justifica, de certa forma, o desinteresse pela renovação e pela revitalização da liturgia. "Para os que buscam outras experiências religiosas, deixando nossa liturgia, ela é sentida como fria, intelectual, enfadonha, elitista, não religiosa nem

---

[1] A constituição *Sacrosanctum concilium*, sobre a sagrada liturgia, considerada a "carta magna" para a liturgia reformada pelo Concílio Ecumênico Vaticano II, foi publicada no dia 4 de dezembro de 1963.

[2] A Liturgia das Horas, instaurada por decreto do Concílio Ecumênico Vaticano II em 1971, foi incrementada pelo papa João Paulo II e recebeu uma outra "edição típica" em 1985.

encarnada." Constata-se também a deficiência dos padres e agentes no modo de transmitir a "Palavra" na homilia. Nesse contexto, padre Antônio Aparecido da Silva, então diretor da Pontifícia Faculdade de Teologia Nossa Senhora da Assunção, apresentou o "curso de especialização em liturgia" e o "curso de pós-graduação".

O VII Encontro Nacional de Professores de Liturgia deu-se em São Paulo, de 10 a 13 de fevereiro de 1986, com a participação de 13 professores. Os assessores principais foram frei Alberto Beckhäuser e padre Beni dos Santos, hoje bispo de Lorena. Frei Alberto ressaltou a necessidade de mudança de enfoque eclesiológico e cristológico, repercutindo na liturgia. Padre Beni refletiu sobre eclesiologia latino-americana em torno do processo de libertação na teologia entre os anos de 1968 e 1972, quando Gustavo Gutiérrez demonstrou que a libertação tem fundamento bíblico. Daí surge uma nova experiência eclesial, uma nova visão de Igreja, projetando uma nova eclesiologia na América Latina, a partir do Concílio Vaticano II, de Medellín e de Puebla.

Depois de todas essas discussões, os liturgistas se questionaram "Como o ensino da liturgia (conteúdo e método) poderia acompanhar a cristologia e a eclesiologia latino-americanas?". O assunto foi remetido para o encontro seguinte.

O VIII Encontro Nacional de Professores de Liturgia aconteceu em Vitória, de 9 a 13 de fevereiro de 1987. Participaram 31 professores. O tema principal foi "A teologia da liturgia na perspectiva da caminhada eclesial da Igreja na América Latina". A assessoria foi partilhada pelos trabalhos apresentados por padre Gregório Lutz, com o tema "A adequação da ciência litúrgica com a teologia e a prática da libertação"; Ione Buyst, com o tema "O mistério pascal na liturgia da Igreja latino-americana, uma questão de vida e de morte"; frei Faustino Paludo, com o tema "Assembleia litúrgica e ministério da presidência"; irmã Adelina Baldissera, com o tema "Liturgia que brota das CEBs".

Nesse contexto padre Marcelino Sivinski apresentou um projeto de criação de um Centro de Liturgia com o objetivo de contribuir no processo de renovação e elaboração de uma liturgia para a América Latina, uma espécie de laboratório de pesquisa litúrgica, onde se recolheriam experiência e documentação de pesquisa. Ione Buyst propôs a criação de uma Associação dos Liturgistas do Brasil, para garantir a autonomia do grupo e da linha 4 da CNBB. Votou-se favoravelmente e escolheu-se uma comissão formada por padre Joviano de Lima — hoje arcebispo de Ribeirão Preto e presidente da Comissão Episcopal para a Liturgia, da CNBB, padre Francisco Rodrigues, padre Eduvaldo Marcansola e padre Geraldo Alves Pereira, para encaminhar o processo.

O IX Encontro Nacional de Professores de Liturgia deu-se em Florianópolis, de 8 a 12 de fevereiro de 1988, com o tema "Liturgia a partir das CEBs". Nesse encontro ainda não estava madura a criação da ASLI, ficando para o encontro seguinte. Por isso aqui se encerra a primeira parte do nosso texto, pois a partir do X Encontro Nacional de Professores de Liturgia é que se inicia a segunda fase da história da ASLI.

À guisa de conclusão, podemos afirmar que os encontros nacionais de professores de liturgia foram vivos, animados e competentes, além de bem focados no seu público-alvo: professores de liturgia, pessoas que têm a mão na massa do ensino da ciência litúrgica. Os temas abordados e as discussões levantadas tinham a preocupação relevante de levar avante a reforma litúrgica, contextualizando-a na realidade latino-americana. Portanto, os objetivos assumidos pela ASLI, como veremos adiante, já estavam delineados nos encontros nacionais de professores promovidos pela CNBB.

II

A ASLI: gerada no X Encontro Nacional dos Professores de Liturgia

O X Encontro Nacional de Professores de Liturgia aconteceu em Vitória, de 13 a 17 de fevereiro de 1989, tendo como tema "Por um novo impulso à vida litúrgica". Tratava-se, portanto, da contribuição dos professores de liturgia para a segunda redação do instrumento de trabalho da CNBB "Por um novo impulso à vida litúrgica".[3] Foi aí que ocorreu também a assembleia fundacional da ASLI e a eleição da primeira diretoria.

No dia 17 de fevereiro de 1989, procedeu-se à leitura, aprovação e assinatura da ata de fundação da Associação dos Liturgistas do Brasil – ASLI, juntamente com a apresentação da primeira proposta do estatuto.

Sob a presidência de dom Geraldo Lyrio Rocha, foi eleita a primeira diretoria da ASLI: presidente: frei José Ariovaldo da Silva; vice-presidente: padre Jacques Trudel; secretária executiva: irmã Adelina Baldissera; tesoureiro: padre Armando João Henn. Assim, nascia a Associação dos Liturgistas do Brasil, cujos associados fundadores são:

> Frei José Ariovaldo da Silva, padre Jacques Trudel, Adelino Baldissera, padre Armando João Henn, padre Gilson Marques Soares, padre Hélio Rubert, padre José Spuldaro, padre Marcelino Sivinski, padre Francisco Rodrigues, padre Geraldo Alves Pereira, padre Gilson César de Camargo, frei Décio Pires, padre Luiz Quaini, frei Davi N. Barbosa, padre Luiz Gonzaga Lobo, padre Arnaldo Lima Dias, Ione Buyst, irmã Adelina Baldissera, dom Geraldo Lyrio Rocha, padre João Alves, padre Arnóbio Passos Cruz, padre Marcelo de Souza, frei Faustino Paludo, padre Manoel João Francisco, frei Alberto Beckhäuser, frei Odolir Eugenio Dal Mago, Silde Terezinha Coldebella, padre Raimundo Santos de Medeiros, Raimunda Nonata Vaz, padre Vitor Pedro Calixto dos Santos, padre Sérgio Francisco Valle, Ana Mazzurana, padre Elizeu A. de Camargo, padre Gregório Lutz, padre Valdir M. Goedert.

Começam, então, os encontros da ASLI, em cujo núcleo se realiza a assembleia institucional propriamente dita, embora o encontro todo seja chamado "Assembleia da ASLI".

A I Assembleia da ASLI, com 25 participantes, ocorreu em Curitiba, de 6 a 9 de fevereiro de 1990, com o tema "Inculturação da liturgia do Batismo de crianças".

---

[3] O instrumento de trabalho "Por um novo impulso à vida litúrgica" é o texto que gerou o precioso documento 43: "Animação da vida litúrgica: elementos de pastoral litúrgica", aprovado na Assembleia Geral da CNBB em 1989 e editado no mesmo ano.

Verificou-se a existência de dois tipos de ritualização: a eclesial e a popular. Foi dito que o problema não estava no ritual, mas na pastoral. Concluiu-se que inculturar é trabalhar com a cultura sem destruí-la, enriquecendo-a de acordo com a proposta do Reino.

A partir desse contexto, procurou-se entender melhor o Batismo de crianças em diferentes lugares do país. O Batismo, na compreensão popular, deve ser considerado como fé do povo, segundo a qual batizar é consagrar uma criança a Deus, e anexar os padrinhos no coração da família.

Houve eleição da nova diretoria da ASLI, que ficou assim composta: presidente: frei José Ariovaldo da Silva; vice-presidente irmã Silde Coldebella; secretário executivo: padre Marcelino Sivinski; tesoureiro: Francisco Rodrigues.

Nesse período os membros estavam providenciando o registro oficial da instituição e do estatuto aprovado na assembleia de Curitiba.

A II Assembleia da ASLI deu-se em São Paulo, em 1991, com o tema "Liturgia para a América Latina", contando com 19 participantes para elaborar algumas propostas sobre liturgia para a IV Conferência Geral do CELAM,[4] em Santo Domingo. Como resultado, foi produzido o documento "Liturgia para a América Latina".

No que toca mais diretamente à ASLI, foi comunicado o registro do estatuto no Cartório do VI Ofício de Títulos e Documentos, sito à Rua Benjamim Constant, 147, São Paulo, microfilmado sob o n. 24.065.9.

A III Assembleia da ASLI, com 26 participantes, deu-se em Goiânia, de 3 a 7 de fevereiro de 1992, com o tema "Ritualidade e sacramentalidade da liturgia na perspectiva da América Latina".

Duas fortes preocupações emergiram durante o encontro: a dificuldade de realização do encontro sem verba do exterior e o incremento da dimensão ecumênica.

---

[4] Tratava-se, portanto, de uma contribuição para a IV Conferência Geral do Episcopado Latino-Americano, realizada em Santo Domingo, de 12 a 28 de outubro de 1992, com o tema "Nova evangelização, promoção humana, cultura cristã – Jesus Cristo ontem, hoje e sempre".

A seguir, realizou-se a eleição da nova diretoria, que ficou assim composta: presidente: padre Manoel João Francisco; vice-presidente: padre Davi Barbosa; secretário executivo: padre Helio Rubert; tesoureiro: padre Izidoro Bigolin.

A IV Assembleia da ASLI, com 33 participantes, deu-se em Campo Grande, de 1º a 5 de fevereiro de 1993, com o tema "A dimensão litúrgica no *Documento de Santo Domingo*", sob a assessoria de padre Marcelo de Barros Souza. A liturgia é abordada mais diretamente em quatro itens: liturgia e nova evangelização; liturgia e promoção humana; liturgia e inculturação; liturgia e formação. A ASLI sente-se honrada por ter prestado sua contribuição na preparação a Santo Domingo.

A V Assembleia da ASLI ocorreu em Guarulhos, de 1º a 4 de fevereiro de 1994, com o tema "Juventude-liturgia e inculturação no contexto da modernidade". Contou com 34 participantes.

Ressaltou-se a pesquisa sobre juventude-liturgia e inculturação, impressa em 22 mil questionários pela revista *Mundo Jovem*.

Nesse ano foi aprovada a sugestão de pedir auxílio à ADVENIAT para as assembleias da ASLI.

Foi eleita a nova diretoria da ASLI: presidente: padre Gregório Lutz; vice-presidente: padre Manoel João Francisco; secretário executivo: José Luiz Majella Delgado; tesoureira: irmã Silde Coldebella.

E, também, houve a solicitação da revisão do artigo 8º do estatuto da ASLI a fim de precisar o ingresso de novos sócios.

A VI Assembleia da ASLI deu-se em Caxias do Sul, de 6 a 10 de fevereiro de 1995, com o tema "Programação e metodologia do ensino da liturgia em institutos de teologia, em cursos de teologia pastoral e em cursos e seminários de aprofundamento litúrgico para agentes de pastoral, em perspectiva de formação de liturgos". Contou com 40 participantes.

O objetivo do encontro foi formar liturgos competentes. Foi elaborado um conteúdo básico para a aplicação de uma metodologia própria do ensino de liturgia. A ASLI escreveu um texto não-conclusivo com indicativos positivos do conteúdo proposto. Ficou acertado que para o ano seguinte dever-se-ia ter um currículo mínimo para as aulas de liturgia. Discutiu-se também a metodologia das referidas aulas. Encontram-se nos arquivos cartas de agradecimento pelo envio dos relatórios do encontro. Também nesse ano foi aberto o CNPJ junto à Receita Federal, iniciando--se aqui as obrigações fiscais junto ao órgão.

A VII Assembleia da ASLI, com 31 participantes, aconteceu em Recife, de 5 a 9 de fevereiro de 1996, com o tema "Conteúdo programático do ensino da liturgia e metodologia do ensino da liturgia". O objetivo do estudo era apresentar para os seminários e institutos do Brasil uma proposta de conteúdo programático do ensino da liturgia.

Foi realizada a eleição de nova diretoria: presidente: padre Jacques Trudel; vice-presidente: padre José Raimundo de Melo; secretário executivo: padre Gilson Marques Soares; tesoureiro: padre José de Freitas Campos.

A VIII Assembleia da ASLI ocorreu em Juiz de Fora, de 3 a 7 de fevereiro de 1997, com o tema "Subjetividade e liturgia". Contou com 28 participantes. Os assessores foram padre Luiz Antônio Vieira da Cunha e padre Walmor Oliveira de Azevedo.

Foi elaborada a Carta de Juiz de Fora, com o objetivo de aprofundar a relação entre subjetividade e rito na experiência religiosa, que culmina na celebração cristã. É preciso distinguir o lugar das emoções e sentimentos na liturgia a partir da cultura do grupo celebrante.

A IX Assembleia da ASLI aconteceu-se em São Paulo, de 9 a 13 de fevereiro de 1998, com o tema "Liturgia e corporeidade: como podemos celebrar, levando em conta a herança das três raças (indígena, negra e europeia)". Contou com 25 participantes. Os assessores foram padre Miguel Pais e padre Gabriel Bina.

Destacou-se que devemos envolver na celebração litúrgica nosso inteiro ser: alma e corpo, consciência e emoção, corpo pessoal e corpo social, cultura e vida. O ensino de liturgia deve insistir em oferecer uma intensa consciência do corpo.

A X Assembleia da ASLI deu-se em Fortaleza, de 1º a 5 de fevereiro de 1999, com o tema "Espaço celebrativo na perspectiva da inculturação". Contou com 66 participantes. Este encontro teve a assessoria de Cláudio Pastro e foi muito profícuo. Levantou-se a questão da desmotivação dos membros. Assim, solicitaram uma melhor preparação dos encontros, investimento na infraestrutura com o apoio logístico e técnico necessário, boas celebrações e palestras bem trabalhadas.

Foi discutido um lugar para ser colocado o material da ASLI. Com o apoio de dom Geraldo Lyrio Rocha, a documentação histórica da associação ficou na sede da CNBB, sob a guarda da dimensão litúrgica. Também foi constatada a falta de intercâmbio entre a ASLI e as outras entidades religiosas do país, como Soter, CONIC, CELAM. Foi aprovada também a criação de uma página na Internet para a ASLI.

Voltou a questão da fragilidade econômica da instituição e sugeriu-se a venda de carnês premiados no fim de cada ano.

A XI Assembleia da ASLI deu-se em Hidrolândia, de 31 de janeiro a 4 de fevereiro de 2000, com o tema "A presidência das celebrações litúrgicas". Contou com a participação de cinquenta participantes.

Houve um grande debate sobre o tema central, produzindo muitas discussões. Por isso decidiu-se continuar na linha do mesmo tema num próximo encontro.

Na assembleia geral, foram feitas modificações no texto do estatuto da ASLI. Uma delas levou a uma interpretação mais larga para a aceitação de novos membros, deixando a possibilidade da entrada de pessoas ligadas à Pastoral Litúrgica (artigo 1º).

Realizou-se a eleição da nova diretoria: presidente: padre Antonio Sagrado Bogaz; vice-presidente: irmã Silde Coldebella; secretário executivo: padre Valeriano Santos Costa; tesoureiro: pastor Israel Pereira Gonçalves.

A XII Assembleia da ASLI ocorreu em Vitória, de 29 de janeiro a 2 de fevereiro de 2001, com o tema "A presidência litúrgica em suas várias dimensões". Contou com setenta participantes. Os assessores foram: frei José Ariovaldo da Silva, padre Gregório Lutz e frei Alberto Beckhäuser.

Destacou-se que até o século III havia uma presidência familiar de estilo carismático-diaconal. Com o aumento do número de participantes, a celebração ganhou um destaque visível-simbólico, que mais tarde adotou um caráter cerimonial imperial.

A XIII Assembleia da ASLI, com cinquenta participantes, foi realizada em Belo Horizonte, de 28 de janeiro a 1º de fevereiro de 2002, com o tema "Liturgista, pessoa e missão". O assessor, frei Fernando Araújo, falou sobre "A pessoa do liturgista e mística", enfatizando que mística e psicologia estão diretamente relacionadas.

A XIV Assembleia da ASLI ocorreu em São Paulo, de 28 de janeiro a 1º de fevereiro de 2003, com 33 participantes. O tema foi "*Sacrosanctum concilium* (SC) 40 anos depois: por uma participação ativa, consciente e plena". Os assessores foram Ângelo Cardita e o monge Javier Flores. Este último é presidente do Pontifício Instituto Litúrgico Sant'Anselmo, Roma. A assembleia foi uma oportunidade para o encontro dos ex-alunos latino-americanos do Sant'Anselmo, dentre os quais destacamos: irmã Fanny Zambrano, da Venezuela; irmã Maria Cristina Aguirre, da Argentina; padre Jaime H. Henao Franco, da Colômbia, representando o CELAM; padre Roberto Russo, do Uruguai; padre Ricardo Valenzuela, do México; além dos brasileiros.

O debate sobre a SC abordou a liturgia dentro da economia salvífica, o processo de elaboração da SC, os grandes princípios da constituição, o Mistério Pascal como grande fundamento teológico, as diversas presenças de Cristo na liturgia e as reflexões sobre os quarenta anos depois da SC.

Na assembleia, houve a eleição da nova diretoria: presidente: padre Valeriano Santos Costa; vice-presidente: frei Alberto Beckhäuser;

secretário executivo: padre Alex José Adão; tesoureiro: padre Francisco Rodrigues.

A XV Assembleia da ASLI deu-se em Ananindeua, de 2 a 6 de fevereiro de 2004, com o tema "A formação dos homiliastas", assessorado por padre Carlos Gustavo Haas, padre Jacques Trudel e Ione Buyst.

Concluiu-se que a homilia não consiste apenas em transmitir um ensino, nem comentar um texto bíblico, mas despertar na assembleia uma adesão de vida ao Mistério Pascal. A homilia requer, além do tom de voz, maneira de organizar o assunto, capacidade e aptidão para a expressão oral, o engajamento com a assembleia. É preciso também combater os ruídos, sobretudo na área eletrônica e dos meios de propagação do som dentro da igreja.

A XVI Assembleia da ASLI aconteceu em Ilhéus, de 30 de janeiro a 4 de fevereiro de 2005, com o tema *Legem credendi statuat lex supplicandi:* o rito como fonte da teologia litúrgica nos cursos de teologia, na formação litúrgica e na catequese". Contou com 23 participantes. Os assessores foram: padre Francisco Taborda, frei Sinivaldo Silva Tavares, Ione Buyst e Luis Eduardo Baronto.

Quanto aos outros assuntos tratados, volta a questão da reformulação do estatuto por causa da nova adequação do Código Civil, oportunidade para rever-se a questão da associação de novos membros à ASLI. Foi solicitado também um regimento interno para regular as eleições da ASLI.

Nesse ano ocorreu o falecimento de Jean Bauzin, membro da ASLI.

A XVII Assembleia da ASLI ocorreu em Niterói, de 30 de janeiro a 3 de fevereiro de 2006, no Hotel Solar do Amanhecer, com 33 participantes. O tema foi "Liturgia, ritualidade de mística no âmbito da busca do sagrado na sociedade atual". Os assessores foram: Faustino Teixeira, Ione Buyst e padre Gregório Lutz.

Nesse encontro foram discutidas sugestões e propostas para compor um documento de contribuição para a V Assembleia do CELAM, em Aparecida, de 13 a 31 de maio de 2007, com a intenção de somar à contribuição da Comissão Episcopal para a Liturgia – CEPL, da CNBB, produzindo-se, assim, um único documento.[5]

Houve, por fim, a eleição da nova diretoria: presidente: padre Valeriano Santos Costa; vice-presidente: padre Marcelino Sivinski; secretário: padre Edmar Perón; tesoureiro: frei Odolir Eugênio Dal Mago; suplente do secretário: monsenhor João Alves Guedes.[6] Nesse ano também se criou o *site* da ASLI: <http://www.asli.com.br>.

A XVIII Assembleia da ASLI deu-se em Cuiabá, de 29 de janeiro a 2 de fevereiro de 2007, com 22 participantes. O tema foi "Iniciação cristã – Itinerários". Os assessores foram padre Jorge Lachnitt, padre Jacques Trudel, padre Domingos, padre Antonio Francisco Lelo e padre Gregório Lutz. Nesta assembléia foi feita a memória do nosso colega, o monsenhor Bruno Baldacci, que perdeu a vida tragicamente no dia 29 de março de 2006, em Vitória da Conquista, Bahia, onde residia, sendo considerado por muitos "um mártir da caridade".

A XIX Assembleia da ASLI deu-se em Campos do Jordão, de 27 a 31 de janeiro de 2008, com 34 participantes. O tema foi "Religiosidade popular e liturgia na tradição do catolicismo brasileiro: desafios e perspectivas". Foram assessores frei Alberto Beckhäuser e Pedrinho de Oliveira.

Nessa assembleia foi comunicada a aprovação do estatuto com todas as dificuldades que isso implicou. Foi votado e aprovado o regimento para as eleições a ser utilizado já no ano seguinte.

A Assembleia se solidarizou com dom Manoel João Francisco, nosso caro amigo tão atencioso para com a ASLI no período em que foi presidente da CEPL, pelas calúnias e perseguições que vem sofrendo em

---

[5] Este trabalho foi bem encaminhado, de tal forma que surgiu um texto precioso intitulado *Liturgia, fonte e ápice da vida dos discípulos e missionários de Jesus Cristo: uma contribuição para a V Conferência de Aparecida*, de autoria da CEPL e da ASLI.

[6] Monsenhor João Alves Guedes assumiu o cargo de secretário executivo da ASLI alguns meses depois, por impossibilidade do secretário, padre Edmar Perón.

Chapecó por causa de sua solidariedade na defesa dos direitos dos povos guarani, kaingang e xokleng, em virtude da demarcação e garantia de posse de suas terras.

Nesse ano foi publicado pela Editora Vozes, em coedição com a ASLI, o livro *Religiosidade e piedade popular, santuários e romarias: desafios litúrgicos e pastorais*, de frei Alberto Beckhäuser.

Conclusão

Este estudo, pincelando a memória da ASLI, revela as conquistas e os limites de uma instituição que busca ser uma luz no contexto atual, em que a reforma litúrgica passa por um período delicado, sobretudo no que diz respeito à inculturação. Isso indica que os liturgistas precisam atuar mais, mostrando que a ciência litúgica tem uma contribuição teológica específica de grande valor para ajudar na compreensão das intuições da reforma litúrgica do Concílio Vaticano II, a fim de que não se percam no emaranhado de um "criacionismo" sem fundamento ou de um conservadorismo sem consistência. Ambas as tendências são radicais e ideológicas, por isso não promovem o louvor a Deus nem a santificação do ser humano, mas ressaltam pessoas e tendências que se afirmam com maior ou menor vigor, conforme as épocas.

Os encontros nacionais de professores tinham uma linha clara, visando a uma liturgia inculturada dentro do contexto da América Latina. Souberam elaborar seus conteúdos e suas propostas. O início da ASLI também foi marcado por essa tendência. Com o tempo, outros temas foram sendo ressaltados, como a corporeidade, a subjetividade, a mística e a religiosidade popular. Cada época tem de rever seu caminho para não perder seus valores de fundo e, ao mesmo tempo, abrir-se aos novos e legítimos anseios, pois tanto a teologia como a vida estão em contínua mudança.

Depois de vinte anos, a ASLI se dá conta de que os seus objetivos em muitos aspectos foram apenas arranhados no que toca, sobretudo, à sua vocação de ser um foro aberto de discussões teológicas, não só no âmbito dos liturgistas, mas também de outras associações, sobretudo de teólogos, biblistas e moralistas. Nos últimos anos, perdeu-se também o já frágil contato ecumênico no âmbito latino-americano.

Contudo fica de positivo um elogio aos colegas liturgistas que se fizeram presentes o tempo todo ou em alguns momentos na história que, frágil ou forte, constituiu estes vinte anos de caminhada. Sem eles não haveria história para contar. Uma palavra de carinho aos que aceitaram suas indicações democráticas para compor a diretoria, pois somente o espírito de voluntariado pode tocar o trabalho, que, embora lento, pois todos estão sobrecarregados de outras tarefas, vai seguindo em frente. Uma palavra de gratidão a todos os assessores, que clarearam as discussões e mostraram novos horizontes.

Fica também o desafio de levar a instituição ao que ela se propõe desde o início, agregando novos membros, que, no país ou fora dele, estão se formando em liturgia.

A última reforma do estatuto, realizada na gestão dos dois últimos mandatos da diretoria que entrega sua função na próxima assembleia, garantiu novamente que a ASLI seja uma instituição de professores de liturgia e de pessoas ligadas à ciência litúrgica (artigo 1).

Seja bem-vindo o futuro que nos aguarda e celebremos os vinte anos da ASLI com a taça da alegria e o champanhe da esperança!

Impresso na gráfica da
Pia Sociedade Filhas de São Paulo
Via Raposo Tavares, km 19,145
05577-300 - São Paulo, SP - Brasil - 2009